● 本書で学ぶみなさんへ（2020年版）

# 新・教育の制度と経営
# 本書で学ぶみなさんへ（2020年版）

　人間が人間に関わっていく―。そのための知識と技能、そして行動力がより一層求められる時代となっています。

　昨今、私たちを驚かせている言説が二点あります。一つは、グーグル技術者のカーツワイル氏（Kurzweil,R）の著書 "The Singularity Is Near: When Humans Transcend Biology"（2006）によるもので、AI（人工知能）の進化は指数関数的であり、2045年にはAIは自らを改良することができるようになり、人間の知能を超えるというものです（「日本経済新聞」2015年1月29日）。他方は、オックスフォード大学のオズボーン氏（Osborne,M）らによる "The Future of Employment: How Susceptible Are Jobs to Computerisation?" により示されたもので、米国労働省が示す702の職種についてコンピューター化を試算し雇用の47％が危機にさらされているとした研究結果です。これらは身の周りのデジタル機器の進化と陳腐化の速度が速まっているという私たちの経験ともあいまって、便利さが増す、期待すべき未来について、一抹の不安をかき立てます。学習の場面でも、勉強の苦手を克服するためのスタディ・ログがライフ・ログとなり、人間の生の軌跡が刻銘に記録され、どこかで一元的に管理されるのではないのかといった懸念が語られることもあります。

　これらが将来笑い話となることを願うばかりですが、未来には暗雲が立ち込めるだけなのでしょうか。AIが人間に当分及びそうもないことに、さまざまな子どもたちの学ぶ意欲を集団の中で高めるという営みがあります。つまり、教師の手による子どもたちの成長です。

　AIによる学習は、端末の前に座ることができる子どもを惹きつけることはできるでしょう。はるか先には学習のための疑似空間が提供されるようになるかもしれません。それでもそうした機会は学習者が選択しなければ機能しません。一人だけで行う学びは、いつでもやめてしまうことがで

き、限界があります。学ぶ者同士、あるいは学びを指導する者との相互作用には、人を勇気づける言葉が必ず介在しており、学習効果を高める大きな力があります。そこには、言語を介した、知識の認知や再構成、技能の習得や時に挫折が起こります。それらに伴って、情動面においても人間は成長し変化していきます。挫折を乗り越えることを含む、教育の過程は、人間が人間に言葉を道具として関わることにより実現していきます。複雑で繊細な言葉を発することができる人間だからこそ発揮できる力であり、営みです。人間の可能性を信じ、ぜひ本書を基に、社会の在り方について考え、みなさんが発する言葉を磨き、子どもたちの成長を導く人になっていただけたらと願います。

　アルゴリズムの世界だけでなく、教育を取り巻く変化の波は急速です。本書の初版は2015年で、2017年に新規事項を追記するという微修正を行いましたが、その後も新たな動きが目白押しとなりました。それらを別表にまとめてみました。変化の波は突如として起こるわけではありません。海からのうねりなのです。海に何がおきているのか、うねりはどこから来るのか、それらを理解することに、基礎的事項を記載した本書をご活用いただければ、波が押し寄せてくるという圧迫感だけでなく、波を冷静に捉えていこうという目をもっていただけるのではないかと考えます。

宮城教育大学　本図　愛実

● 本書で学ぶみなさんへ（2020年版）

## 教育の制度・経営に関わる主な答申や調査報告等
## 平成27年（2015）〜令和元年（2019）

● 平成27年（2015年）
・文部科学省「性同一性障害に係る児童生徒に対するきめ細かな対応の実施等について」（平成27年4月30日付児童生徒課長通知）（2016年には「学校における性同一性障害に係る対応に関する状況調査」を実施し、606件の相談件数を把握）
・中央教育審議会答申「新しい時代の教育や地方創生の実現に向けた学校と地域の連携・協働の在り方と今後の推進方策について」、「これからの学校教育を担う教員の資質能力の向上について〜学び合い、高め合う教員育成コミュニティの構築に向けて〜」、「チームとしての学校の在り方と今後の改善方策について」（3点とも12月21日付）

● 平成28年（2016年）
・高大接続システム改革会議「最終報告」（3月31日付）
・「障害を理由とする差別の解消の推進に関する法律（障害者差別解消法）」施行（4月1日付、制定は平成25年）（社会的障壁除去のための必要かつ合理的な配慮を要請）
・「義務教育の段階における普通教育に相当する教育の機会の確保等に関する法律」公布（12月14日付）
・中央教育審議会答申「幼稚園、小学校、中学校、高等学校及び特別支援学校の学習指導要領等の改善及び必要な方策等について」（12月21日付）

● 平成29年（2017年）
・小学校、中学校学習指導要領、幼稚園教育要領改訂告示（3月31日付）
・特別支援学校学習指導要領（幼稚部及び小学部・中学部）改訂告示（4月28日付）
・教職課程コアカリキュラムの在り方に関する検討会「教職コアカリキュラム」（11月17日付）
・国立教員養成大学・学部、大学院、附属学校の改革に関する有識者会議「教員需要の減少期における教員養成・研修機能の強化に向けて」（8月29日付）

● 平成30年（2018年）
・高等学校学習指導要領改訂告示（3月30日付）
・OECD 国際教員指導環境調査（Teaching and Learning International Survey, TALIS）の実施（2〜3月）
・第三期教育振興基本計画（2018年度〜2022年度）（6月16日閣議決定）
・OECD "Education Policy in Japan Building Bridges Towards 2030"（7月27日発行）
・教育公務員特例法の一部改正、教員育成指標の策定等を追加（11月28日付）
・「幼児教育・高等教育無償化の制度の具体化に向けた方針」（12月28日関係閣僚合意）

● 平成31年／令和元年（2019年）
・中央教育審議会「新しい時代の教育に向けた持続可能な学校指導・運営体制の構築のための学校における働き方改革に関する総合的な方策について」（1月25日付）
・特別支援学校学習指導要領（高等部）改訂告示（2月4日付）
・「学校安全資料『生きる力』をはぐくむ学校での安全教育」改訂2版（3月）
・子供の貧困対策に関する有識者会議「今後の子供の貧困対策の在り方について」（8月）
・「子供の貧困対策に関する大綱」改訂（11月29日閣議決定）
・中央教育審議会「新しい時代の初等中等教育の在り方　論点取りまとめ」（12月）
・OECD PISA2018年調査公表（12月3日）
・大学入試のあり方に関する検討会議設置（12月27日文部科学大臣決定）

# 新・教育の制度と経営

## 本書で学ぶみなさんへ

　本書では、高度な専門性をもち、生涯にわたって学び続ける教員としての基となることをめざしつつ、教育の制度や経営に関する重要事項について学びます。

　構成としては、制度のしくみや変遷ならびに経営的事項の概要を記すとともに、課題となっていることを示し、読者のみなさんのさらなる考察を促したいと思います。まず制度のしくみ等については、教育基本法の構成を手がかりとして、制度の目的、中心理念である生涯にわたる学びと機会均等についてみた後、それらの展開のあり方に深く関わる地方教育行政と教職員について取り上げます。これらの中では必然的に義務教育に関する制度も取り上げることになりますので、次に、義務教育の前後の段階である就学前教育と後期中等教育、そして高等教育に関する制度、それらの領域における規範実現のための政策のあり方に関する制度を取り上げます。この後、具体の展開—すなわち経営について、学校、学級ならびにそれらの中心柱である教育課程について考えます（7頁表もご参照ください）。

　書名の「新」とは、文字どおり最新の情報を取り入れながら論ずるということでもありますが、それだけではありません。東日本大震災による甚大な被害からの復興に関し、レジリエンス（resilience、英単語としては再生・弾力などの意）という社会的な力の必要が、国際的に議論されるようになっています。少子高齢化の影響の下、加速度的な変容の中にありながら復興を遂げていくには、人々の思考や社会のしくみにおいてレジリエンスを実在させていくことが必要です。この新たな社会動向の中で、教師の仕事が高度な専門性を基盤に未来を形づくっていくものであることを、教育の制度や経営の諸領域の中で改めて考えていきたいと思います。

　では、教職に求められている高度な専門性とは一体どのようなものなのでしょうか。その鍵概念となるものをまとめたのが次頁の図です。

● 本書で学ぶみなさんへ

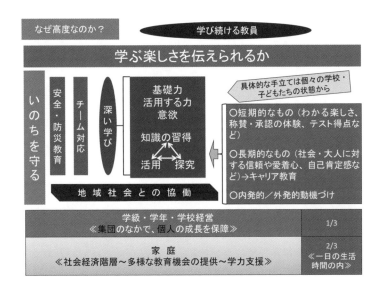

　教員養成大学という所属がら、私にとって学校で行われる授業を観察するのは日常です。それらは、教職大学院で学ぶ現職院生が属する、あるいは教職大学院の学部新卒生が実習を行う場としての小学校、中学校、高等学校、附属学校での授業、公開研究会等で提供された研究授業、学校評議員や学校関係者評価委員として拝見させてもらう通常の授業、児童自立支援施設に設置されている分教室での授業、病院内に置かれている院内学級での授業、不登校経験を乗り越えようとしている生徒が多い単位制高校における授業など、さまざまです。

　子どもを成長させるための凝縮された45分あるいは50分であったと心動かされる時もあれば、授業提供の努力を多としながらも、もやっとした感じを抱いたままの時もあります。前者の場合は、学校段階や学校の設置目的の違いがあったとしても、教員による、無駄のない、考え抜かれた問いかけに対し、児童生徒が互いの意見を踏まえながら一生懸命考えている様子を見せてもらった時です。後者の場合は、授業の目的やそれを達成するための道筋が不明確であり、教員だけがよく話している場合です。

　前者のような授業はT→C⇆C⇆C、後者はT→Cと表されることがあります。Tはteacher、Cはchildの略です。前者は、教師の問いによって、

5

子どもたちの間に相互作用が生じるような授業、後者は、教師と子どもの二者関係で終わってしまう授業を記号化しています。学校の教育目標や研究テーマには「学び合い」「高め合い」「認め合い」といった言葉がよく用いられます。そのような言葉の「〜合い」はT→C⇆C⇆Cと同じものを期していると理解することができます。

なぜ、T→C⇆C⇆Cあるいは「〜合い」が良とされているのでしょうか。それは、「学ぶ意欲」を喚起すると考えられているからです。T→C⇆C⇆Cの授業では、他の子どもの意見に追加したり、別の見方をしてみたりしようとする子どもたちの主体的な動きが見受けられます。その中で子どもたちは常に、面白い、楽しい、といった感情をもっているわけではありませんが、なぜこうなるのか、あるいは悔しいといった体験も含め、集団の中における相互作用に意欲の喚起と成長が託されているのです。

今日、学力は基礎力、活用する力、意欲が三要素であるとして法制化され、全国学力・学習状況調査による測定もなされています。この学力観を背景に、中央教育審議会答申「幼稚園、小学校、中学校、高等学校及び特別支援学校の学習指導要領等の改善及び必要な方策等について」（平成28年12月21日）では、「主体的・対話的で深い学び」を知識の習得・活用・探究の学習過程とともに実現していくとしています。これらについて、あえていうまでもなく、教員に極めて大きな期待がかけられているのです。

学ぶ意欲という人間の心に働きかける作業は複雑で高度です。わかる楽しさや達成感の提供はもちろんのこと、学力の構成ならびに学習や授業あるいは組織経営といった教育活動を構成している事項、さらには集団の中で個人を成長させていく知識と技術も求められます。

ここで注意しておきたいのは、日本の初等教育においては、学習集団と生活集団を一致させる、学級制・学年主義を採っていることです。学校は学習集団だけでなく、生活集団によっても構成されています。学習の場、あるいは生活の場でほめられたり、認められたりすることが、自分に対する自信と自分を取り巻いている世界に積極的に関わっていこうとする気持ちを育み、自分のあり方を考え、新たなことを学んでいこうとする意欲につながっていくとしているのです。この流れをより強化しようとしているのが今日のキャリア教育です。

●本書で学ぶみなさんへ

　なお、国によっては、学習集団と生活集団の一致にはあまりこだわらず、学修を重視する課程主義（具体には年度末のテスト等により進級を決める等）を採ることもあります。社会への積極的な関わりや自分のあり方を考えていくことは、政治・宗教など教育以外の他の領域や機関などにより促されているからなのでしょう。つまり、他の社会では学校以外の機関等が担っている役割も日本では学校に託されているのです。

　学級制・学年主義の使用は、高校や大学へと学校段階が上がるにつれて低減していきます。その理由の一つは、発達段階とともに自律的な思考が高くなり、仲間から認められる場を常に用いなくとも、なぜ学ぶ必要があるのか自分で考え、必要な学習に取り組めるだろうとされているからです。ただし、認められることにより意欲が喚起され成長の原動力となっていくことは何歳になっても変わりはありません。発達段階に適した認められ方を高校や大学においても提供していく必要があります。

　集団の中で個人を育てるための土台となる知識や技術は、児童生徒理解ともいわれます。子どもたちが学校で過ごす時間は、1日のうちの3分の1です。睡眠時間も含め、3分の2は家庭で過ごします。子どもたちは、家庭でさまざまな出来事に出会い、経験をし、いろいろな思いをもって学校に通ってきます。教員がそのような子どもたちと学校で接する時間は限られています。8時間近くある日もあれば、50分授業の1時間だけ、あるいは朝の会と終わりの会のわずかな時間だけということもあるでしょう。限られた時間と空間の中で子どもの思いを引き取って前を向かせていくためには、子どもの心の深層を理解する見方や技術が必要なのです。ただし、それらは表層的な知識や技術ではなく、子どもを取り巻く世界に対する一般的な知識や理解、すなわち教養とも連動しているのです。

　東日本大震災以後には安心・安全という学校教育の前提が確実に提供されているかが改めて重要な課題となりました。その中で防災教育のあり方として指摘されるようになっているのは、子どもが自らの命を守るために的確に判断できる力をどうやって育成していくか、ということです。教師には、安全を確保し、命を守るだけではなく、予測どおりにならない自然を前に、子ども自らが判断し行動できるように指導していくことが求められています。そのような判断力、行動力は特定の場で養われ、特別な場に

7

おいてだけで発揮されるのではなく、さまざまな学びを背景とする臨機応変さとともに、あらゆる場で発揮されねばなりません。つまり、防災教育は、日常的なしっかりとした教育課程の中に、他の学習と有機的に連関させつつ実施していく必要があるのです。そのためには、チームとしての対応や、地域との協働も必須となってきます。

　以上のような高度な専門性に基づく営みは、子どもたちに学ぶ楽しさを伝えることと換言できます。つまり、教師の仕事とは、異なる時間を過ごしてきた子どもたちに対し、安心・安全な環境の中で、学習と生活の場面において、集団の力を活用しつつ、社会に関わっていこうとする長期的な見方を提供し、わかる楽しさを味わわせ、学ぶ意欲を喚起し、保持し、成長を支援していくことだと考えます。これらの所作を貫くのが、学ぶ楽しさです。学ぶ楽しさを享受できる、心身共に健康な状態にすべての幼児、児童、生徒を導いていくことは、高い専門性に裏打ちされた営みであるだけでなく、社会において崇高な営みでもあります。そこでは、教育者として誠実であるか、最善を提供しているかという自問自答と生涯にわたる学びも欠くことができないでしょう。

　とある先生から、先輩の教員から言われたという話を聞いたことがあります。小学校に入学して子どもたちは自分の背中より大きなランドセルを背負って学校に通ってくるけれど、子どもたちはそれぞれ異なる6年という人生を背負ってやって来る。その中には楽しいこともあれば、こちらが息をのむような悲しい出来事の場合もある。教職という仕事は、子ども一人ひとりの生きてきた時間を引き取り、これからの生に向き合っていくことだ、と。これは単なる精神論ではありません。一人の人間のこれまでとこれからの生に関わっていくには、教育者としての高い専門性が必要だということなのです。私はこの話をしてくれた先生に専門職としての気概はもちろんのこと、うまく表現できないのですが、美しさを感じました。

　さて、本書で学ぼうとしているみなさんは、これまでどのような人生を送り、教員免許を取得しようと思うようになったのでしょうか。さまざまなことを経験し、考え、悩み、そして多くの人がこれから教育を通して社会に関わっていこうと思っていることでしょう。

　学ぶ楽しさを伝えていくという高度で専門的な営みは、崇高であるとと

もに、公共的な営みです。つまり、子ども個々人にとっても最善でありながら、社会全体にとっても最善でなければなりません。社会における制度とは、法律が伴って初めて制度として成り立ちます。教育の制度では、公共としての善（あるべき姿）を実現すべく法律が整備され、それら公共善は、教育基本法において明示されています。しかし、教育基本法より下位の法律が教育のさまざまな場面で適用される過程においては、規制の機能が強くなることもあります。ときに、公共善とは遠いものになっていると疑われ、訴訟という形をとって議論されることもあります。

　これからの教育を担うみなさんには、こうした法律運用や教育活動の展開（経営）の実態を知り、制度に埋め込まれている公共善とは何なのか、それらはどのように形成されてきたのか、公共善の実現のためにどうしていけばよいのかを考え続けてもらいたいと思います。それらを踏まえ、学ぶ楽しさをすべての子どもたちに提供していくにはどうしたらよいのか、をみつけてください。

　本書の各章は、当該領域の研究を進めてきた者が担当し、研究の知見を踏まえ、教職をめざすみなさんにぜひ知っておいてほしいこと、考えてほしいと思っていることをそれぞれ提示します。それらが答えをみつける有力な手がかりとなることを願っています。

宮城教育大学教授　本図 愛実

本書各章と教育基本法との対応

| 第1章 | 教育制度の目的 | 第一条、第二条 |
|---|---|---|
| 第2章 | 生涯にわたる学び | 第三条、第十二条 |
| 第3章 | 教育の機会均等 | 第四条、第五条 |
| 第4章 | 地方教育行政 | 第十六条 |
| 第5章 | 教職員 | 第九条 |
| 第6章 | 就学前教育 | 第十一条 |
| 第7章 | 後期中等教育・高等教育 | 第四条、第七条 |
| 第8章 | 教育政策の計画化 | 第十七条 |
| 第9章 | 学校の経営 | 第六条、第九条、第十三条 |
| 第10章 | 学級の経営 | 第五条、第六条 |
| 第11章 | 教育課程の経営 | 第六条、第十三条 |

# 新・教育の制度と経営

本書で学ぶみなさんへ（2020年版）……………………… 1
本書で学ぶみなさんへ ……………………… 4

## 第1章　教育制度の目的 ……………………… 14

1．しくみと法律 ……………………… 14
　(1) 教育基本法による規定 ／(2) 学校段階別の目的と目標 ／
　(3) 目的・目標から各教科等の学習活動へ ／(4) 学力の定義
2．変遷 ……………………… 18
　(1) 教育基本法の改正 ／(2) 機会均等の推進―量と質
3．課題 ……………………… 23
　(1) 教育制度を構成する三原理―公共善・統制・法律主義 ／
　(2)「見える目的」と「見えない目的」／(3) 子どもの貧困
4．考えてみよう ……………………… 25

## 第2章　生涯にわたる学び ……………………… 27

1．しくみと法律 ……………………… 27
　(1) 教育基本法 ／(2) 生涯学習の振興のための施策の推進体制等の整備
　に関する法律 ／(3) 社会教育のしくみ
2．変遷 ……………………… 32
　(1) 生涯学習の理念の登場と日本への導入 ／(2) 社会教育の変遷―戦前
　の団体主義から戦後の施設主義へ
3．課題 ……………………… 35
　(1) 職業能力開発と生涯学習 ／(2) 現代的・社会的な課題の学習
4．考えてみよう ……………………… 37

## 第3章　教育の機会均等 ……………………… 39

1．しくみと法律 ……………………… 39

目次

２．変遷 ……………………… 41
　⑴ 就学前教育 ／⑵ 義務教育 ／⑶ 高等学校 ／⑷ 大学
３．課題 ……………………… 52
　⑴ 社会経済的な格差への対応 ／⑵ 教育の無償の範囲（年齢段階、
　学習支援等）
４．考えてみよう ……………………… 53

# 第4章　地方教育行政 ……………………………………… 54

１．しくみと法律 ……………………… 54
２．変遷 ……………………… 58
　⑴ 地方教育行政法の変遷 ／⑵ 義務教育費国庫負担制度の変遷 ／
　⑶ 教科書行政の変遷
３．課題 ……………………… 64
４．考えてみよう ……………………… 66

# 第5章　教職員 …………………………………………… 69

１．しくみと法律 ……………………… 69
　⑴ 教育基本法―教職の使命 ／⑵ 教育職員免許法―教員免許・資格、
　養成 ／⑶ 教育公務員特例法―任用、服務、研修 ／⑷ 給与・待遇と
　学校組織の再編
２．変遷 ……………………… 75
３．課題 ……………………… 77
４．考えてみよう ……………………… 79

# 第6章　就学前教育 ………………………………………… 81

１．しくみと法律 ……………………… 81
　⑴ 子ども・子育て支援法 ／⑵ 市町村の役割と費用負担
２．変遷 ……………………… 85
　⑴ 少子化対策の変遷 ／⑵ 新「認定こども園」法の登場 ／
　⑶ 就学前教育をめぐる政治的駆け引き
３．課題 ……………………… 87
　⑴ 設置主体の多様化 ／⑵ 地域差 ／⑶ 災害対策

11

４．考えてみよう ……………………… 90

# 第7章　後期中等教育・高等教育 ………………………………… 91

１．しくみと法律 ……………………… 91
　⑴ 後期中等教育とは ／ ⑵ 高等教育とは
２．変遷 ……………………… 93
　⑴ 後期中等教育の整備と準義務化 ／ ⑵ 高等教育の整備と拡大過程
３．課題 ……………………… 100
　⑴ 後期中等教育の就学保証 ／ ⑵ 高等教育の質保証
４．考えてみよう ……………………… 102

# 第8章　教育政策の計画化 ………………………………… 104

１．しくみと法律 ……………………… 104
２．変遷 ……………………… 105
　⑴ 第3期教育振興基本計画の概要 ／ ⑵ 客観的な根拠を重視した教育
　政策の推進 ／ ⑶ 教育費の無償化に偏った教育投資 ／ ⑷ 不十分な教
　員政策 ／ ⑸ 地方の教育振興基本計画
３．課題 ……………………… 110
　⑴ 財政目標が明記されていない ／ ⑵ 省庁横断的な計画となっていな
　い
４．考えてみよう ……………………… 111

# 第9章　学校の経営 ………………………………… 112

１．しくみと法律 ……………………… 112
　⑴ 学校の経営とは ／ ⑵ 学校制度において ／ ⑶ 地方教育行政制度に
　おいて ／ ⑷ 学校管理規則
２．変遷 ……………………… 117
　⑴「開かれた学校」と学校経営の自律性 ／ ⑵ 地域社会との協働
３．課題 ……………………… 120
　⑴ 生命と安全の確保 ／ ⑵ チーム対応
４．考えてみよう ……………………… 123

# 第10章　学級の経営 ……………………………………………… 124

1. しくみと法律 ………………………… 124
　⑴ 学級における教育活動 ／ ⑵ 学級の児童生徒数 ／ ⑶ 学級経営 ／
　⑷ 学級経営と特別活動 ／ ⑸ 実態把握・児童生徒理解の方法
2. 変遷 ……………………… 129
　⑴ 公立義務教育諸学校の学級編制の標準 ／ ⑵ 公立高等学校の学級編
　制の標準 ／ ⑶ 学級経営と生徒指導
3. 課題 ………………… 133
　⑴ 児童生徒の問題行動・不登校等生徒指導上の諸問題に関する調査 ／
　⑵ 学級崩壊 ／ ⑶ 学級経営と防災教育 ／ ⑷ 望ましい学級・ホーム
　ルーム集団に向けて
4. 考えてみよう ……………………… 139

# 第11章　教育課程の経営 ……………………………………… 141

1. しくみと法律 ……………………… 141
　⑴ 教育課程経営（カリキュラム・マネジメント）とは ／ ⑵ 教育課程
　経営が求められる背景と意義 ／ ⑶ 教育課程経営に関する法律とガイ
　ドライン
2. 変遷 ……………………… 147
　⑴ 教育課程経営（カリキュラム・マネジメント）の法制化 ／ ⑵
　PDCA サイクルに基づく教育課程経営の強調 ／ ⑶「学力テスト」の活用
3. 課題 ……………… 150
　⑴ カリキュラムを核とした協働をもたらす教育課程経営 ／ ⑵ 子ども
　からスタートするサイクルを ／ ⑶ 危機管理の観点からの教育課程経営
4. 考えてみよう ……………………… 154

参考資料 ……………………………………………………………… 155
大日本帝国憲法（抄録）／日本国憲法（抄録）／教育基本法（旧法）／教
育基本法（現行法）／地方教育行政の組織及び運営に関する法律（抄録）
／学校教育法（抄録）／いじめ防止対策推進法

13

# 〈第1章〉新・教育の制度と経営
# 教育制度の目的

## 1．しくみと法律

### ⑴ 教育基本法による規定

　現代社会において社会的な制度は法によって形作られている。教育に関する制度は、憲法と教育基本法の下に成り立っている。憲法と教育基本法の関係は教育基本法の前文によく表れており、そこでは教育基本法制定が、日本国憲法の精神に基づくものであることが明記されている。

　教育基本法の構成は、前文、「第一章　教育の目的及び理念」（第1条〜第4条）、「第二章　教育の実施に関する基本」（第5条〜第15条）、「第三章　教育行政」（第16条・第17条）、「第四章　法令の制定」（第18条）から構成されている。「第二章　教育の実施に関する基本」では、義務教育、学校教育全般、大学、私立学校、教員など、各領域の在り方や目的が示されている。その下に具体的な規定が下位法によってなされ制度が成り立っている。例えば、義務教育、学校教育全般、大学、私立学校については学校教育法により規定がなされ、学校制度が成立している。

　教育基本法第1条では、我が国における教育の目的が明示されている。すなわち、教育の目的は「人格の完成を目指」すこととされ、同時に、「平和で民主的な国家及び社会の形成者として必要な資質を備えた心身ともに健康な国民の育成」をめざすものともされている。教育には個人としての成長とともに、国民という社会の中の一員としての成長も託されている。

　これを受け、第2条では、教育の目標として、真理を求める態度に始まり、民主主義社会を構成する価値項目の一覧が示されている。

　第1条と第2条で示された目的と目標は、第3条と第4条に示される「生涯学習の理念」と「教育の機会均等」を理念とする教育の制度のもとで実現が図られている。第3条「生涯学習の理念」は、人間形成の基盤に学びをおく見方である。フランスの教育思想家ポール・ラングランによる

第1章●教育制度の目的

提唱（1965年開催のユネスコ第3回成人教育推進国際委員会）やシカゴ大学総長であったロバート・ハッチンスの『学習社会論』など国際社会における提案とともに日本でもその重要性が論じられるようになった。すなわち、第3条では、生涯にわたる学びと成長が教育制度の根本であるべきことが謳われている。

第4条の機会均等は、上記の目的や目標および理念を踏まえつつも、法的には、憲法第26条（教育を受ける権利と受けさせる義務）「すべて国民は、法律の定めるところにより、その能力に応じて、ひとしく教育を受ける権利を有する。2　すべて国民は、法律の定めるところにより、その保護する子女に普通教育を受けさせる義務を負ふ。義務教育は、これを無償とする。」を具現化するものとして位置づけられている。

### (2) 学校段階別の目的と目標

先に触れたように学校教育法は学校制度を成り立たせている法であり、そこでは学校段階別の目的と目標が示されている。学校教育法第1条では「幼稚園、小学校、中学校、高等学校、中等教育学校、特別支援学校、大学及び高等専門学校」が、学校教育法の指示する学校とされており、これらについて目的と目標が示されている。小学校と中学校については義務教育としての目標も示されている。幼稚園の目的は第22条、目標は第23条、義務教育の目標は第21条、小学校の目的は第29条、目標は第30条、中学校の目的は第45条、目標は第46条（第21条の内容を目標とすることを規定）、高等学校の目的は第50条、目標は第51条、中等教育学校の目的は第63条、目標は第64条、特別支援教育の目的は第72条、大学は第83条に記載されている。このように、学校教育法において、幼稚園から順に学校教育の目的と目標が記されるようになったのは、教育基本法の改正により行われた2007年（平成19年）以後のことである。

### (3) 目的・目標から各教科等の学習活動へ

学校教育法に記載されている目的・目標は、具体の教育活動へと連なっている。例えば、義務教育の目標を掲げる第21条は「教育基本法第5条第2項に規定する目的を実現するため」として10項目から構成されている。一から四号は個人と社会の在り方、五から九号は家庭科、技術、国語、数学、理科、体育、音楽、美術といった、教科に関する目標が示されている。

15

十号では職業や進路選択が示されている。これらは学習指導要領に記載されている教科の目標へとつながっており、さらには学習評価の在り方を規定している。つまり、小学校、中学校では学習指導要領をもとに「目標に準拠した評価」として、指導要録の参考様式とともに観点別評価の内容が示されている。

　教育基本法の抽象的な目的・目標は、学校教育法が設定する学校段階別の目的・目標となり、それらは学習指導要領と学習評価を通じ各教科等における学習活動となっているのである。この流れを小学校の国語を例にとると以下のようになる。

〈学校教育法第21条〉
五　読書に親しませ、生活に必要な国語を正しく理解し、使用する基礎的な能力を養うこと。

↓

小学校学習指導要領　国語の目標
　国語を適切に表現し正確に理解する能力を育成し、伝え合う力を高めるとともに、思考力や想像力及び言語感覚を養い、国語に対する関心を深め国語を尊重する態度を育てる。

↓

第1学年の目標
⑴　相手に応じ、身近なことなどについて、事柄の順序を考えながら話す能力、大事なことを落とさないように聞く能力、話題に沿って話し合う能力を身に付けさせるとともに、進んで話したり聞いたりしようとする態度を育てる。
⑵　経験したことや想像したことなどについて、順序を整理し、簡単な構成を考えて文や文章を書く能力を身に付けさせるとともに、進んで書こうとする態度を育てる。
⑶　書かれている事柄の順序や場面の様子などに気付いたり、想像を広げたりしながら読む能力を身に付けさせるとともに、楽しんで読書しようとする態度を育てる。

↓

16

第1章 ● 教育制度の目的

「評価基準の作成、評価方法等の工夫改善」（国立教育政策研究所、2011年11月）
1学年及び第2学年の評価の観点の趣旨

| 国語への関心・意欲・態度 | 話す・聞く能力 | 書く能力 | 読む能力 | 言語についての知識・理解・技能 |
|---|---|---|---|---|
| 国語に対する関心をもち、話し合ったり、楽しく書いたり、楽しんで読書したりしようとする。 | 相手に応じ、経験した事などについて、事柄の順序を考えながら話したり、大事な事を落とさないで聞いたりする。 | 経験した事や想像した事などについて、順序が分かるように、語や文の続き方に注意して文や文章を書く。 | 書かれている事柄の順序や場面の様子などに気付きながら読む。 | 音声、文字、語句、文や文章、言葉遣いなどの国語についての基礎的な事項について理解している。書写では、文字の形、筆順、点画の接し方、交わり方などを理解して文字を正しく書く。 |

(4) 学力の定義

　学校教育法第30条は小学校の目標を規定している。その第二項では、「生涯にわたり学習する基盤が培われるよう、基礎的な知識及び技能を習得させるとともに、これらを活用して課題を解決するために必要な思考力、判断力、表現力その他の能力をはぐくみ、主体的に学習に取り組む態度を養うことに、特に意を用いなければならない」とされ、学力が定義されている。すなわち、今日の教育制度において追求されるべき学力とは、基礎力、活用する力、意欲の3点を主な構成要素としており、その際、活用する力とは「思考力、判断力、表現力その他の能力」ということになる。

　この学力の定義は、学習指導要領のもとでの学習評価の基盤になっているだけでなく、全国学力・学習状況調査によっても、問題A（基礎力）、問題B（活用する力）、質問紙調査（意欲）として測定や実態把握が行われている。

　さらに新学習指導要領の方針を示す、中央教育審議会答申「幼稚園、小学校、中学校、高等学校及び特別支援学校の学習指導要領等の改善及び必要な方策等について」（平成28年12月21日）においては、上記学力の三要素を背景に、「知識の習得・活用・探究」という学習の過程とともに、「主体的・対話的で深い学び」を実現していくこととされている。こうした学力観や学習についてのとらえを抜きにして、今や学校教育の目的を達成す

ることはできない。

## ２．変遷

### ⑴ 教育基本法の改正

　教育基本法に規定されている教育の目的は、国家と国民がどうあるべきかという議論の結果である。

　教育基本法の制定は1947年であり、前年1946年に制定された日本国憲法の精神を受けた内容であった。日本国憲法は、前文中の「政府の行為によって再び戦争の惨禍が起ることのないやうにすることを決意し、」との文言に示されるように、戦前の超国家主義と軍国主義の反省に立っている。これを受け、旧教育基本法の前文は、「われらは、さきに、日本国憲法を確定し、民主的で文化的な国家を建設して、世界の平和と人類の福祉に貢献しようとする決意を示した。この理想の実現は、根本において教育の力にまつべきものである。」との一文で始まっていた。

　憲法制定後、第９条の在り方やその制定過程についてなどから、憲法改正の議論が惹起する中にあって、教育基本法についても、国家権力からの自由や、個人の権利の追求に重きが置かれているとの意見もみられた。憲法制定から約半世紀後の2000年、小渕恵三元首相の私的諮問機関として教育改革国民会議が設置され、教育基本法の改正を含む教育改革の議論が行われた。「教育改革国民会議報告─教育を変える17の提案」（2000年12月22日）では、提案の一つとして17番目に「新しい時代にふさわしい教育基本法を」が示された。併せて新教育基本法に向けての３つの観点が論じられており、その第一に「新しい時代を生きる日本人の育成」として、「科学技術の進展とそれに伴う新しい生命倫理観、グローバル化の中での共生の必要性、環境の問題や地球規模での資源制約の顕在化、少子高齢化社会や男女共同参画社会、生涯学習社会の到来など時代の変化を考慮する必要がある。また、それとともに新しい時代における学校教育の役割、家庭教育の重要性、学校、家庭、地域社会の連携の明確化を考慮することが必要」としている。第二には「伝統文化の継承と発展」、第三には「教育基本法の内容に理念的事項だけでなく、具体的方策を規定する」ために「教育に対する行財政措置を飛躍的に改善するため、他の多くの基本法と同様、教

第1章 ● 教育制度の目的

育振興基本計画策定に関する規定を設けることが必要である」としている。

その後、教育基本法改正の議論は中央教育審議会に移り、上記の三観点を踏まえつつ「新しい時代にふさわしい教育基本法と教育振興基本計画の在り方について（答申）」（2003年3月20日付）がまとめられた。当時は、自由民主党と公明党による連立政権が組まれており、2001年4月26日に誕生した小泉純一郎首相による長期政権は、第三次内閣（2005年10月31日〜2006年9月26日）の組閣にまで至っていた。教育基本法改正に意欲を示す小泉首相の意を受けつつ、「与党教育基本法改正に関する協議会」による「教育基本法に盛り込むべき項目と内容について（最終報告）」が2006年4月13日に出された。野党の最大会派民主党も改正案を公表したが、与党案をほぼ踏襲する形で政府改正案が国会に提出され、2006年12月15日、国会で改正教育基本法が成立した。

### (2) 機会均等の推進―量と質

教育基本法に生涯学習の推進が記されたのは2006年の改正によるのであり、戦後の教育制度は、第4条「教育の機会均等」を理念として整備と拡充が図られてきた。1947年制定の旧教育基本法では、第1条の目的、第2条の目標に次いで、第3条に「教育の機会均等」が規定されていた。

機会均等の推進は、はっきりと線引きができるわけではないのだが、量と質という点からみてみると、その全体像が理解しやすい。量という点においては、①単線型の学校制度、②義務教育年限と無償の範囲の拡大、③「高校全入」であり、質という点では、④教育課程と教科書の標準化、⑤学習状況評価の標準化、⑥教職員の配置、身分保障、資質向上などを挙げることができる。概要は以下のとおりである。

①については、1947年3月、教育基本法と同日に成立した学校教育法により、6・3・3・4年制による単線型の学校教育制度が成立した。すなわち、6年の小学校、3年の中学校、3年の高等学校、4年の大学が整備され、このうち小学校と中学校は義務教育とされた。戦前の義務教育は初等教育までであり、図1が示すように、分岐型の学校制度であった。1943（昭和18）年の文部省統計でみると、小学校の在籍者数は12,848,195人、中学校607,114人（旧制）、高等女学校756,955人、高等学校26,636人（旧制）、

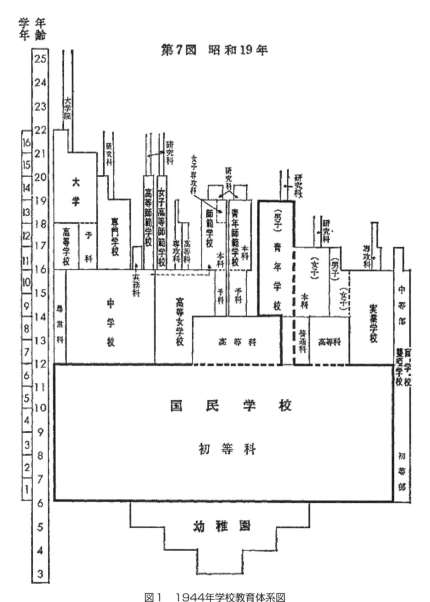

図1　1944年学校教育体系図
出典：文部科学省「学制百年史・資料編」（文部科学省HPに記載）

専門学校181,509人（旧制）、大学104,699人（旧制）などであった。

②の無償の義務教育は、憲法第26条の規定に基づく。同条の制定により義務教育＝無償となったのであり、そうでなかった時代も存在する。学制の公布は、1872年（明治5年）であるが、無償の4年制義務教育が制定されたのは1900年（明治33年）である。無償の範囲は、旧教育基本法では第4条第2項「国又は地方公共団体の設置する学校における義務教育について、授業料は、これを徴収しない」と定められ公立学校における授業料までである。義務教育段階の子どもがいる家庭は、学校に子どもを通わせるにあたり、教材費、給食費、交通費、学用品費などを支出しているが、どこまでを無償とするのかについて、渡部昭男は「授業料無償説」、「修学費（修学必需費）無償説」（修学に必要な費用をすべて無償とする）、「無償範囲法定説」（最低基準である授業料に無償の範囲を法によって決める）といった見方を示している。

なお、アメリカ占領軍が示した憲法草案では第26条条文中の「普通教育」は「初等教育」であった。これは第90回帝国議会・衆議院のもとにつくられた「帝国憲法改正案委員小委員会」の議により「普通教育」へと変更された。このことは、機会均等の量的充実という点において極めて大きな意味をもつ。

③の「高校全入」とは、高校に全員が入るべきとする標語である。志望する中学生全員を受け入れる物理的な席がそもそも高校になかった時代には大きな社会問題であったが、1970年代終わりに解決をみた。戦後間もない1950年の高校進学率は36.7％であった。その後1960年には55.9％、1970年に82.7％、1980年に95.4％となった。この間には、1960年代の第1次ベビーブーム世代、1980年代の第2次ベビーブーム世代による高校生の急増があった。急増分への対応の一つとして私立学校による引き受けが促され、「私立学校振興助成法」が1975年に制定され、経常的経費補助（人件費）などが行われてきた。

④の教育課程と教科書の標準化に関しては、戦後の冷戦構造の中に教育行政が置かれ、教育課程を編成するのは誰か、という教育課程編成権をめぐる根深い対立がありながらも、学習指導要領を中心として標準化が進められてきた。1947年、1951年に公表された小学校学習指導要領は「試行」

と題されていた。これが1958年（昭和33年）、官報に告示として公表された。その「法的拘束力」をめぐっては解釈が分かれ、裁判などによる議論がなされてきた。

　今日では、教育課程の決定者は文部科学大臣であること、その際の教育課程の定義、ならびにその標準は学習指導要領であることが学校教育法等の法律に明記されている。小学校を例にとれば、学校教育法第33条「小学校の教育課程に関する事項は、（略）、文部科学大臣が定める」、同法施行規則第50条「小学校の教育課程は、国語、社会、算数、理科、生活、音楽、図画工作、家庭及び体育の各教科、道徳、外国語活動、総合的な学習の時間並びに特別活動によって編成するものとする。」、同法施行規則第52条「小学校の教育課程については、（略）、教育課程の基準として文部科学大臣が別に公示する小学校学習指導要領によるものとする。」がある。なお、2007年学校教育法改正前は、文部科学大臣が定める範囲とは「教科に関する事項」（第20条）とされ、教育課程編成権の論議の中で論点となっていた。

　教科書は、検定制度のもとで提供されている。公立の義務教育学校、中等教育学校、高等学校では「文部科学大臣の検定を経た教科用図書又は文部科学省が著作の名義を有する教科用図書を使用しなければならない」（小学校の規定—学校教育法第34条が中学校、中等教育学校、高等学校にも準用）とされている。各教科書会社は、学習指導要領の内容に基づき、教科書を作成し検定を受ける。検定に合格した教科書のうちどれを使用するかは各教育委員会が決定する。

　教科書の検定については、高等学校の日本史を執筆した家永三郎氏が裁判を通し違法であるとの訴えを続けた。訴訟は1965年の提訴から第3次訴訟終了の1997年まで30年以上に及んだ。

　⑤の学習状況評価の標準化は、先述のとおり、義務教育学校では学習指導要領に伴い、指導要録の作成を通して「目標に準拠した評価」が全国ほぼ同じ内容で行われている。指導要録の様式は教育委員会が決定し（地方教育行政の組織及び運営に関する法律第23条）、作成は校長が行う（学校教育法施行規則第24条）。また、指導要録は「備付表簿」として、学籍に関する記録については20年間、その他については5年間保存しなければな

らない（学校教育法施行規則第28条）。

⑥教職員の配置、身分保障、資質向上については、本書第5・9・11章などで言及する。

## 3．課題

### (1) 教育制度を構成する三原理—公共善・統制・法律主義

　教育制度は、憲法、教育基本法とその下位法による、目的や目標ならびに規則によって成り立っている。では、なぜ法が存在するのだろうか。法は、個人と社会双方にとって望ましい状態、すなわち公共善のために存在している。このようなとらえ方は、ジョン・ロック『統治論』における、「自然状態にある人々が社会に入って一つの最高の統治のもとに、一つの国民、一つの政治体をつくるとき、（中略）、社会の公共の福祉が必要とするままに、（略）法を作る権威を、社会、あるいは同じことだが、社会の立法部に与え」るといった政治思想に見いだすことができる。「一つの国民、一つの政治体」とは国家であり、これについて、アリストテレスは「国はもろもろの共同体のうち最高のもので、その目的として最高の善を求める。それとその他の共同体との違いは、それの構成部分を探求してみれば、明らかとなろう」と述べている。また「最善の国における教育方針」として「国民の教育は同一で公共的でなければならない」ともする。

　こうした政治思想をひもとくと、法や制度が個人と社会双方の幸福のために存在することが時代を越えて連綿と論じられてきたことがわかる。しかし、個人と社会双方にとっての幸福がどうあればいいのか、その答えを得るのは簡単ではない。総論では合意が得られても各論でそうはいかなくなることも多い。今後も、幸福を享受すべき国民の一人ひとりが改善のための取り組みや議論にさまざまな形で参加していくことが不可欠である。教育の専門職である教員はそうした営みの導き役である。

　公共善に抽象性が含まれるとしても、法には公正な運営となるように明確性が託されており、統制の機能を有している。基本法→法・法律→施行令→施行規則と下位の法になるにつれ統制の度合いが高まり規制としての性質が強くなる。この点においても公共善という出発点に立ち返っての不断の見直しが必要ということになる。

⑵ 「見える目的」と「見えない目的」

　教育基本法の在り方については、1947年の制定時においても、またその後においても大きな議論があった。国家の教育指針となるからである。一見抽象的にみえる条文中の表現には、明治以来の近代日本における教育の歴史を背景とする、さまざまな議論や先人たちの思いが込められている。条文として表されているものを「見える目的」とするなら、法の作成過程における議論や込められている願いは「見えない目的」と表することができる。これからの教育制度をどうしていくべきなのかを考える際には、それらの歴史に学ぶ必要がある。

　1947年の旧法制定に関わった主体や主な動きは次のようになる。当時、日本は連合国軍最高司令官総司令部（General Headquarters, Supreme Commander for the Allied Powers, GHQ／SCAP）の下に統治されており、それは1952年のサンフランシスコ講和条約および日米安保条約の締結まで続いた。この中で戦後の教育制度を包括的に議論し、内閣総理大臣に答申する組織として教育刷新委員会が1946年1月9日に発足した。これは第1次米国使節団に協力するために発足した日本教育家委員会を前身としていた。旧教育基本法の作成は教育刷新委員会の提案によるところが大きいが、その作成過程においては、教育領域の管轄にあたっていた総司令部民間情報局（CIE, Civil Information and Education Section）や文部大臣田中耕太郎の考えも影響を及ぼしている。田中は戦前の道徳の指針であった教育勅語について、徳目としては有効であるとし、CIEの考えと対立した。その一方、教育根本法の必要についても国会で答弁していた。なお、戦前の教育制度は小学校令など、大日本帝国憲法第9条に基づく天皇の命令により成り立っていた。

　そのような中、教育刷新委員会の建議においては、法学者であるとともにクリスチャンでもあった田中の人間観を反映し、教育基本法第1条に「人格の完成」が教育の目的として提案された。これらの動きは、衆議院の「教育勅語等排除に関する決議」に対し、田中が属していた参議院では「教育勅語等の失効確認に関する決議」を可決し、排除という言葉を用いなかったことにも表れている。

　2006年の改正教育基本法では、生涯学習、幼児期の教育、家庭教育、地

第1章●教育制度の目的

域連携などが新たな条文として加わったが、第1条が謳う教育の目的が「人格の完成」にあることは引き継がれることとなった。

### (3) 子どもの貧困

　教育制度の目的と実現を考えていく際には、上述(1)で取り上げた社会哲学的な見方、(2)で示した歴史へのまなざしだけでなく、現代的課題を知り、考えるということも重要である。そのような課題の一つに子どもの貧困がある。具体的対応等については、本書第3章の記述とともに考えていくとしても、教育制度の目的の実現という点において看過できない課題である。

　ユニセフ・イノチェンティ研究所が2000年から年に一度程度のペースで公表しているレポートカード（通信簿）・2012年版において、日本の子どもの相対的貧困率（等価可処分所得—世帯の可処分所得を世帯員数の平方根で割った値—の中央値の50％以下）は、14.9％（305万人）、先進国35か国中下位より9番目であった。『平成27年版　子供・若者白書』（内閣府）においても、「子供の相対的貧困率は1990年代半ば頃からおおむね上昇傾向にあり、平成24（2012）年には16.3％となっている。子供がいる現役世帯の相対的貧困率は15.1％であり、そのうち、大人が1人の世帯の相対的貧困率が54.6％と、大人が2人以上いる世帯に比べて非常に高い水準となっている」と記載されている。こうした子どもたちに対し、健全な成長のための機会を提供していくにはどうしたらいいのだろうか。現在、「子どもの貧困対策の推進に関する法律」の下に、教育、福祉、労働等における複合的な対応が進められている。その難しさと状況を理解していく必要がある。

## 4．考えてみよう

(1) 第2次世界大戦での敗戦を経て、日本の教育制度が大きく変わったのはなぜか、説明してみよう。

(2) 個人と社会にとって、望ましい教育とそのための制度とはどのようなものだろうか。話し合ってみよう。

〈参考文献〉

● 清原正義「第一部　教育基本法の過去と現在」清原正義他編『教育基本法から見る日本の教育と制度』協同出版、2008年、6〜26頁。

● 文部科学省「教育基本法資料室へようこそ！」（http://www.mext.go.jp/b_menu/kihon/）（2015年1月23日最終アクセス）

● 文部科学省「教育基本法に盛り込むべき項目と内容について（最終報告）・平成18年4月13日　与党教育基本法改正に関する協議会」（http://www.mext.go.jp/b_menu/shingi/chukyo/chukyo0/gijiroku/attach/13 46325.htm）（2015年1月23日最終アクセス）

● 文部科学省「我が国及び諸外国の学制について」（http://www.kantei.go.jp/jp/singi/ kyouikusaisei/dai14/siryou2.pdf）（2015年1月23日最終アクセス）

● 渡部昭男『格差問題と「教育の機会均等」』日本標準、2006年。

# 〈第2章〉 新・教育の制度と経営
# 生涯にわたる学び

## 1. しくみと法律

### ⑴ 教育基本法

　社会が複雑化し、社会構造も大きく変化を続ける現代社会においては、学校教育を終えた後にもさまざまな学びを行うことが必要となっている。例えば、情報化や技術の進歩が著しい中で働いていくために、新たな知識や技術を習得することが求められるかもしれない。あるいは、環境問題や消費者問題など生活の中での問題に取り組むために、学び、社会参加を行いたいと思うかもしれない。さらには、余暇に新たな趣味を見つけて、夢中になっている間にその腕前が上がっていることがあるかもしれない。

　学校教育は、生涯にわたる学びの一部であると同時に、生涯にわたって学び続けるための基礎となるものである。学校教育では、学校教育を終えた後に学び続けるために必要な基礎的な知識や技術を身につけるだけではなく、学び方を学ぶことが重要である。そして、それを指導する教員自身が、学び続ける教員であることが求められている。

　そのような生涯にわたる学び、すなわち生涯学習は、教育基本法第3条で、日本の教育の理念の一つとして位置づけられている。

（生涯学習の理念）

第3条　国民一人一人が、自己の人格を磨き、豊かな人生を送ることができるよう、その生涯にわたって、あらゆる機会に、あらゆる場所において学習することができ、その成果を適切に生かすことのできる社会の実現が図られなければならない。

　この条文のポイントは、4つある。一つ目は、個人の人生の豊かさをめざしているということである。国家や社会の発展のために教育や学習が必

要であるというよりは、あくまでも、個人が成長し、充実した人生を送るために、学習が必要であることを謳っているのである。2つ目のポイントは、ここでいう生涯学習は、「あらゆる機会に、あらゆる場所に」おける学習を包含しているということである。理念のうえでは、教育行政が管轄する学校教育や社会教育だけでなく、家庭や職場、地域等あらゆる場所での学習を含んでいるのである。3つ目のポイントは、そのような学習の成果を社会が認めることをめざしていることである。これは、生涯学習という概念が導入される際に、どの学校を卒業したかが重視される学歴社会の弊害を是正するという議論があったことが背景にある。4つ目は、社会の実現をめざしているということである。生涯学習はそもそも個人的なものであり、個人が各自のニーズに応じて自由に自発的に行うものである。そのような生涯学習は、法律で行うことを規定するような性質のものではない。このため、法律上の目的としては、個人が必要を感じたときに、気兼ねなく学び、その成果が認められるような社会の実現が掲げられている。

1947（昭和22）年に制定された改正前の教育基本法には生涯学習の条文はなく、2006（平成18）年の改正の際に新たに盛り込まれた。これは、後述するように、生涯学習という理念は、1970年代以降に日本に導入され、定着した新しい概念だからである。

生涯学習の理念が導入される以前において、成人の学習や地域での学習等については社会教育という概念の下に行われてきた。社会教育は、生涯学習の理念の導入に伴い、学校教育や家庭教育と並んで、生涯学習の一部として位置づけられた。教育基本法の第12条社会教育では、「個人の要望や社会の要請にこたえ、社会において行われる教育は、国及び地方公共団体によって奨励されなければならない」とされている。改正前には、家庭教育や勤労の場所における教育なども含まれていたが、改正後はそれらの文言が削除され、より国や地方が奨励する教育に焦点が当てられている。

(2) 生涯学習の振興のための施策の推進体制等の整備に関する法律

生涯学習という用語には現在のところ法律上の定義はないが、文部科学白書では次のように説明されている。「『生涯学習』とは、一般には人々が生涯に行うあらゆる学習、すなわち、学校教育、家庭教育、社会教育、文化活動、スポーツ活動、レクリエーション活動、ボランティア活動、企業

内教育、趣味など様々な場や機会において行う学習の意味で用いられ」る。「また、人びとが、生涯のいつでも、自由に学習機会を選択し学ぶことができ、その成果が適切に評価される社会として『生涯学習社会』という言葉も用いられ」る[1]。

　多様で包括的な生涯学習を支援する方策として、教育基本法に掲げられたような社会の実現がめざされている。このため、生涯学習に関しては、「生涯学習法」といった独立した制度や法はなく、また実態としても教育行政の範囲を超えたさまざまな学習が含まれる。実際に、延べ人数だけでみれば、学校教育機関以外の場で学ぶ学習者は、学校教育機関における学習人口を大きく上回っている。例えば、教育委員会、公民館、青少年教育施設等における学級・講座の受講者は2,301万人、首長部局が開設する学級・講座の受講者は785万人、民間のカルチャーセンター等における受講者は1,720万人である[2]。また、多くの有職者が職場において職業訓練・教育を受けている。

　直接的に生涯学習に焦点を当てた法律としては「生涯学習の振興のための施策の推進体制等の整備に関する法律」（以下、生涯学習振興法）がある。これはあくまで生涯学習を「振興するため」に、行政がどのような「推進体制の整備」を行うかに関する法律である。ただし、この法律は、多様な学習の中でも、職業能力や社会福祉等に関するものを除いた、主として余暇における学習を対象としている。「職業能力の開発及び向上、社会福祉等に関」する学習（つまり、厚生労働省が所管している分野）については、「別に講じられる施策」（生涯学習振興法第2条）として、生涯学習振興法では扱われない。ただし、後述のように、近年は職業能力開発や障害者の生涯学習など、労働や福祉と関連する施策も打ち出されるようになっている。

　生涯学習振興法は、全11条という短い法律であり、主な内容は次の3つである。

　第1は、生涯学習推進のための体制を、都道府県教育委員会が整備し、その基準は文部科学大臣が定めるということである。都道府県の事業としては、学習機会の提供よりも、情報収集や調査研究、指導者への研修や教育機関の連携など、学習の側面的な援助が重視されている。

第2は、都道府県は、地域生涯学習振興基本構想を作成することができるということである。これは、特定の地域を設定し、生涯学習に資する諸活動の機会の総合的な提供を行うことに関するものである。この活動の機会には、民間事業者により提供されるものを含んでおり、基本構想に規定する事項には、民間事業者に対しての資金の融通の円滑化も含まれる。基本構想の作成に際して、都道府県は、あらかじめ関係市町村と協議しなければならず、また、文部科学大臣および経済産業大臣と協議することができる。そして、文部科学大臣および経済産業大臣は、基本構想について適切なものかどうかを判断する。判断基準をクリアすれば、民間事業者は、税制上、融資上の優遇措置が受けられる。

　第3は、都道府県は、都道府県生涯学習審議会を置くことができるということである。この審議会は、都道府県の教育委員会または知事の諮問に応じ、生涯学習に資するための施策の推進に関する重要事項を審議し、建議する。

　この法律の特徴は、都道府県が中心となっていることである。これは社会教育では、市町村が中心的責務を担うとされていることと対照的である。また、教育文化産業の振興と民間事業者の活用によって学習機会の充実を図ろうとしている点も特徴である。このため、経済産業省との関連が重視されている。

### (3) 社会教育のしくみ

　生涯学習の実施に際して、重要な役割を担っているのが社会教育である。社会教育は戦前から行われていたが、戦後1949（昭和24）年に制定された社会教育法第2条で、社会教育とは、「学校の教育課程として行われる教育活動」を除いた「主として青少年及び成人に対して行われる組織的な教育活動（体育及びレクリエーションの活動を含む。）」と定義されている。逆に言えば、家庭でのしつけなど組織的でないもの、インフォーマルなものは社会教育には含まれない。

　このように社会教育を定義したうえで、社会教育法は、国・地方公共団体の責務や社会教育のしくみを規定している。まず、国および地方公共団体の任務は、社会教育の環境醸成とされた。具体的な役割は、施設の設置や運営、学習の機会の提供、学校教育や家庭教育との連携協力などが想定

されている。どのような教育を提供するかではなく、住民の学習のための環境を整えることが国や地方の任務なのである。特に、社会教育では地域に根差した住民の学習が重視されるため、住民に身近な基礎的自治体である市町村が重要な役割を果たすことが期待されている。

同時に、都道府県および市町村は、社会教育に関する諸計画を立案し、意見具申や調査研究を行うことができる社会教育委員を置くことができる。社会教育委員は、学校教育や社会教育関係者、学識経験者等から構成される。社会教育に関する施策を行政だけで決めるのではなく、地域の教育関係者も関わりながら決定できるようになっているのである。

社会教育の専門的職員としては、社会教育主事という職種が設定されている。社会教育主事は、社会教育を行う者に専門的技術的な助言と指導を与える。ただし、「命令及び監督をしてはならない」（社会教育法第9条の3）とされ、学習の内容に対しては、専門職といえども干渉できないようになっている。

また、社会教育に関する事業を行うことを主たる目的とする団体は、社会教育関係団体と呼ばれるが、国および地方公共団体は、社会教育関係団体に対して、いかなる方法によっても不当に統制的支配を及ぼし、事業に干渉を加えることは禁じられている。

社会教育に関する施設としては、公民館、図書館、博物館がある。図書館、博物館については、それぞれ図書館法、博物館法が別に定められている。公民館は、社会教育における中核的な施設であり、市町村が設置する。公民館では、講座の開設のほか、討論会や体育に関する集会の開催や住民の集会などへの会場の貸し出し事業が行われる。公民館の運営に関しても、公民館運営審議会を置くことができ、事業の実施について住民が審議することができるようになっている。

以上のように、社会教育では、何をどのように学ぶかといったことは学習者自身が決めることであり、国や地方公共団体、職員の役割を環境醸成、助言・援助にとどめるということが基本姿勢となっている。このために、国や地方公共団体、専門職からの干渉が排除されると同時に、社会教育委員や公民館運営審議会など、住民の自治のしくみが確保されている。そして、公民館などの施設を中心とした学習機会の提供が行われる。これらは

後述するように、戦前の社会教育が、団体活動への干渉を通して国民教化の手段となったことへの深い反省のうえに立っている。

## 2. 変遷

### (1) 生涯学習の理念の登場と日本への導入

20世紀後半、人口の急速な増大、科学・技術の急速な進展、産業化や情報化など、社会、経済、文化のあらゆる面において変化が急激かつ不断に生じるようになった。この変化に対応するために、学校教育を中心とした近代教育制度の見直しが迫られた。ここで登場したのが、生涯教育というアイデアである。このように、生涯学習は、制度や実態というより、1960年代以降に教育改革のための「理念」として提起、検討されてきた。まず国際的な場で議論が進展し、次いで各国に受容され、政策や制度として具体化されていった。

生涯教育という概念は、1965 (昭和40) 年、当時ユネスコの成人教育部長であったポール・ラングラン (Lengrand, P.) が、ユネスコの成人教育推進国際委員会においてワーキング・ペーパーの中で生涯教育に言及したことをきっかけに広がった。ラングランは、産業化や情報化など急激なスピードで進む社会変化を現代人の直面している危機ととらえた。そして、学校教育制度を中心とした教育制度が時間的、空間的、方法的に限界があると指摘し、これを見直す視点として生涯教育という概念を提起した[3]。

このラングランの生涯教育論を発展させ集大成したのが、1972 (昭和47) 年、ユネスコ教育開発国際委員会が出した報告書『未来の学習』("Learning to be") である。人間は身体的、知的、情緒的、倫理的に統合された「完全な人間」をめざすものであり、個々人が自分の可能性を具現することは個人の幸福だけでなく社会の発展にもつながる。そこで、学習は「持つため」の学習 (learning to have) から「あるため」の学習 (learning to be) にその目的を転換しなければならない。そして、学習の保障のためには、社会のあらゆる部門が教育や学習という観点から構造的に統合されているような学習社会をめざす必要があるとした[4]。このように積極的な新しい社会像を提示した報告は、ユートピア的と批判されながらも、世界的に強い注目を集めることとなった。

第2章 ● 生涯にわたる学び

一方 OECD は、生涯教育の概念の曖昧さを批判し、1973（昭和48）年、生涯学習を実現する一つの方策としてリカレント教育を提唱した。生涯教育というアイデアの中には、個人が生涯にわたって発達することをめざすという生涯学習の側面と、それを実現するための教育政策という側面が混在している。しかし、教育政策として実施できるのは、教育の中でも意図的・組織的なものだけである。教育を意図的・組織的なものとして限定的にとらえるならば、生涯にわたる連続的な学習は可能かつ必要であるが、生涯にわたる教育はありえない。意図的・組織的な教育は、労働や余暇などと同時に成立するものではないからである。そこで、OECD は、生涯にわたる学習を実現する方途として、「個人の全生涯にわたって教育を回帰的（recurrent）に、つまり、教育を、仕事を主として余暇や引退などといった諸活動と交互にクロスさせながら、分散する」リカレント教育を提示した[5]。

このような初期の生涯学習をめぐる議論は、生涯学習論の基盤を提供し、その後の議論や各国の政策に大きな影響を与えた。また、1970年代以降、生涯学習が現実に政策として実施されていく中で、先進諸国と発展途上国の間で成人教育に対する考え方の違いが表れるようになった。成人教育のさらなる発展をめざす先進諸国に対して、発展途上国は識字教育を重視した。多くの加盟国を抱えるユネスコは、識字教育の充実と初等教育の完全普及を通して非識字の根絶と教育の機会均等の実現をめざす教育政策に重点を置くようになった[6]。このような流れの中で、1985（昭和60）年パリで開催された第4回世界成人教育会議において、「学習の権利」宣言が採択された。学習の権利はぜいたくなものでなく、また単に社会や経済の発展の手段にとどめず、人間の生存に欠くべからざる基本的な人権であるという認識が共有されてきたのである。

このように国際的な議論が進む中、日本においては、1971（昭和46）年の社会教育審議会答申と中央教育審議会答申で、初めて生涯教育という用語が政府の文書に登場した。しかし、日本において生涯学習が政策理念となり、本格的な取り組みが始まるのは、1987（昭和62）年の臨時教育審議会最終答申からである。1970年代後半から、校内暴力や中退など種々の教育病理が噴出し、また急激な社会構造の変化を背景にした諸課題が山積し

ていた。臨時教育審議会は、このような状況に対応する教育改革の視点として、「個性重視の原則、生涯学習体系への移行、変化への適応」を挙げた。「生涯学習体系への移行」は、次の3つの理由から必要性が主張された。①学習の成果の適切な評価による学歴社会の弊害の是正、②社会の成熟化に伴う心の豊かさや生きがいのための学習需要の増大、③科学技術の高度化、国際化、産業構造の変化などによる、継続的な新しい知識・技術の修得への要請の高まり、の3つである。ここでは社会の変化に対応するだけではなく、学校での問題の解決までもが生涯学習に期待されていた。

　臨時教育審議会答申は、教育行政の枠組みを超えた視点から、国家的な政策課題としての教育改革と、その一翼を担う政策理念として「生涯学習体系への移行」を打ち出したのである。これを受けて、日本の生涯学習政策は、理念の段階から推進体制の整備の段階へと進み、生涯学習振興法の制定などが行われた。そして、体制の整備や理念の定着を受けて、教育基本法改正において理念として掲げられるに至ったのである。

## (2) 社会教育の変遷—戦前の団体主義から戦後の施設主義へ

　生涯学習が1960年代以降に新たな教育改革の理念として登場する以前から、日本における学校教育以外の組織的な教育活動として、社会教育が行われてきた。「社会教育」という用語は、学校教育以外の社会における教育活動を指す日本独特の概念であり、明治期から使用されてきた[7]。

　戦前の社会教育の特徴は、男女の青年団や各種婦人会など官製団体の活動を通じた思想形成で、団体中心主義と呼ばれる。例えば、文部省の社会教育行政の確立期における主要な事業であった生活改善運動は、衣食住などの消費生活や社会習慣全般の合理的改善をめざすものであったが、これは生活面から近代化を推し進めるものであった。また、成人対象の講習会や壮年団・青年団・処女会などにおける訓練を通じて、国民としての意識を養う公民教育なども行われた。いわば、戦前期の国家的課題であった近代国家の形成に、成人の思想や生活の面から取り組んだのが社会教育だったのである。

　1930年代から1940年代には、戦争遂行に必要な義務や役割を国民に自覚させ、その義務の遂行に必要な態度や能力を育成する国民教化の手段の一つとして社会教育が利用された。第2次世界大戦に参加した1941（昭和16）

年には、大日本青年団、大日本連合女子青年団、大日本少年団等を統合した大日本青少年団が形成され、婦人団体が日本婦人会に一本化された※8。このように各種の団体を全国規模で統合し、序列化し、戦争に協力する意識や行動を育てるような活動が指導者を通じて行われたのである。

戦後の社会教育は、このような戦前の社会教育に対する強い反省のうえに成立した。それがかたちになったのが、「1．しくみと法律」で述べたような社会教育のしくみである。すなわち、行政や専門家は環境醸成や指導助言に徹すること、その環境とは、学びたい人が自分の必要に応じてその場を使うことができる施設を中心としたものであること、中央集権ではなく生活圏に密着したものとすることなどである。戦後の社会教育は、広く国民の学ぶ権利と自由を尊重し、保障することをめざしたのである。

## 3．課題

### (1) 職業能力開発と生涯学習

多くの人にとって働くことは人生において大きな比重をもつ。生涯学習が、生涯にわたる学びであるとするならば、当然、働くための能力の開発や向上も含まれる。先進諸国では、OECDのリカレント教育論に表れているように、生涯学習は労働者の職業能力開発やキャリアアップと強く関連付けられてきた。

他方、日本では、生涯学習という概念が導入された当時、年功序列や終身雇用制などの雇用関係を背景に、職業能力は、労働者が自らの専門的能力を育成するというより、企業が社員を育てるという意識が強かった。そのため日本では、職業能力開発は主に企業が担い、政策としては雇用・労働政策の一環として厚生労働省が所管しており、「生涯学習」は、それ以外の、もっぱら余暇や趣味における学びを表すものとして用いられてきた。

ところが、教育再生実行会議「『学び続ける』社会、全員参加型社会、地方創生を実現する教育の在り方について（第6次提言）」（2015（平成27）年3月）や、2017（平成29）年に設置された「人生100年時代構想会議」の基本構想（2018（平成30）年6月）において、社会人の学びの支援が重要なテーマとして位置づけられた。具体的には、大学等において、社会人

や企業のニーズに応じた実践的・専門的な教育プログラムを提供すること
が求められている。

　これを受けて、文部科学省は、企業等の意見を取り入れた内容、社会人
が受講しやすい環境の整備等の一定の要件を満たした教育プログラムを文
部科学大臣が認定する事業として、大学・大学院・短期大学・高等専門学
校を対象とする「職業実践力育成プログラム」を2016（平成28）年に、専
修学校を対象とする「キャリア形成促進プログラム」を2018（平成30）年
に創設した。前者は、2019（令和元）年5月現在261課程が、後者は、
2019（平成31）年1月現在で12課程が認定されている※9。

　このように、近年、生涯学習政策においては、大学等の学校における職
業能力に結びつくような実践的・専門的な教育というカテゴリを設定し、
その範囲内で職業能力開発を対象とするようになってきた。これは、生涯
学習の政策範囲が拡大したと単純に喜ぶのではなく、職業と教育・学習と
の関連を議論する土台が漸くできつつあるとみるべきであろう。すなわ
ち、大学などの学校教育に企業や実務家教員が関わることの意味、逆に、
仕事を通じた学びの生涯学習としての意味やその支援の在り方について、
教育と労働の双方の知見をつなぎ合わせることが今後の生涯学習政策の発
展のための課題となるということである。

### (2) 現代的・社会的な課題の学習

　生涯学習のもう一つの重要な役割に、変動する社会の中で新たに生まれ
るさまざまな課題について、人々が学び、対応していくことがある。この
ような現代的・社会的な課題の学習については、いくつかの課題がある。

　まず、何を学ぶか、いかに学ぶかを選ぶことが課題となる。現代社会に
おいて我々はさまざまな課題に直面しているが、そのすべてを学ぶことは
困難だからである。また、インターネットを含めたさまざまな情報があふ
れている中で、どのように情報を取捨選択するか、何を通じていかに学ぶ
かによっても、その学びの内容が大きく異なる可能性がある。

　また、それぞれの現代的・社会的な課題自体が、高度に専門的であった
り、複雑であったりするものが少なくない。これらを専門家ではない生活
者や住民の立場で、どうやって理解していくのかということも、学習上の
課題となる。さらに、現代的・社会的課題は日々の生活に密接に結びつい

ており、学んで知識を得て終わりではなく、学んだうえで日々の生活の中でいかに行動するかが問われる側面がある。例えば、防災についての知識を講習会で学んでも、日々の生活の中で防災を意識せず、何の準備もしなければ、防災を学んだ意義があるといえるだろうか。このような行動や考え方における変化を生み出すことが、現代的・社会的課題の学習におけるもう一つの課題である。

　これらの課題に応える学習を行う場として、学校や社会教育施設などの他、NPOがある。NPOの活動は、その課題について学ぶという面と、それに基づいて、直接的に課題に取り組むという面の両方において、生涯学習の場であるといえる。NPO法人は1998（平成10）年の制度発足以降、年々増加し、2019（令和元）年11月末現在で5万を超えている※10。内容の幅広さ、数の多さの両面で、NPOは身近な学習の場として、重要性を増している。

　このように、生涯学習は、余暇において楽しみや生きがいのために学ぶという意味だけではなく、働く上での能力の開発や生活上の問題への取り組みなど、より幅広い意味で人生や生活の質に密接に関わっている。しかし、生涯学習は国や専門家が強制して行わせるものではなく、あくまで個人が主体的に行うものである。このような学習をいかに生み出し、いかに支援するかが、生涯学習を推進するうえでの最大の課題である。


**4．考えてみよう**

(1) 生涯にわたる学びにはどのようなものがあるか、次の順番で想像してみよう。

　①あなたは10歳、30歳、50歳、70歳のそれぞれの時期に、どのような生活をしている（していた）だろうか。

　②その生活の中で、それまでに身につけていないどのような知識や技術、考え方を身につけている、あるいは身につける必要に迫られているだろうか。

　③それを、どのようにして、学んでいるだろうか。

(2) 生涯学習をしてほしいと考える側の視点に立って考えてみよう。

　①あなたが企業の社長だとしたら、会社の業務の遂行および社員の人材

育成について、どのように設計するか。

例）・業務の役割分担を緻密に行い、各社員は自分の職務の遂行に必要なことだけを学び、余計なことは考えずに与えられたタスクを正確・迅速に遂行すればよいようにする。

・職務遂行に限らない幅広い研修を行い、広い視野をもち経営戦略も考えることができる社員を育て、会社の方針などもさまざまな立場の社員と議論して決定していく。

②これはどのような会社をイメージしていたか（分野、業種、規模等）。

③①で考えたやり方にはどのようなメリット・デメリットがあるか。

(3) 生涯学習は(1)のような個人のニーズと(2)のような社会や組織のニーズのせめぎ合いの中で生じるが、実際の社会において個人のニーズと社会や組織のニーズとが一致せず衝突しているものにはどのようなものがあるだろうか。


〈注〉

1 文部科学省『平成30年度文部科学白書』2015年、82頁。
2 同上書、431頁。
3 ポール・ラングラン／波多野完治訳『生涯教育入門　改訂版』全日本社会教育連合会、1976年。
4 国立教育研究所内フォール報告書検討委員会訳『未来の学習』第一法規、1975年。
5 OECD／岩城秀夫訳「リカレント教育」新井郁男編『ラーニング・ソサエティ』（現代のエスプリ）No.146、至文堂、1979年、135頁。
6 佐藤晴雄『生涯学習概論』学陽書房、2007年、55頁。
7 上杉孝實「社会教育」『日本大百科全書』小学館、1994年。
8 渡邊洋子『生涯学習時代の成人教育学』明石書店、2002年。
9 文部科学省、前掲書、82〜83頁。
10 内閣府 NPO ホームページ＞ NPO 基礎情報＞ NPO 統計情報＞認証・認定数の遷移（https://www.npo-homepage.go.jp/about/toukei-info/ninshou-seni）（2020年1月14日アクセス）

〈第3章〉新・教育の制度と経営
# 教育の機会均等

## 1．しくみと法律

　教育の機会均等とは、国民が有する「ひとしく、その能力に応じた教育を受ける権利」であり、直接の法的根拠は教育基本法第4条に求められる。

> 　第4条　すべて国民は、ひとしく、その能力に応じた教育を受ける機会を与えられなければならず、人種、信条、性別、社会的身分、経済的地位又は門地によって、教育上差別されない。
> 　2　国及び地方公共団体は、障害のある者が、その障害の状態に応じ、十分な教育を受けられるよう、教育上必要な支援を講じなければならない。
> 　3　国及び地方公共団体は、能力があるにもかかわらず、経済的理由によって修学が困難な者に対して、奨学の措置を講じなければならない。

　国民は「ひとしく、その能力に応じた教育を受ける権利」を有するだけでなく、「人種、信条、性別、社会的身分、経済的地位又は門地によって、教育上差別されない」とされている。この規定は、文部科学省の説明によれば「憲法第14条第1項及び第26条第1項の精神を具体化したもの」とされている[1]。日本国憲法第14条「すべて国民は、法の下に平等であつて、人種、信条、性別、社会的身分又は門地により、政治的、経済的又は社会的関係において、差別されない」と法の下の平等が定められている[2]。また日本国憲法第26条第1項には「すべて国民は、法律の定めるところにより、その能力に応じて、ひとしく教育を受ける権利を有する」と「能力に応じて、ひとしく」教育を受ける権利が規定されている。
　また旧教育基本法第3条から教育基本法第4条への法改正の際に、新設

第2項として「障害のある者が、その障害の状態に応じ、十分な教育を受けられるよう、教育上必要な支援を講じなければならない」ことが国と地方公共団体の義務とされている点も大きな特徴といえる。

教育の機会均等の理念を実現するために、保護者や子ども・若者に対する補助（個人補助／家計補助）と、学校に対する補助（機関補助）が行われている。

個人補助は、低所得世帯を中心として実施されている。子どもを持つ家計に対する補助でもあるので、家計補助という用語が用いられる場合もある。個人や世帯の間で、教育機会の均等を達成することを目的とし、低所得世帯に対する給食費・学用品等の代金を地方自治体が支給したり、低所得世帯の大学生に奨学金を支給する等の、個人や世帯に直接金銭的な支援をする方法である。

代表的なのは、生活保護制度の一つである教育扶助制度、あるいは生活保護世帯に準じるレベルで経済的に厳しい状況にある世帯に対する就学援助制度である。教育扶助、就学援助ともに、義務教育段階で必要な学用品や給食費等を保護者に現金給付するしくみである。

高校段階以降では高等学校就学支援金制度（いわゆる高等学校の無償化）、日本学生支援機構奨学金等が教育の機会均等を実現するための個人補助制度として整備されてきた。2020（令和2）年4月より、大学・専修学校進学者を対象とする高等教育の修学支援新制度（いわゆる大学の無償化）も導入され、我が国における個人補助は充実されつつある。

これに対し、機関補助は、教育の機会均等を図るために、学校教育機関や地方自治体に対して支給される補助金や国庫負担金のことである。代表的なものが私立学校に対する私学助成である。幼稚園や高等学校・大学では私立学校の占める比率が高く、地方でも教育を受ける機会を保障するためには、私立学校の振興が重要という考え方のもとで、国や都道府県から学校法人に対し支払われる補助金である。この他にも、公立小中学校の教員給与は国から都道府県に負担金が支給されるが、これは義務教育の教員給与を国が補助することで「教育の機会均等とその水準の維持向上」（義務教育費国庫負担法第1条）を実現するための機関補助である。国立大学法人に対する国からの運営費交付金も、機関補助である。機関補助は、国

第3章●教育の機会均等

公私立学校が安定的に運営され、どの地域でも一定の質の教育を継続して国民が受けられるようにするための重要な制度である。

　教育の機会均等の実現に際しては、個人補助（家計補助）と機関補助の2つの手法があり、それぞれに重要なしくみといえる。


## ２．変遷

　教育の機会均等に関する諸制度を、学校段階別に整理していく。

### ⑴ 就学前教育

　就学前教育については、2019（令和元）年10月から幼児教育・保育の無償化が開始された。これにより、「幼稚園、保育所、認定こども園を利用する3歳から5歳の全ての子供たちの利用料」、「0歳から2歳までの子供たちは、住民税非課税世帯を対象として利用料が無料になります」（内閣府・幼児教育・保育の無償化ホームページ）と説明されている。

　これにより、幼稚園在籍児童の保護者に対する個人補助（家計補助）であった幼稚園就園奨励費補助金が廃止された。ただし、子ども・子育て支援新制度に移行していない私立幼稚園を中心に、従来通り月額25,700円を上限とした家計補助が行われている。

　幼児教育・保育の無償化は、保護者の所得にかかわらず子どもの幼児教育の利用料を無償化しようとする普遍主義政策であり、所得制限による選別主義を前提としていたこれまでの日本の個人補助（家計補助）のしくみとは大きく性質が異なる。確かに、すべての子どもへの無償で質の高い幼児教育の保障は、日本における人材育成の視点から長期的に重要であるといえる。しかしながら、幼児教育・保育の無償化によって、ただちに質が高く安全で安心できる幼児教育が実現するわけではない。

　幼児教育・保育の無償化には課題が存在する。まず、無償化の対象は利用料のみであり、給食費やバス代、教材費等は無償化の対象外である。自治体独自予算で給食費を無償化している地域もあるが、有料のままの自治体もあり、地域格差が発生してしまっている。

　また「普遍主義のジレンマ」ともいえる課題もある。全世帯に対して幼児教育・保育を無償化することにより、結果として高所得層の利用料も軽減されることになり、家計にゆとりのある子育て世帯がいっそう子どもに

お金をかけることができ、一層の教育機会の格差や体験の格差などが発生してしまう懸念もある。

　また機関補助である私学助成や、保育園への助成金が充実されなければ、就学前教育の質の向上は難しい。幼稚園には都道府県から、機関補助として私学助成が支給されており、2015（平成27）年4月より「子ども・子育て支援新制度」のもと複雑なしくみとなっている。詳細については本書「第6章　就学前教育」において述べられているので参照されたい。保育園については、年齢と園児数や職員の平均勤続年数によって国と自治体から補助金が支給されるしくみとなっている。これらの機関補助が充実しなければ、優秀な幼稚園教諭や保育士を確保することが難しくなる。日本の機関補助は就学前教育に限らず充実しているとはいえない状況にあり、特に保育士不足が指摘されるのは十分な給与水準を機関補助から確保できない現状が主な要因となっている。

### ⑵ 義務教育

#### ① 教育扶助と就学援助（家計補助）

　義務教育段階における家計補助は、生活保護制度における教育扶助、低所得世帯に対する就学援助制度が主なものである。

　生活保護は、生活保護法第1条に定めるように「日本国憲法第二十五条に規定する理念に基き、国が生活に困窮するすべての国民に対し、その困窮の程度に応じ、必要な保護を行い、その最低限度の生活を保障するとともに、その自立を助長することを目的とする」ための制度である。教育扶助とは「一　義務教育に伴つて必要な教科書その他の学用品、二　義務教育に伴つて必要な通学用品、三　学校給食その他義務教育に伴つて必要なもの」（生活保護法第13条）の範囲内で行われる援助である。

　生活保護制度は、預貯金や資産（持家）等の所有が厳しく制限され、収入の中央値が240万円と低所得世帯が多い母子家庭でも、生活保護制度の利用率は14.4％にとどまっている（厚生労働省「平成23年度全国母子世帯等調査結果報告」）。過去には、子どもの進学を目的とした貯蓄を行った生活保護世帯に対し、貯蓄分の生活保護費を削減するという心無い制度運用が行われていたが、2004年3月16日の最高裁判所判決で「高校進学のため費用を蓄えることは、生活保護法の趣旨に反しない」という判例が確定さ

れた。しかし、2015年には、福島市で優秀な高校生を対象とした給付型奨学金が、生活保護世帯の収入とみなされ、生活保護費が減額されてしまったという事件が起きた。厚生労働省は、高校生のための奨学金を収入認定しないとし、減額処分は取り消されたものの、生活保護行政において知識もなく子どもに教育機会を保障する意識の低い職員（ケースワーカー）が、低所得世帯の保護者や子どもを追い詰めてしまうことも、決して珍しいことではないという批判すべき状況がある。

　こうした状況を考えたとき、生活保護制度のように預貯金や資産に制限を課さず、一般的には生活保護制度よりは広めの低所得層の子どもをターゲットにした就学援助制度は重要である。義務教育を受ける児童生徒がいる生活保護世帯、加えて生活保護世帯ほど困窮していないものの、それに準じるレベルにある世帯（おおむね生活保護世帯の1.3倍程度の所得の世帯）の児童生徒は就学援助制度の対象となる。

　学校教育法第19条では「経済的理由によつて、就学困難と認められる学齢児童又は学齢生徒の保護者に対しては、市町村は、必要な援助を与えなければならない」とされており、これに基づく制度が就学援助制度である。就学援助では「学用品費、体育実技用具費、新入学児童生徒学用品費等、通学用品費、通学費、修学旅行費、校外活動費、クラブ活動費、生徒会費、PTA会費、医療費、学校給食費」が支給対象となっている（文部科学省「就学援助制度について」ホームページ）。

　生活保護世帯以外の家庭が就学援助を受けることができるかどうかは、市町村教育委員会に決定権があり、またどの費目を支給するかも市町村教育委員会で決定する。おおむね生活保護世帯の1.3倍程度の所得の世帯まで認められるが、財源は各市町村から拠出しなければならないため自治体の財政力によってその認定基準が大きく異なる。教育の機会均等を実現するはずの就学援助制度が、居住自治体によって支給されるかどうかが異なるという自治体間格差を生み出しており、これは機会均等の実現という観点からは大きな課題といえる。

　一方で、東日本大震災をはじめとする大地震や台風・豪雨被害に際しては、国が全額財源を負担し、東日本大震災により被災し就学困難となった児童生徒に対して、就学機会を保障する被災児童生徒就学援助事業費補助

金が大きな役割を果たしている。被災した児童生徒に対する教育機会の保障が迅速に行われることは評価できる。

　一方で平時の就学援助制度の運用については、教育の機会均等に地域間格差があってはならないという前提に立つのならば、市町村の財政力に左右されてしまう現在のしくみが問い直される必要があるといえる。

　また高校進学率が約98％で推移する中で、就学援助制度が義務教育段階で終わってしまい、より多額の費用のかかる高等学校段階での支援が手薄になってしまうという問題もある。そもそも、学校が、保護者が高額の費用負担をするのを当然のこととして運営してきた日本では、公立中学校でも一式10万円近い制服代を支払わせる学校があったり、市区町村からの公費よりも保護者負担とされる私費の金額のほうが上回る学校など、多数存在している（「朝日新聞」2016年8月19日朝刊記事「公立中制服の価格差、最大2倍超」）。

　教育の機会均等や家計補助の在り方を考えるとき、義務教育においてすら、保護者が高額の費用負担をするのを当たり前としてきた日本の学校教育の費用負担の問題を問い直すべき時期にきているといえよう。

②義務教育費国庫負担制度（機関補助）

　さて義務教育における機会均等政策の中で、最も歴史的役割が大きいとされているのが義務教育費国庫負担金である。義務教育費国庫負担制度とは、義務教育諸学校に勤務する教職員給与の1/3を国が、2/3を都道府県が負担する制度のことである。都道府県が市区町村の設置する義務教育諸学校の教職員給与の多くを負担することから、このしくみは「県費負担教職員制度」とも呼ばれる。なぜ市町村立小中学校の教職員に対して国と都道府県が給与負担を行うのか、その理由が教育の機会均等である。

　歴史的経緯を確認すると、日本では、1880（明治10）年代より義務教育（小学校費）に対する国庫補助が地方より要望されていた。その理由として、市町村が義務教育財政、特にその主要経費である教員給与を支払うことは財政的に非常に厳しく、国が義務教育の年限を定める以上は、国もその経費を負担する必要があるとして、1918（大正7）年に市町村義務教育費国庫負担法が成立、施行された（市川・林1972、pp.104-109）。

　また、市町村に教育財政を依存することは、小規模自治体への財政負担

が大きく、小規模自治体では教員数が十分に確保されない状況も存在したことから、1943（昭和18）年3月28日に教員の給与負担を道府県（東京府・市統合による東京都設置は同年7月1日のため、当時は東京府と呼ばれていた。筆者注）が負担する義務教育費国庫負担法（旧法）が成立し、県費負担教職員制度はすでに戦前期にその基本形を完成していた（市川・林1972、pp.123-128）。なお、1943（昭和18）年から2005（平成17）年のおよそ半世紀間、義務教育費は、次に述べるシャウプ勧告期を例外として国と都道府県が義務教育の教職員給与を1/2ずつ負担するものであった。

戦後占領期改革において、日本国憲法に地方自治の原則が定められ、戦後改革期のシャウプ勧告によって、1950（昭和25）年度に義務教育費国庫負担制度は廃止され地方財源に含められたものの、都道府県の財政負担が大きく教職員給与の水準が低下してしまったことや、それによって教育の質が低下する懸念から、1953（昭和28）年には義務教育費国庫負担法（現行法）が成立し、国と都道府県が義務教育費を1/2ずつ負担する県費負担教職員制度の枠組みが再び導入された（高木2004、pp.13-14）。

義務教育費国庫負担法第1条「この法律は、義務教育について、義務教育無償の原則に則り、国民のすべてに対しその妥当な規模と内容とを保障するため、国が必要な経費を負担することにより、教育の機会均等とその水準の維持向上とを図ることを目的とする」とあり、国の経費負担の理由が説明されている。すなわち、国は憲法第26条第2項に定める「すべて国民は、法律の定めるところにより、その保護する子女に普通教育を受けさせる義務を負ふ。義務教育は、これを無償とする」という憲法の理念の実現のため、また「教育の機会均等とその水準の維持向上」のために、国が義務教育の経費、具体的には教職員給与を一部負担している。

なお、戦後の義務教育費国庫負担制度において追求された「教育の機会均等」とは、「カリキュラムの基準化をも含みこみ、学級規模を基準化することで、共通の内容を一斉に教えることを、全国どの学校でも同じ学年の児童生徒に保障する。それを教育機会の均等の実現と見なす」という、「面の平等」という性格が強いことも指摘しておく必要がある（苅谷2006、p.135、p.147）。つまり、市町村や都道府県の財政格差に基づく教員数や教育の質の地域間格差を克服するという意味での「教育の機会均等」を、戦

後日本の義務教育制度は実現しようとし、その財政基盤となったのが義務教育費国庫負担制度であった。

ところで、2005年前後に、義務教育費国庫負担制度には、いくつか重要な変更が行われた。まず2004（平成16）年度より、総額裁量制が導入されている。総額裁量制度とは、義務教育費国庫負担制度のもとで、従来、国が標準を定めていた教職員定数と給与について、給与水準を引き下げて教職員数を増やすという柔軟な制度運用を可能にしたものである。また2006（平成18）年度以降、義務教育費国庫負担制度において、国の負担率は1/2から1/3へと縮小されている。小泉純一郎政権のもと、地方財政の三位一体改革（国からの補助金の縮減、国から地方への税源移譲、地方交付税改革を一体化して行うこと）の中で、義務教育費国庫負担金も地方に税源移譲することで国庫負担率を引き下げるという改革が行われた。

しかし歴史的経緯を顧みればわかるように、財政力の脆弱な地方に義務教育財源を移譲することは、教職員の給与水準や勤務条件、また義務教育の質の低下等を招きかねない。実際に2017（平成29）年度においては、小学校11自治体、中学校10自治体で教員が不足しており、正規教員の採用者数の引き上げなどを自治体側も重要な対策としてあげている（文部科学省初等中等教育局「いわゆる『教員不足』について」平成30年8月2日）。しかしながら、教員の非正規化の流れには歯止めがかかったとはいえない状況がある。

図1は、公立小中学校の教諭の中で本務者（正規採用教職員）100人に対し、講師（常勤・非常勤のいわゆる非正規雇用に相当する教諭）が何人いるかを2004年の総額裁量制度、2006年の三位一体改革前後でまとめたものであるが、年々、正規採用の教諭に対する非正規採用の講師が増えていることがわかる。2014年度では本務者の教諭100人に対し、公立小学校で15.4人、公立中学校で21.3人と、年々講師比率が上昇している。公立中学校の場合、教諭の5人に1人程度が非正規化している実態が判明する。総額裁量制のもとで給料水準の低い講師を増やすことは、三位一体改革で義務教育への財政負担が拡大してしまった都道府県が、学校現場に必要な教職員数を確保するための窮余の策ともいえる。しかし学校現場では、講師が増えることは、子どもに対し責任を負って教育できる教職員が減少する

第3章●教育の機会均等

ことにつながり、正規採用教職員の負担が増えている等の課題も指摘されるところであり、国庫負担率が1/3のままでよいのかどうかは大いに議論の余地がある。

また義務教育における機会均等と関連して、学級編成と教職員の定数（法律上の計算に基づいて雇用できる教員の定員）についての政策と法の変化を述べておく必要がある。前述したように、義務教育における教育の機会均等とは、全国どの学校でも40人学級を標準とし、同一の学習指導要領に基づいて一斉教授法による授業を行うことという前提が日本の法制には含まれている。

義務標準法では「教員が標準授業時数を教授するために必要な人数を算出しているのが義務標準法の基本設計であり、この設計には学級内で学ぶ児童生徒の多様性は反映されていない」（末冨2016、p.42）。例えば、学校現場でより手厚い支援の必要な発達障害をもつ児童生徒、日本語指導の必要な児童生徒などが何人学級にいても、必要な教員数が変わらないというルールが、教員の多忙化やバーンアウトの背景にある。

こうした現状に対し、文部科学省は2017（平成29）年度概算要求で「発達障害等の児童生徒への『通級による指導』や、日本語能力に課題のある児童生徒への指導、教員の『質』の向上に必要な研修体制を充実」するという予算要求を行い、併せて義務標準法を改正することで学級編成以外にも教職員定数を充実できるという方針を打ち出した（文部科学省「次世代

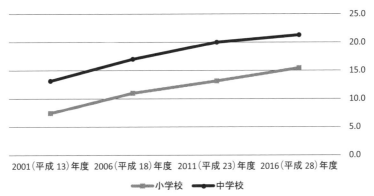

図1　教諭数（本務者）100人に対する講師数（本務・兼務計）
文部科学省「学校基本調査」より筆者作成

の学校指導体制強化のための教職員定数の充実」）。

　従来、40人学級に基づく「面の平等」を追求してきた日本で、児童生徒個々人の抱える課題への対応に基づいて教職員定数を法律でも割り当てるというルールは歴史的な変化である。「面の平等」から児童生徒の違いを踏まえた「個の平等」の追求が行われ始めたという意味で、日本の義務教育における教育の機会均等は新たな段階に入った。

### (3) 高等学校

　高等学校における機会均等政策として注目されるのは、授業料無償化政策である。民主党政権のもとで2010（平成22）年度入学生より、高等学校授業料無償化政策が開始された。民主党政権のもとでは「公立高等学校に係る授業料の不徴収及び高等学校等就学支援金の支給に関する法律」に基づき、所得に関わりなくすべての高校生の授業料負担が軽減されるという普遍主義が採用されていた。しかし自民党政権下の2014（平成26）年度入学生より、法律も「高等学校等就学支援金の支給に関する法律」と名称変更され、所得制限が導入された。おおむね年収910万円未満の世帯に属する高校生の授業料が国から支給される選別主義の政策となっている。

　しかし所得制限の前も後も「高等学校等における教育に係る経済的負担の軽減を図り、もって教育の機会均等に寄与することを目的とする」（高等学校等就学支援金の支給に関する法律第1条）という政策の目的に変化はない。就学支援金は全日制高校の場合、月額9,900円（年11万8,800円）が支給され、これを生徒に代わって高校が受け取る代理受給というしくみを採用している。

　2020年4月より、私立高校の無償化については大幅に拡充される。具体的には、年収590万円未満の世帯に対し年39万6,000円の高校就学支援金が支給されることとなった。しかしながら、年収590万円以上910万円未満の世帯の支援額は従来どおり年11万8,800円の支援額となり、保護者所得により大きな支援額の「崖」が発生してしまうという課題を生んでいる。

　大阪府や東京都では独自の政策により、年収590万円をうわまわる世帯にも私立高校授業料を無償化するなどの政策が存在しており、2010年代は高校授業料における機会均等政策の導入と展開という意味で、注目されるべき政策が展開している。京都府、埼玉県でも類似の事業が実施されたり

第3章●教育の機会均等

検討されたりしている。

　しかしながら、同じように高校生を持つ世帯の中で、保護者の年収によって授業料無償化政策の対象とならない場合がある、という選別主義がよいのかどうかについては、検討の余地がある。選別主義となった高校無償化政策では保護者の年収を把握するために、書類による審査が家庭および高等学校に導入され、家庭および学校の双方で書類作成や審査の負担が大きくなっているという課題がある。また親の年収にかかわらず、高校生を自立した個人として見なす立場からは、高校無償化は普遍主義であってよいとも筆者は考える。進学率98％に達した高校進学率のもとで、高校教育は子どもが社会人として自立していくうえで必須の教育プロセスともなっている中で、高校無償化政策に所得制限があるべきかどうかも、教育の機会均等を考えるうえでは、興味深い課題といえる。

　また低所得層への個人補助（家計補助）としては国が補助し都道府県が実施する高校生等奨学給付金がある。2014（平成26）年度より開始された新しい事業で、私立高等学校全日制の生徒の場合、生活保護世帯では年額5万2,600円、住民税非課税世帯の第一子では年額6万7,200円、第二子以降で年額13万8,000円が給付される。しかしながら、この給付額で十分かどうかの検証は行われていない。また義務教育の節でも述べたが、そもそも学校教育において授業料以外に多額の保護者負担が当たり前という状況が改善されない中で、給付型奨学金があったとしても経済的かつ精神的に苦しい高校生活を送ったり、大学等への教育機会が制限されている高校生もいる。よりよい支援策への検討は高等学校段階でも必要といえる。

⑷ 大学

　さて、教育の機会均等のうえで、最も政策的な変化が大きいのが大学段階である。2020年4月より「高等教育の修学支援新制度」（いわゆる大学の無償化）として、年収380万円を下回る世帯（住民税非課税世帯とそれに準ずる世帯）の学生に対し授業料等減免と給付型奨学金が支給されることになっている（図2）。またそれに先立って2017年度より導入された住民税非課税世帯対象給付型奨学金制度を創設し、2018年度より本格実施とされ新規に18,649人が採用されている（平成30年度『文部科学白書』）。

　低所得層に対する高等教育の無償化や給付型奨学金が充実する一方で、

無利子奨学金については「平成29年度において、基準を満たしているにもかかわらず予算上の制約により無利子奨学金の貸与を受けられない残存適格者を解消するとともに低所得者世帯の方に関する成績基準を実質的に撤廃し、必要とする全ての学生が無利子の奨学金を受けられるよう」（平成30年度『文部科学白書』）にするという制度の拡充も行われている。

　しかしながら、大学生個人に対する機会均等政策として有力なのは依然として日本学生支援機構貸与型奨学金と授業料減免制度である。

　日本学生支援機構奨学金の貸与人員は約130万人（平成30年度）であり、学生のおおむね３人に一人が利用している（平成25年度『文部科学白書』、p.235）。授業料減免制度は、国からの補助により、2018年度に国立大学で6.5万人、私立大学で7.1万人、公立大学で1.1万人が対象となっている（平成30年度『文部科学白書』）。また、高等教育の無償化により、いままで大学授業料の減免を受けられていた非課税世帯以外の低所得世帯出身の学生の減免措置が打ち切られる可能性が新たな問題となっている。

　また貸与奨学金（ローン）が主流である我が国の学生支援政策について(1) 低所得層ほどローン回避をしようとし、大学進学の機会格差を招く懸念がある、(2) 卒業後の奨学金返済において返済者の所得が考慮されないために低所得者の返済が厳しい状況となるといった問題点が指摘されてきた（小林2007、文部科学省・学生への経済的支援の在り方に関する検討会2014等）。これらの問題が「高等教育の修学支援新制度」によって改善されていくかどうかは注視されなければならない。

　給付型奨学金は、とりわけ貧困世帯からの大学進学や就学を支えるためにも重要であるが、日本では保護者が大学教育費まで子どもの面倒をみるという「親負担ルール」が根強く、公的な支援が必要という意識は従来、社会的にも希薄であった（末冨2012）。「高等教育の修学支援新制度」は住民税非課税世帯に対象が限定されているとはいえ、「親負担ルール」の変更という意味において、歴史的な意義をもつものである。

　しかしながら、第２期「子供の貧困対策の推進に関する大綱」（2019年11月29日閣議決定）にも示されたように生活保護世帯からの大学等進学率が32.9%（大学等19.2%、専修学校等13.7%、平成25年度）にすぎず、同年度の大学等進学率の70.2%（大学等53.2%、専修学校等17.0%）と比較す

第3章 ●教育の機会均等

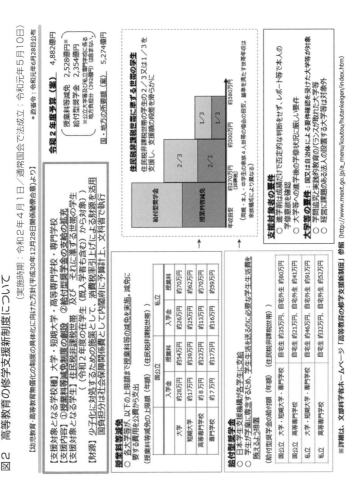

図2 高等教育の修学支援新制度について

るときわめて厳しい状況にあることからもわかるように、給付型奨学金や授業料減免が充実したとしても、簡単に低所得層の大学等進学率が上昇するとは限らない。乳幼児期からの困難な生活状況は、学力や意欲を支える生活そのものを困難にしており、「食料又は衣服が買えない経験」が全子育て世帯の16.9％に存在するという衝撃的な事実もあきらかになっている（内閣府「子供の貧困対策に関する大綱のポイント（令和元年11月29日閣議決定）」p.2）。真の教育の機会均等の実現のためには、子ども、若者の教育だけでなく生活の保障も含めた政策体系が充実される必要がある。

51

## 3．課題

教育の機会均等の課題としては、大きく2つの論点がある。

### (1) 社会経済的な格差への対応

近年、学力に関する実証研究が進展をみせており、その中で子どもの学力（テスト得点）に対しては、子ども本人の学習時間だけでなく保護者の所得・学歴が強い影響を及ぼしていることが明らかになっている（代表的なものとして国立大学法人お茶ノ水女子大学2014）。

保護者の所得や学歴が低く貧困状態にある児童生徒、また外国籍児童生徒等の社会経済的に不利な条件にある子どもたちに対し、教育の機会を均等にしていくためには、幼少期から大人になるまでの長い期間の支援が必要である。

また東日本大震災だけでなく、自然災害の被害に遭うことの多い日本では、被災児童生徒への支援もいっそう充実されるべきである。就学前から高等教育に至るまでの、体系化された制度設計としての教育機会の均等政策は、日本ではまだ存在せず、今後の課題といえる。

### (2) 教育の無償の範囲（年齢段階、学習支援等）

社会経済的に不利な子どもたちに対する支援を具体化させるときに、教育の無償の範囲を法令でどのように再設定していくのかも重要である。

現在、教育の無償は、幼児教育から高等教育まで、低所得層を中心とした授業料無償が体系化されている。しかしながら、法に明記されている無償の範囲は義務教育のみである（教育基本法第5条第4項）。教育の機会均等を保障するために無償化が実現される年齢段階が広がりつつある実態を、法の原則として盛り込むべきかどうかの検討も必要であろう。

また学校教育だけでは、社会経済的に不利な状況にある子どもたちの学力や学習習慣を向上させることはできない。近年では学校で放課後補習をしたり、生活保護世帯の児童生徒を対象とした無償の学習支援を行うNPO等も増加しつつある。学力がすべてではないが、読み・書き・計算の基礎学力や学ぶ習慣は、子どもたちが社会人となる際にも土台となる力である。日本の公立中学校が部活動に力を入れるのも、放課後の子どもたちの時間を充実させ、教科に限らない能力の発達を促していく側面がある。

教育の機会均等を実現していくためには、学校教育における指導だけで

なく、放課後や学校外での学習支援を含め、どのように子どもたちへの効果的な支援が学校と学校以外の主体によって担われるべきかが検討されるべき段階に入っているともいえる。


## 4．考えてみよう

(1) 公立中学校における制服代など、義務教育段階でも高額な費用負担を保護者が行ってきたこれまでの日本の状況は、改善されるべきなのかどうか、考えてみよう。

(2) あなたは大学や高校の授業料無償化に所得制限があることは妥当と思うか。

(3) 教育機会の均等の実現のために、必要とされる政策について、考えてみよう。


〈引用・参考文献〉
● 市川昭午・林健久『教育財政』東京大学出版会、1972年。
● 苅谷剛彦『教育と平等』中公新書、2009年。
● 国立大学法人お茶の水女子大学『平成25年度全国学力・学習状況調査（きめ細かい調査）の結果を活用した学力に影響を与える要因分析に関する調査研究報告書』2014年。
● 小林雅之「高等教育機会の格差と是正政策」日本教育社会学会『教育社会学研究』第80号、2007年、101-125頁。
● 末冨芳「大学生の親の教育費負担―親負担ルールの現状と将来」家計経済研究所『家計経済研究』第91号、2011年、33-40頁。
● 末冨芳「義務教育における『標準』の再検討―基礎定数改革の困難と展望―」『日本教育行政学会年報』第42号、2016年、36-52頁。
● 高木浩子「義務教育費国庫負担制度の歴史と見直しの動き」国立国会図書館『レファレンス』平成16年6月号、2004年、7-35頁。
● 文部科学省・学生への経済的支援の在り方に関する検討会、2014、「学生への経済的支援の在り方について」平成26年8月29日。


〈注〉
1 文部科学省「昭和22年教育基本法制定時の規定の概要」ホームページより「第3条（教育の機会均等）」
　（http://www.mext.go.jp/b_menu/kihon/about/004/a004_03.htm）
2 憲法第14条と比較した場合、差別されない条件として教育基本法第4条（旧法第3条）には「経済的地位」が列挙に追加されている点も特徴である。

## 〈第4章〉 新・教育の制度と経営
# 地方教育行政

### 1．しくみと法律

　地方教育行政は、地方教育行政の組織及び運営に関する法律（地方教育行政法）によって各都道府県（政令指定都市を含む。以下同じ）、市（東京都特別区を含む。以下同じ）町村に設置される教育委員会によって主として担われている[※1]。

　教育委員会とは地方教育行政法を根拠法として都道府県、市町村に設置される行政委員会の一つである。行政委員会は地方自治法第138条の4および第180条の5などに規定される地方公共団体の執行機関であり、地方公共団体の長（首長）の執行権限からは独立した事務の執行権を有する。

　地方教育行政法は教育委員会の組織機構を詳しく定めている。教育委員会は教育長（常勤、任期3年）と4名の委員（非常勤、任期4年）をもって構成することを原則とするが、都道府県と市（を含む教育委員会組合）においては、条例の定めるところにより教育長と5名以上の委員、町村では教育長と2名以上の委員によって構成することができる（第3条）。2014年の法改正以前において教育長は、教育委員会事務局の長と教育委員を兼ねる身分であったが、法改正により教育委員を兼任せず、首長から直接任免（と議会の同意）される職と位置づけられた。

　教育長、教育委員には適格・不適格とされる条件があり、当該地方公共団体の被選挙権を有すること、人格が高潔であることなど教育長と委員に共通する条件の他、教育長には教育行政に関する識見が求められることとなった（詳細は表1）。教育長、委員とも首長により任免され、その人事は議会の同意を必要とする。

　教育委員会は首長の執行する行政からは一定の距離を置いて事務を執行するが、2014年の地方教育行政法改正により、首長と教育委員会とで教育政策の大綱などを協議するため、総合教育会議を設置することとなった。

第4章●地方教育行政

表1 地方教育行政法に規定する教育長・委員の身分など

|  | 教育長 | 委員 |
|---|---|---|
| 身分・勤務 | 特別職公務員・常勤・教育行政の第一義的責任者※2 | 特別職公務員・非常勤 |
| 人数 | 1名 | 原則4名※3 |
| 任期 | 3年 | 4年※4 |
| 適格条件 | ①被選挙権あり<br>②人格高潔<br>③教育行政に関する識見を有する | ①②教育長に同じ<br>③教育、学術および文化に関する識見を有する |
| 欠格条件 | ・破産手続き開始の決定を受けて復権を得ない者<br>・禁錮以上の刑に処せられた者 | 教育長に同じ |

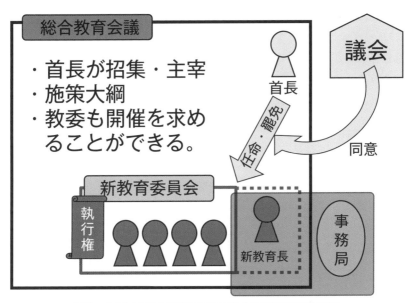

図1 2014年地方教育行政法に基づく新教育委員会制度
出典：地方教育行政法の規定に基づき筆者作成。

　総合教育会議は首長が招集・主宰し、教育・学術・文化に関する重点施策や緊急時の対応等を協議する（第1条の4）。

次に、学校教育・社会教育のそれぞれについて、地方教育行政のしくみをみていこう。地方教育行政の中で、人員・予算の面から最も規模が大きいのが義務教育である。義務教育学校とは小学校、中学校、中等教育学校の前期３年の課程、特別支援学校の小中学部である。小中学校の設置義務は市町村（学校教育法第38条［小］、同第49条［中]）、特別支援学校の設置義務は都道府県（同第80条）に課される。また、義務教育学校に限らず学校の管理、経費の負担は設置者が担うこととし（同第５条）、特に経費の負担についてを設置者負担主義という。公立※5の義務教育学校は1980年代後半から1990年代前半のピーク時には小中学校を合わせて36,000校（小学校25,064校：1984年、中学校15,300校：1992年）あまりが存在していたが、現在では少子化による学校統廃合の進展を反映して小学校19,738校、中学校10,222校（2019年）まで減少している※6。

　これに対して高等学校の設置義務は法令上どの地方公共団体にも課されてはいない。実態としては公費によって設置運営される高等学校の多くが都道府県立であるが、市町村立の高等学校も否定されてはおらず、その例を北海道に多くみることができる。高等学校の規模、設置の方針などは都道府県によって大きく異なるため一概に述べられないが、ピーク時（5,512校：1988年）に5,500校を超えていた学校数は、小中学校の設置状況と同じく近年の少子化に伴う学校統合で4,887校（2019年）まで減少している。

　小中高校の児童生徒数・学校数が減少する中、特別支援学校は初等中等教育を担う学校として増加傾向が続いている。2019年度現在、特別支援学校は1,146校であり、1989年（938校）からの30年あまりで200校以上増加した。同じ期間に小学校は24,851校から19,738校、中学校は11,264校から10,222校、高等学校は5,511校から4,887校へとそれぞれ減少している。特別支援学校の増加のみならず、通常学級、特別支援学級など他の支援方法のニーズも高まってきており、地方教育行政の中で特別なニーズをもった子どもたちへの支援はますます重要になってきている。

　次に、義務教育学校における教職員の人事と給与負担について触れておきたい。義務教育学校の多くを占める公立小中学校は、全国に約３万校あり、そこでは約920万人の児童生徒が学んでいる。それに対して教員、職員は合わせて約64万人おり、日々、児童生徒の教育とその支援、学校の管

理運営に当たっている。公立の義務教育学校の教職員は身分上、また、監督権限上、設置する地方公共団体の職員であるが、その給与は都道府県が負担し、その3分の1を国庫から補助する。このように、給与負担と国庫補助を通じて、義務教育の機会均等を制度の面から保障しようとするのが**義務教育費国庫負担制度**（義務教育費国庫負担法）である。また、同様に一定水準の義務教育を保障するため、任命権は都道府県教育委員会がもつ（県費負担教職員制度、地方教育行政法第37条）。このように、公立学校の教職員の人事権と給与負担は市町村教育委員会、都道府県教育委員会、中央政府がそれぞれに関与するしくみとなっている。

　教職員の採用や人事異動に関しては、学校の設置者（県立学校であれば県教育委員会）が行うことが原則であるが、上述のとおり、公立の義務教育学校の教職員については都道府県教育委員会が人事権をもつ。公立義務教育学校の教職員の定数は公立義務教育諸学校の学級編制及び教職員定数の標準に関する法律に基づいて都道府県が条例で定め、異動にあたっては、校長の意見を付し、市町村教育委員会が都道府県教育委員会に対して内申する（地方教育行政法第38条）。市町村の内部での異動に関してはこの「内申に基づいて」異動させることになるため、原則、市町村教育委員会の内申どおりに異動できる（同法第38条第2項）が※7、市町村をまたぐ異動は、在職期間や任用基準に沿って都道府県教育委員会が判断する（同法第38条第2項第1号）。

　また、都道府県では教職員の人事異動に関する規則や基準を設けている場合があり、キャリアの中で県内各地区を異動することや、山間部、離島などのへき地への移動を定めている。これらの異動の決まりは、都道府県教育委員会それぞれが地域の実情によって定めている。

　次に、地方公共団体が行う教育課程行政の中でも2014年に法改正された教科書をめぐる制度について述べておきたい。教科書とは「教育課程の構成に応じて組織排列された教科の主たる教材として、教授の用に供せられる児童又は生徒用図書」（教科書の発行に関する臨時措置法第2条）であり、教科教育に不可欠なものである。公立小中学校の教科書は教科書会社が作成し、文部科学省の検定を経たものが使用される※8。教科書としてふさわしい内容になっているかを審査するこのしくみを教科書検定とい

う。教科書の検定にあたっては、教科書会社が作成した教科書の案に対して、学習指導要領の内容に沿ったものであるかなどが審査され、検定に合格しない教科書は、教科書として流通させることができない※9。義務教育諸学校の教科用図書の無償措置に関する法律（教科書無償措置法）では教科書を市町村または、複数市町村を併せた単位で構成する教科書採択地区（第12条）において同一の教科書を採択すると定める。このような手続きを経て無償供与される教科書が、公立小中学校において使用されている。

　最後に社会教育をめぐる行政について概観しておきたい。社会教育とは字義どおり社会において行われる教育のことであるが、社会教育法上「学校の教育課程として行われる教育活動を除き、主として青少年及び成人に対して行われる組織的な教育活動（体育及びレクリエーションの活動を含む。）をいう」（第2条）と定義されている。社会教育における市町村教育委員会に期待されている役割は、社会教育委員の委嘱、公民館、図書館、博物館、青年の家などの社会教育施設の設置管理、家庭教育学習の支援など多岐にわたる（同第5条）。また、都道府県教育委員会にも、社会教育施設の設置管理、市町村との連絡調整などが期待されている（同第6条）。また、社会教育調査に基づく、各社会教育施設の利用人数も社会教育調査統計が始まった1954年時点と比較すれば飛躍的に増加しており（図2）、社会教育施設整備を担当する地方教育行政への期待は大きい。


## 2．変遷
### (1) 地方教育行政法の変遷
　戦後最初に制定された地方教育行政についての根本を定める法律は地方教育行政法ではない。1948年に制定された教育委員会法がそれに当たる。簡潔な27か条の条文からなるこの法律は、「教育が不当な支配に服することなく、国民全体に対し直接に責任を負って行われるべきであるという自覚のもとに、公正な民意により、地方の実情に即した教育行政を行うために、教育委員会を設け、教育本来の目的を達成すること」（第1条）を目的としていた。この後、1956年に教育委員会法が改正されて成立した地方教育行政法との比較においては、2点を確認しておきたい。一つ目は、教

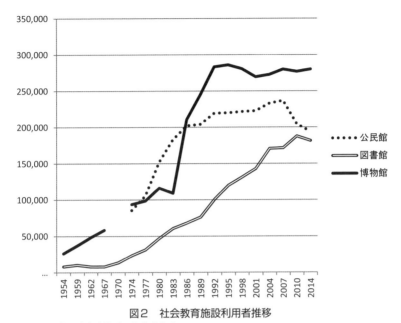

図2 社会教育施設利用者推移

出典：社会教育調査年次統計より筆者作成。
※1 いずれも延べ人数。また、いずれも類似施設の利用者数を含む。
※2 公民館は1970年調査までデータなし。博物館は1970年調査のデータなし。

育委員の公選制を首長による任命制に変更したことである。公選制とは教育委員を住民の選挙によって選出するしくみで、アメリカの制度に倣って組み込まれた。しかし、この教育委員の選挙は投票率が総じて低く[10]、教員組合の支援を受けた現職教員が委員の3分の1を占める状況であった（文部省1972a：707）。重要な改正点の二つ目は、条例案・予算案の送付権を廃止したことである。議会に対して教育に関する条例案・予算案を提出する権限が付与されていたが、「教育行政と一般行政の調和」（文部省事務次官通達昭和31年6月30日）を目的とする改正の中で廃止された。

　その後、地方分権一括法（1999年成立、2000年施行）によって、教育長の任命承認制度[11]の廃止、都道府県教育長の教育委員兼任制の導入[12]などの改正が行われた。これらの改正は地方自治体に権限を移譲する地方分権の方針に沿ったもので、都道府県、市町村とも首長による教育長の選任権を事実上確立した[13]。

地方教育行政法をめぐっては、2014年6月にも教育委員会制度の在り方を見直す改正がなされている（2015年4月1日施行）。現行制度は「1.しくみと法律」で触れてきたのでそちらを参照してほしい。2014年改正の要点を2点にまとめておきたい。1点目は、従来は教育委員会の代表者の教育委員長と事務執行の実務を担う教育長とが併置されてきたが、これらを事実上統合し、教育長を地方教育行政の責任者と位置づけ直したことである。この統合によって新しい教育長は首長に直接任命（と議会の同意）され、教育委員会の構成員ではあるものの教育委員の身分をもたないこととなった。一方で、教育行政事務の執行権自体は合議制の教育委員会に残され、責任体制の不明確さを残すものとの批判もあった※14。

　2点目は、首長と教育委員会が参加する総合教育会議の設置である。会議は大綱の策定、重点施策、緊急措置の協議のために設置され、首長が招集・主宰する。同会議は、教育再生実行会議第2次提言（2013年4月15日）や中央教育審議会答申（2013年12月13日）では触れられていなかったが、政府与党内の協議を経て、首長と教育委員会が教育政策を協議する会議として法定されることになった。

　運用の実績が乏しい中で、改正がどのような成果と課題を生じさせるのかは明らかではない。改正に際しては教育の政治的中立性を脅かすとの視点から首長の暴走を危惧する意見がみられた一方で、意欲のある地方公共団体が独自の政策を導入しやすくなると歓迎する意見もあった※15。

### (2) 義務教育費国庫負担制度の変遷

　義務教育をめぐる経費の大部を占める教職員給与の国庫負担は、資質ある優秀な人材を義務教育学校の教員に確保するという観点から必要なものと考えられ、義務教育費の議論は教職員給与の負担をめぐる議論としてなされてきた。現行制度上、公立義務教育学校の教職員給与は、都道府県が負担し（市町村立学校職員給与負担法）、その3分の1を国庫から補助することとなっている（義務教育費国庫負担法）。財政の中で特定の使途を決めて確保される財源を特定財源、使途が限定されない財源を一般財源というが義務教育費国庫負担金は典型的な特定財源であり、義務教育費以外に用いることはできない。

　義務教育費用を国庫から補助する制度の歴史は古く、1900年に制定され

た市町村立学校教育費国庫補助法にまでさかのぼる。その後、1918年には市町村義務教育費国庫負担法が成立し、義務教育費の国の負担責任が明確にされた[16]。これらの法律の名称を見れば明らかなとおり、義務教育が確立し制度として安定した時期には、義務教育費は市町村が負担するしくみとなっていた。その後、義務教育費を都道府県の負担とし、そのうち2分の1を国庫から負担するしくみが確立するのは1940年に制定された義務教育費国庫負担法（旧法）による。この法律はシャウプ勧告を受けた戦後の税制改革の中で廃止され、一度はすべて一般財源の中から支出されることとなった。文部科学省によれば、一般財源化された時期に都道府県間の児童1人当たり教育費には大きな格差が生じ、教育条件も低下したという[17]。

　義務教育費を国庫から補助するしくみは1952年に、義務教育費国庫負担法（新法）として復活することになる。この後、退職手当や旅費、共済費などさまざまな費目が国庫負担の対象となり、その後、外れていった[18]。現在は教員給与と諸手当のみが国庫負担金の対象となっている。また、2004年度には総額裁量制の導入によって、算定された国庫負担金の範囲内で都道府県教育委員会が教員定数を自由に決定できるようになるなど、重要な制度改革が行われた。そして、2005年に義務教育の地方分権の一環として打ち出されたのが、義務教育費国庫負担金制度の改革であった。

　義務教育費国庫負担金制度の改革は、小泉純一郎政権下におけるいわゆる「三位一体の改革」の一環として取り上げられた。三位一体の改革とは、①国から地方へ税源の移譲、②国庫補助金制度の改革、③地方交付税交付金制度の改革の3つを同時に進め、国と地方の財政構造を改革しようとするものであった。義務教育費国庫負担金の議論はこのうち②国庫補助金制度の改革に該当し、当時、自治省において自治財政局調整課長の職にあった務台も「国庫補助負担金の中で、税源移譲に結びつく可能性が高いもの」（2004：80）として注目されていたとする。

　このような背景から幅広い議論がなされ、中央教育審議会特別部会、および総会では全会一致を原則としてきた慣例によらず多数決によって、答申を採決するなど活発に議論された（2005年10月26日中教審答申）。義務教育費国庫負担制度の堅持を求める文部科学省や教育関係者に対して、地

方6団体や総務省が同制度の廃止ないし縮小を求めるという構図である[19]。義務教育に国庫負担の裏付けを与えることで義務教育の責任主体としての国の役割を明確にしようとする立場と、地方公共団体への財源移譲によって地方分権を推進しようとする立場の鋭い対立であった。

中央教育審議会の議論に先立って地方6団体は、義務教育費からの税源移譲の目安としていた8,500億円について中学校分の財源移譲を要望していた[20]が、最終的に国庫負担比率は2分の1から3分の1へと引き下げられた。

### (3) 教科書行政の変遷

教科書をめぐる行政の機能としては教科書が適切な学習内容を取り扱っているかどうかを確かめる検定と、どの教科書を用いるかを決める採択のしくみをそれぞれみていく。

広く知られているとおり、教科書は戦前・戦中において国定教科書が用いられていた。数次の制度改正を経て教科書の国定制度が成立したのは1903年に小学校令が改正されたことによる。戦前期の小学校の教科書制度は学制成立以降、自由発行（1872年〜）、使用禁止書目発表（1880年）、開申制（届出制、1881年〜）、認可制（1883年〜）、検定制（1886年〜）、国定制（1903年〜）と変遷してきた（浪本2012）。

小学校における国定教科書は数次の改訂を経て、第2次世界大戦の終結まで用いられた。戦後、教科書の国定制は1946年3月に出されたアメリカ教育使節団報告書においても「ただ一冊の認定教科書や参考書では得られぬ広い知識と、型通りの試験では試され得ぬ深い知識が、得られなくてはならない」[21]など早くから問題点が指摘されていた。終戦直後からの流れをみると、1945年度後半＝「墨塗り教科書」、1946年度＝暫定教科書、1947・1948年度＝新しい国定教科書と、使用される教科書は変遷してきた（吉田2012：94）。CIE（連合国軍総司令部民間情報教育局）は1949年度より検定による教科書を使用することとし検定作業を進めた。

次に、教科書採択のしくみをみていこう。こうして成立した検定制の教科書には、教科書無償措置法の成立までいわゆる広域採択（共同採択とも）のしくみが制度化されていなかったが、浪本論文に掲載された資料（2012：42-48、別表5）からは、学校ごとの採択から徐々に市町村教育委

員会による採択へと移り変わっていった様子が読み取れる。また、教科書無償措置法の制定を議論した参議院文教委員会［1963.12.17］においても灘尾弘吉文相が「現在、市町村立の小・中学校の教科書の採択は、所管の教育委員会が行うこととなっておりますが、実施にあたっては、郡・市の地域の教育委員会が共同して同一の教科書を採択することが広く行われております」と述べるなど、実態として郡市を単位とする広域採択が行われていたことが示されている。

　また、同じ参議院文教委員会［1963.12.17］では、広域採択をとる理由として、①教員の共同研究を促すこと、②地域内での転校時に教科書の買い直しを不要にすること、③供給を円滑にし、費用を低廉に抑えること、が理由として挙げられていた。

　検定制、広域採択による教科書行政はこの原則を維持したまま、現在まで継続しているが、市町村合併など市町村の教育行政をめぐる環境変化とともに、課題も浮き彫りとなっていた。

　それが具体的に表出したのが2011年に表面化した、沖縄県八重山地区教科書採択問題である。沖縄県八重山諸島の石垣市、竹富町、与那国町の1市2町からなる八重山採択地区の協議会が答申した中学校公民科教科書について、竹富町が答申されていない教科書から採択した。これに対して、中川正春文科相が衆議院文教科学委員会［2011.10.26］に「これ（竹富町）については、国の無償供与の対象にならないということでありますが、地方公共団体みずから教科書を購入して生徒に無償で供与するということまで法令上禁止されるものではない」と述べる事態に陥った。

　紙幅の都合上、経緯の詳細は割愛するが、2012年度、竹富町は有志からの寄附によって教科書代金をまかない別の教科書を配布し、2013・2014年度は町予算で教科書を配布するなど、義務教育学校において教科書無償措置法の適用を受けない教科書配布が継続されていた。この問題の背景の一つとなったのは、教科書無償措置法が郡市で構成される採択地区内で同一の教科書を用いることを規定（旧第12条）し、地方教育行政法（第23条6号）には市町村に採択権限を付与しているという法令の離齬である[22]。この離齬を解消すべく行われた教科書無償措置法の改正では、従来「郡市」を単位として都道府県教育委員会が教科書採択地区を設定することとなっ

ていたが、これを市町村または、市町村を併せた地域を単位として採択地区を設定することを可能とした。

　これによって、前述の竹富町を単独で教科書採択地区に設定することが可能となり、沖縄県教育委員会は同町を八重山採択地区から離脱させる（2014年5月30日）に至った。


３．課題

　ここでは、「２．変遷」で見てきた３つの項目について、現在に続く課題をみていこう。

　まず、地方教育行政の制度についてである。この間、教育委員会制度改革をめぐって教育（行政）の政治的中立性と首長のもつ民主的正統性の関係が盛んに論じられてきた。政治的背景をもった首長に教育行政をゆだねることは、教育政策の安定性・継続性を脅かすのではないか、他方で選挙という民主的な手段によって選ばれた首長が住民意志を反映した教育政策を担うことこそが、地方自治の本旨にかなうのではないかという意見の対立であった。2015年度から実施された教育委員会制度は、教育委員会を執行機関として残し、教育委員の選任も従来どおりとするなど政治的中立性に一定の配慮をした。一方では、総合教育会議の設置、教育長を（形式的にせよ）従来教育委員の互選によって選出していたものから首長の直接任免（と議会の同意）とし、教育行政の責任者、教育委員会の代表者として位置づけ直すなど、首長の教育行政への関与を強める要素も盛り込んでいる。新しい教育委員会は、総合教育会議において話し合う教育政策の大綱に沿って、教育行政の日常事務を執行するだけになってしまうのだろうか。その際、狭義の教育委員会はどのような役割を担うのか。実態の解明はこれからの実績と研究の蓄積を待つほかないが、新しい制度のもとで教育委員会が存在感を発揮できるかどうかは不透明である。

　次に、義務教育費をめぐる議論について課題をみておきたい。義務教育費国庫負担金の国庫負担比率はその軽重のみを論じることの意義は乏しく、背景にある義務教育の責任主体はどこであるべきか、という議論の本質をとらえておくことが重要である。この制度改革以降を扱った田中（2010）の研究は、当時危惧されていた義務教育費国庫負担金の廃止（実

際に起きたのは縮減）が、教員給与の都道府県格差を助長するのではない
かという指摘に疑問を提示するものであった。田中はこの中で、教員給与
は一般行政職員の給与にほぼ連動しており、制度改革の前後で都道府県間
の教員給与（初任給）に格差は生じていないことを指摘した。

　また、義務教育費国庫負担金についてはいくつかの都道府県で余剰額が
返還されていることが指摘されている（小川2010、山崎2011など）。これ
は、公務員全体の人件費の抑制や、臨時任用教員、非常勤講師など専任の
教員ではない者への置き換えによって、算定された額まで教員給与が届か
ず、国庫負担金の余剰が生じ、その額を返還しているということである。
これは教員給与の国庫負担比率の引き下げに直接関わる問題ではないた
め、負担比率が維持されていたとしても、同様の事例は起きたと考えられ
るが、教員給与も人件費削減の例外とはならないことを物語る。教員給与
を他の人件費より優先して確保すべきかどうかは議論のあるところだが、
現行の義務教育費国庫負担制度が教育水準の維持向上を保障する制度たり
得ているかは検討の余地があるだろう。

　最後に、教科書行政をめぐる課題について検討したい。教科書採択のし
くみが改革されたのは、直接的には紹介した八重山地区教科書採択問題を
契機としている。しかし、教科書採択のしくみについては、市および郡を
単位とする教科書採択地域の設定が難しくなってきていたことが、改革の
もう一つの背景要因となっている。

　制度改革を議論した中央教育審議会初等中等教育分科会の意見まとめ[23]
においても指摘されているとおり、平成の大合併を経た市町村区域の変更
は、町村を減少させ、多くの市を創出した。数多くできた新設市は従来の
教科書採択地域を離脱する場合もあり、残された郡部が飛び地のままに共
通の教科書を採択することを余儀なくされるケースが生じた[24]。こうし
た問題は、教科書無償措置法制定時（1962年10月を基準として）3,480あ
った市町村が平成の大合併を経て1,741（2020年4月時点）まで減少して
おり、制度の想定していた市町村区域と現状がまったく異なるために生じ
た問題ともいえよう。

　市町村単位、または複数市町村を合わせた区域での単位で採択地区を設
定可能とした教科書無償措置法の改正は、現状の市町村の実態にそくした

ものといい得る。しかし、一方で教員の異動の範囲がこれによって変更されるわけではなく、広域採択の目的の一つである共同の教材研究を妨げるおそれがあるだろう。例えば、ある程度学校数、児童生徒数を備えた地域の中心都市が、採択区域を離脱する場合、共同の教材研究の面で周辺市町村の学校が受ける影響は小さくないだろう。採択区域の飛び地解消や、独自の教科書採択の促進のため採択区域の再編は必要な場合も出てこようが、そこでは周辺市町村に配慮した都道府県教育委員会の決定が必要となるだろう。

## 4．考えてみよう

⑴ 地方教育行政法の改正（2014年）によって、教育行政と政治の関わりはどのような影響を受けただろうか。

⑵ 2005年度に行われた義務教育費国庫負担比率の引き下げは、義務教育の責任に関する議論を喚起した。義務教育費を一般財源化することのメリットとデメリットは何だろうか。

⑶ 教科書の採択について、あなたの生まれ育った都道府県では、どのような採択地区が設定されているだろうか。またそこにはどのような意図がありそうだろうか。

⑷ 東日本大震災に際して被災した各県教育委員会や市町村教育委員会はどのような対応をとっただろうか調べてみよう。

**〈引用・参考文献〉新聞記事、国会会議録の出典情報は省略した。**
●井深雄二『近代日本教育費政策史―義務教育費国庫負担政策の展開―』勁草書房、2004年。
●小川正人『戦後日本教育財政制度の研究』九州大学出版会、1991年。
●小川正人「義務教育費国庫負担金改革の争点と分権型教育行財政システムの構想」『日本教育政策学会年報』13号、2006年、8-25頁。
●小川正人『教育改革のゆくえ―国から地方へ』ちくま新書、2010年。
●田中眞秀「公立義務教育諸学校における教員給与の都道府県間の差異―近年の47都道府県における教員の初任給を分析して―」『日本教育行政学会年報』36、2010年、141-157頁。
●浪本勝年「日本における教科書採択制度の歴史的変遷」『立正大学心理学研究年報』3号、2012年、33-48頁。
●平井祐太「教科書無償措置法の改正―問われる共同採択制度―」『立法と調査』

No.351、参議院事務局企画調整室、2014年、11-20頁。
- 務台俊介「半世紀を経て繰り返される義務教育財源論」『自治研究』80巻10号、第一法規、2004年、80-110頁。
- 文部省（1972a）『学制百年史』帝国地方行政学会。
- 文部省（1972b）『学制百年史　資料編』帝国地方行政学会。
- 安田隆子「教育委員会―その沿革と今後の改革に向けて―」『調査と情報』566号、2007年、1-10頁。
- 山崎洋介「地方裁量『少人数学級編制』の現状と問題点」『日本教育法学会年報』40号、2011年、186-187頁。
- 吉田裕久「戦後初期検定国語教科書の研究―制度と実態を中心に―」『広島大学教育学研究科紀要　第二部』61号、2012年、93-102頁。

〈注〉

1 なお、本章における地方教育行政法の記述は2015年4月1日を基準としている。

2 文部科学省 website 『「地方教育行政の組織及び運営に関する法律の一部を改正する法律」（概要）』（http://www.mext.go.jp/b_menu/shingi/chukyo/chukyo0/gijiroku/__icsFiles/afieldfile/2014/07/01/1349323_5-2.pdf）（2014年10月26日閲覧）による。

3 都道府県・市＝5名以上も可、町村＝2名以上も可。いずれも条例の定めを必要とする（地方教育行政法第3条）。

4 ただし、法改正から4年間は任期満了が特定の年に偏らないよう配慮し、首長が4年以内で決める。地方教育行政の組織及び運営に関する法律の一部を改正する法律（平成26年6月20日法律第76号）付則第4条。

5 以下、学校基本調査の分類に従い、国立学校、私立学校と対置する意味で、公立学校という。

6 学校数、児童生徒数などのデータはいずれも学校基本調査報告書による。（https://www.e-stat.go.jp/stat-search/files?page=1&toukei=00400001&tstat=000001011528）（2020年1月31日閲覧）

7 例外規定あり。地方教育行政法第38条第2項第2号。

8 特別支援学校の教科書は文部科学省が直接作成するほか、教科書を利用しない指導法や、複数教科の合科も認められているため、公立小中学校とは制度を異にする。

9 教科書の検定をめぐっては憲法第21条第2項前段に禁止される検閲に当たるのではないかという議論が裁判を通じてなされた（家永教科書訴訟）。

10 安田によれば教育委員会法下において行われた3度の教育委員選挙の投票率は、いずれも50％台に低迷していたという（安田2007：3）。

11 都道府県教育委員会の教育長は文部大臣、市町村教育委員会の教育長は都道府県育委員会の承認を必要とした。

12 2001年（地方分権一括法施行）以前には、都道府県教育委員会の教育長は教育委員会会議が任命し、教育委員と兼任する制度はなかった。一方、市町村教育委員会の教育長は従来から教育委員との兼任が前提となっていたが、この改正では教育委員長との兼任が禁止され、都道府県と市町村の教育長のしくみが統一された。

13 中央教育審議会教育制度分科会地方教育行政部会第13回配付資料（文部科学省

website：http://www.mext.go.jp/b_menu/shingi/chukyo/chukyo1/003/ gijiroku/04100701/002.pdf）（2014年11月24日閲覧）

14例えば、橋下徹大阪市長。「朝日新聞」（2014年6月14日）の記事による。

15首長の暴走を危惧する意見として、例えば高橋寛人横浜市立大学教授。制度改革を歓迎する意見として例えば大森不二雄首都大学東京教授（読売新聞2014年5月18日）。

16文部科学省 website「義務教育費国庫負担制度について（参考資料）」（http:// www.mext.go.jp/b_menu/shingi/chukyo/chukyo6/ gijiroku/05060701/001-2.pdf）（2014年12月4日閲覧）

17前掲文部科学省 website「義務教育費国庫負担制度について（参考資料）」によると、児童1人当たりの教育費は最大であった東京都を100とした場合に、最低の茨城県では53となっていた。同じく教育条件の低下については1949年小学校で1.22人、中学校で1.59人であったが、1951年には1.20人、1.58人に低下したという。これをもって、文部科学省は義務教育の一般財源化には反対してきた。

18文部科学省 website「義務教育費国庫負担制度について」（http://www.mext. go.jp/a_menu/shotou/gimukyoiku/outline/all.pdf）（2014年12月5日閲覧）。

19この間の議論については小川の論考（2006など）に詳しい。

20文部科学省 website「1 義務教育費国庫負担制度をめぐる議論」（http://www. mext.go.jp/b_menu/hakusho/html/hpba200501/002/002/topics01. htm）（2014年12月5日閲覧）

21アメリカ教育使節団報告書の記述は文部省（1972b：58）による。

22この点については、地方教育行政法が教科書採択権限を市町村に付与しているという解釈を否定する意見もある（例えば浪本2012）。

23中央教育審議会初等中等教育分科会「教科書採択の改善について（意見のまとめ）」（2013年12月26日）（http://www.mext.go.jp/b_menu/houdou/25/12/__ icsFiles/afieldfile/2013/12/26/1342881_01.pdf）（2014年12月8日閲覧）

24平井（2014：18）においては、栃木県下都賀採択地区、那須採択地区の事例が紹介されている。

第5章●教職員

## 〈第5章〉新・教育の制度と経営
# 教職員

## 1．しくみと法律
### ⑴ 教育基本法—教職の使命

　教員にまつわるしくみと法律には、主に、免許・資格、養成、任用、服務、研修、給与・待遇に関わる事項がある。教育基本法の教員条項第9条では、次のように定められている。

　　法律に定める学校の教員は、自己の<u>崇高な使命</u>を深く自覚し、絶えず<u>研究と修養</u>に励み、その職責の遂行に努めなければならない。
　　前項の教員については、その使命と職責の重要性にかんがみ、その<u>身分は尊重</u>され、待遇の適正が期せられるとともに、<u>養成と研修</u>の充実が図られなければならない。

　　　　　　　　　　　　　　　　　　　　　　　　（下線筆者、以下同じ）

　教育基本法では、教員の「崇高な使命」と「職責の重要性」から、身分尊重、適正な待遇確保、「研究と修養」と養成の充実が必要であるとしている。具体的な内容については、以下でみるように教育公務員特例法や教育職員免許法等で定められているが、教育基本法は、教員に対して、特に使命の自覚を促している。「崇高」という言葉は、旧教育基本法（1947～2006）にはなかった。一部とはいえ教員が引き起こす不祥事等がマスコミに大きく取り上げられ、教員への信頼が低下してきている現状を受けて、「崇高」という形容を付加し、職責の重要性を今一度促す必要があったと考えられる。

### ⑵ 教育職員免許法—教員免許・資格、養成

　戦後、新教育体制の整備が図られる中で、教員養成に関する二大原則—「開放制」と「大学における教員養成」—が打ち出され、教育職員免許法

69

（1949）が制定された。これらの原則は、いずれも戦前の養成制度の反省から掲げられたものである。戦前の教員養成は、中等教育レベルの官公立師範学校で行われていた。授業料は免除され、卒業生には恩給や兵役における優遇策があったが、「国定教科書を実践する国定教師をつくるところ」[1]とも称され、国家の教育政策を忠実に遂行する担い手として養成された。

　戦後は、教員養成を目的とする機関だけなく、一般大学における教員養成を認め、いずれの大学、学部の卒業生かは問わず、一定の単位を修得したものに免許状を授与する開放制免許制度を導入した[2]。また、「大学における教員養成」原則に則り、初等、中等学校の教員養成を中等教育レベルから高等教育レベル、すなわち「大学」レベルに引き上げた。これら二大原則には、次のような理念が含まれている。

　1．教師は学問の自由を保障された機関で養成されること
　2．行政権力の規制から離れた機関で養成されること
　3．学問に根ざし自由で開放的な雰囲気のなかで真理を探究すること
　4．国や教育行政のあり方も含めてあらゆる物事を相対化し、教員一人
　　ひとりが自分の頭で教育のあり方を根本から考えられる教育環境であ
　　ること[3]

　教育職員免許法の起案者は、新制大学における養成に希望を託して次のように述べていた。

　今後の大学は従来の全体主義的国家主義的画一統制主義的傾向から民主々義的傾向に刷新せられ、自由にしてかつたつな個性豊かな社会的協力者を育成しようとする。……新しい大学の在り方から人間としての高い教養を身につけ深い専門研究によって特色ある個性の完成を期待し、そのような人が自らの学生生活の体験をとおして児童青年の教育にあたることに大きな教育的意味を見出すのである[4]。

　教員養成は、以上の二大原則に則って行われてきたが、2000年代に入ると、「大学における養成」の他に、教育委員会がその一端を担う動きが生

まれてくる。その例として「東京教師養成塾」「杉並師範塾」「京都教師塾」がある。背景に、1980年前後に大量採用された教員が退職期に入り、新たな人材獲得に直接乗り出す必要性が生じてきたことや学校現場のニーズに大学での養成が十分に応えきれていないという現状があった。

さらに、2008年には、教育委員会や学校現場との連携の下で実践的指導力を養成することを主眼として教職大学院が導入された。大学院の教員組織の４割以上に「実務経験者」（学校教員や指導主事など）を充て、①実践的な指導力を備えた新人教員の養成、②現職教員を対象とするスクールリーダー（中核的・指導的な役割を担う教員）の養成が図られている。

(3) **教育公務員特例法―任用、服務、研修**

教員の任用、服務、研修については、教育公務員特例法（1949、以下教特法）で定められている。第１条をみておこう。

この法律は、教育を通じて国民全体に奉仕する教育公務員の職務とその責任の特殊性に基づき、<u>教育公務員の任免、人事評価、給与、分限、懲戒、服務及び研修</u>等について規定する。

起案者は同法について次のように解説している。

教育とは人格と人格の関係であり、被教育者の人格の完成を目指している。教員はその任に当る職責を担っている。ここに、他の対人的業務とも物の生産業務とも異なる教職の「特殊性」がある。従って、人格的要件が重要となるため、採用は同要件が判定しにくい競争的試験ではなく、「選考」によるものとする。また、文化財の体得と人格の練磨のために「研修」が要求される。以上のように教育には、「人間を作る」という高い、しかも不変な目標があるために、時々の勢力や不当な支配からその身分が保障される必要がある[5]。

以上のように、他の業務とは異なる職務と責任の「特殊性」があるとの教職観に基づいて「教育公務員」の「任免、給与、分限、懲戒及び研修」[6]規定が定められてきた。

校長や教員の採用および昇任にあたっては、今日においても、競争的試験ではなく、「選考」によるものとされている（同法第11条）。

　また、教特法に規定された研修は、教職の独立性・自立性と深く結びついた規定である。一般公務員においても研修規定があり、任命権者に計画・実施を義務付けている。しかし、教育公務員は、自ら研修に努めることが課されているのである。研修について定めた条文第21条を取り上げておこう。

　　教育公務員は、その職責を遂行するために、絶えず研究と修養に努めなければならない。

　同条第2項では、任命権者である都道府県、指定都市、中核市教育委員会等に、研修奨励の方途や研修計画の樹立・実施に努める義務を課している。さらに、第22条第1項「教育公務員には、研修を受ける機会が与えられなければならない」、第2項「教員は、授業に支障のない限り、本属長の承認を受けて、勤務場所を離れて研修を行うことができる」、第3項「教育公務員は、任命権者の定めるところにより、現職のままで、長期にわたる研修をうけることができる」と定められている。つまり、行政が課す研修（行政研修）に対し、自主研修が保障されているのである。特に自主研修は、教職の専門性に関わる重要な要件である。ILO・ユネスコ「教員の地位に関する勧告」（1966）でも、教職を専門職と位置づけ、「厳しい不断の研究」を課すとともに、職責遂行のために「学問の自由」が享受されなければならないとしているところである。

　しかし、拡充されてきたのは、自主研修ではなく行政研修であった。教員の資質向上策の一環として、初任者研修（1988年から。採用後1年間）の導入を皮切りに、10年研修（2003年から。在職期間10年に達したもの）、教員免許更新制（2007年から。30時間の講習を義務付け。私立学校教員も対象）といった全教員を対象とする行政研修が導入されてきた。

　さらに、2016年の教特法改正では、キャリアステージを設定して、これまでの研修制度を見直し、ステージに対応した制度に改められた。ステージは、養成段階、採用段階、1～3年目、中堅段階、ベテラン段階に分け

られ、これまでの初任者研修は2、3年目の研修も含めた初期研修に、10年研修は時期を弾力化させ、中堅段階の研修に改められた。また、教員の資質向上を保証するために、教員等の任命権者（教育委員会等）は、文部科学大臣が定めた指針を参酌して、ステージに応じて習得すべき能力を明確にした育成指標とそれに基づく教員研修計画を策定することになった。指標策定においては、教育委員会と大学等とで構成する協議会を新設し、そこで協議するしくみが導入された（第22条の2～5）。大学と教育委員会との連携は、養成段階だけでなく、採用後の段階においても強化される動向にあり、養成、研修に加え、新たに「育成」が取り組み課題となっている。

### (4) 給与・待遇と学校組織の再編

　教員は、研修規定以外にも、一般公務員とは異なる処遇がされてきた。

　1971年、一般公務員と同様の時間管理が行えないとして国立及び公立の義務教育諸学校等の教育職員の給与等に関する特別措置法（以下給特法）が制定された。これにより、時間外勤務手当てを支給しない代わりに、勤務時間の内外を包括的に評価して一律の教職調整額（給料月額4％）が支給されることとなった。併せて、時間外勤務を命ずる場合は、超勤4項目（①生徒の実習、②学校行事、③職員会議、④非常災害、児童生徒の指導に関し緊急の措置を必要とする場合）に限られるものとされ、それ以外は自発的勤務とされている。また、1974年には、優れた人材を確保することをねらいとして、教員給与を一般の公務員より優遇する学校教育の水準の維持向上のための義務教育諸学校の教育職員の人材確保に関する特別措置法（人材確保法）が制定された。

　しかし、このような教員独自の処遇の在り方は、行政改革や働き方改革の中で見直し課題とされ、変革されてきた。

　行政改革の中では、教職員の機動的・弾力的な人事・給与体系の構築が求められた。2007年に制定された簡素で効率的な政府を実現するための行政改革の推進に関する法律（行革推進法）は、政府に対して、人材確保法の廃止を含めた見直し、その他、公立学校の教職員の給与の在り方に関する検討を促した（第56条第3項）。同法を受けて出された中教審答申「今後の教員給与の在り方について」（2007）は、優秀な人材を安定的に確保

するためには人材確保法は堅持されるべきだとしたが、一律の処遇策に立つのではなく、教員評価や職務に応じて教員給与にメリハリをつけていく必要があるとし、新たな職を設置し、給与構造の変更を提起した。これを受けて、学校教育法が2007年に改正され、副校長、主幹教諭・指導教諭という中間管理職が新たに設置された（第37条）。これまでの学校組織は単層構造であった。職務に独立性があって、上意下達的な組織原理が適用できないとする教職観に立っていたからである。その教職観に変更を加え、教員のキャリアルートを複線化し、校長—副校長—教頭—主幹教諭・指導教諭—教員といった重層構造へと学校の組織運営体制を再編していったのである。副校長と主幹教諭は、校長の管理運営上（マネジメント）の補佐機能を担い、指導教諭は一般教員の教育指導機能を担う。新たな職は、必置ではなく、都道府県・政令指定都市教育委員会の判断により配置できる。

　さらに、中教審は、2015年に「チーム学校」の実現を謳い、事務体制の強化とともに教員以外の専門スタッフ（スクールカウンセラー、スクールソーシャルワーカー等の心理や福祉に関する専門スタッフ、学校司書、部活動指導員等）の配置を促す答申を出した。学校の組織運営体制を重層構造に変えるとともに、教員中心の組織からさまざまなスタッフの協力・協働からなる組織体制に再編することがめざされている。こうした再編は、教育上の諸課題が多様化し、しかも複雑・複合化する状況に対応するためであり、教員の多忙化解消のねらいもある。

　文部科学省が2016年度および2017年度に行った「教員勤務実態調査」では、前回調査（2006年度）と比較して勤務時間が増加しており、小学校教員の約3割、中学校教員の約6割が過労死ラインを超える週60時間以上の勤務となっていることが明らかになった。増加の主な要因として、①若手教員の増加、②総授業時間数の増加、③中学校における部活動時間の増加がある。また、経済協力開発機構（OECD）が行っている国際調査「国際教員指導環境調査」（TALIS）では、2013年調査に引き続き2018年調査においても、1週間当たりの勤務時間は、参加国・地域中最長であった。

　このように教員の長時間労働の実態が明らかになる中で、文科省から教員の働き方改革について諮問を受けた中教審は、学校および教員が担う業務の明確化、適正化についての議論を進め、タイムカードを導入するなど、

74

勤務時間管理を徹底させ、文科省が作成した上限ガイドライン（月45時間、年360時間等）の実効性を高めることや1年単位の変形労働時間制の導入等を提起する答申を出した（2019）。これを受けて、2019年11月に給特法が改正され、公立学校の教員にも1年単位の変形労働時間制が適用されることになった。同制度は、忙しい時期に労働時間（所定労働時間は1日7時間45分）を延長する代わりに、延長した労働時間を児童・生徒の夏休みなどに休日としてまとめ取りできるというものである。同法の実効性を確保するには、教員の勤務時間が客観的に把握されている必要があるが、文科省の2018年度の調査によれば、タイムカードなどの設置は4割にとどまっている。今回の法改正においては、時間外勤務手当を支給する、あるいは教職調整額を4％から引き上げるといった抜本的な制度改革には着手されていない。いずれも大幅な財政支出を伴うためであり、「定額働かせ放題」と揶揄される一律に給料の4％の教職調整額を支払うという現行制度は維持されたままである。

## 2．変遷

　日本の義務教育制度は学制布告（1872）により成立したが、当初より、教員には高い倫理性を求めてきた。明治政府は、小学校教員心得（1881）を定め、教員は、児童の知徳体を養い育てる重責を担っており、その良否は、児童それぞれの人生を左右するばかりか、国家の治安や繁栄につながっているとして、人々のお手本となるべき振る舞いを求めていた。

　こうした聖職者的教職観については、戦後一定の批判が加えられていく。第2次世界大戦で敗戦した日本は、戦前の学校教育体制を大幅に変革していった。教職観をめぐっては、聖職者観と教員も労働者として位置づける教職観との対立があった。日本は、1951年にサンフランシスコ講和条約を締結するまで連合国に占領されていた。対日占領政策の実施機関であった連合国総司令部（GHQ）は労働組合の結成を奨励しており、占領初期においては、教員も労働基本権が保障され、労働法（労働組合法・労働関係調整法・労働基準法）の中ではまぎれもなく労働者の位置づけがなされていた。労働法が教員に適用されるという戦後占領期に特徴的な法秩序の中で、各地の教職員組合は知事と労働協約を結んでいった。GHQは、

教職員の労働争議を禁止しようという動きに対して、政府転覆の虞、日常生活への著しい障害を与えるものではない等を理由にあげて抑制政策を認めなかった。

　文部省関係者の中でも、戦前の聖職者的教職観については「小学校教員をある意味において国家目的遂行の具に使い、且つはその『実践すべき要款』が一見あまりにも一般人には求めがたい聖人的行動を強いる」[※7]ものだったという評価を下していた。だが、教員を労働者として見なして、労働基本権を認めることについては強いアレルギー反応があった。そこで、教員の労働者性を払拭するために教員身分法の制定に着手し、次のような教職観を提示していた。現行の教育基本法の条文とも重なり合う教職観が示されていることに気づくだろう。

　1．教員は、その崇高な使命を自覚し、全体の奉仕者として、国民に対しその責を果さなければならないこと
　2．教員は、国民の師表たるにふさはしく常に修養に努め、清廉に身を持すべきこと[※8]

　また、内閣に設置されていた教育政策審議機関である教育刷新委員会でも、教員が労働委員会へ待遇改善の問題を提訴するといったことは、「教員としては恥辱」であり、「非常識」だという批判が出され、一般労働者とは区別して教員の待遇等を扱う特別の制度を設けることが提案されていた。

　以上のように、政府内において「教員は一般労働者とは区別すべき」との合意が形成される一方で、1948年8月にマッカーサー書簡を受けて政令201号が発せられ、公務員の団体交渉、争議行為が禁止され、労働協約も破棄される。GHQは、国内情勢のみならず、冷戦構造という世界情勢を受けて労働政策を転換していったのである。このように戦後の公務員政策の方向が確定されようとする中で制定されたのが、教育公務員特例法である。教特法は、国家公務員法の特例として定められた法律である。制定に至るまで、GHQとの厳しい折衝が続いた。GHQは、軍人、財閥解体に続き、官僚制改革に着手し、1947年6月に国家公務員法案（フーバー案）を

提示し、国・公立学校教員への適用を促した。教員も分業化とヒエラルキーを原理とするシステムに組み入れることを前提としており、特例を認めなかった。それに対して文部省は、教職の特殊性を主張し、適用除外を求めて抵抗した。文部省が提出した適用除外理由は以下の通りである。

1. 教職は、他の一般官吏の事務職のように系統的且つ上下の段階的に配列されて職務の遂行がなされるものではなく、教員間のそれぞれの職務には一応の独立性が認められる。
2. 公務員は公共の福祉の為に行動すべきことが規定されているが教員は特に師表たることを要する点から、一般官吏に要求される服務上の規律の外に教員の本分として必要な積極的規律が必要と考えられる[9]。

　文部省は、職務の独立性、師表（お手本的振る舞い）性に言及し、一般公務員との違いを主張したのである。こうして、教員は労働者、さらに一般公務員とも所掌が異なるとする教職観、すなわち特殊性論に則って「教育公務員」というカテゴリーが創出され、国家公務員法の特別法として、教特法が制定されたのである。

## 3．課題

　教育という営みに携わることに対して、「崇高」といった価値が付与され、戦前は聖職論、戦後は特殊性論によって、高い倫理性や献身性が求められ、教職者には特別の規律が必要であるとの教職観に基づいて教員法制が整備されてきた。

　教特法の研修条項は、教職の特殊性にかんがみて挿入されたものであり、教員に研究・研修の義務を課すとともに、その自由を保障するねらいがあった。しかし、強化されてきたのは行政研修である。能力開発を自ら課して学び続けることは専門職の要件であるが、自律性を発揮できる環境にはなっていない。

　さらに、一般労働者のような時間管理ができないとされ、長時間勤務に対応する給与も保障されない状況が続いてきた。高い倫理性や献身性のみが求められる片務的なワークスタイルは、子どもや教育に関わるあらゆる

諸問題を学校や教員の責任に帰す土壌を生むことにもなり、世界にも稀な長時間勤務を常態化させることになった。本来的業務である授業以外の課外活動、一般事務業務に追われる姿がTALISをはじめとする各種調査でとらえられている。こうした勤務実態が明らかになるにつれ、「ブラックな職場」を敬遠して、教職志望者も少なくなってきている。教員の職場環境を改善する働き方改革を実効的に進めていくことが急務となっている。

　現在、学校や教員が担うべき業務とそうではない業務に分け、担うべき業務に集中できる環境を整備する議論が続けられている。その中で、心理や福祉等の専門スタッフとの連携、さらに地域との連携強化が重要になってきている。

　地域連携については、新学習指導要領（2017年版）が「社会に開かれた教育課程」をキーコンセプトにして改訂されている。「開かれた学校」から「地域とともにある学校」に転換し、地域住民等と目標やビジョンを共有し、地域と一体となって子どもたちを育むことがめざされているのである。地域は、大人と子どもがともに生き、暮らしている生活の場である。さまざまな人がいて、組織団体があって、地域性を彩る自然、文化があり、生業がある。かつて子どもたちは、地域でさまざまな社会体験・自然体験・生活体験を積みながら社会化されていった。だが、今日では、そうした体験が十分にできなくなってきており、学校は、地域や家庭と協力しながら、地域資源をカリキュラム化・プログラム化し、その土地で大事にしたいものや伝えたいことを見える化していくことが必要となっている。また、地域とともに取り組む課題としては、防災教育の充実が挙げられる。未曽有の自然災害が相次ぐ中で、防災訓練を地域防災の観点から町内会をはじめとする校区のさまざまな機関と連携して行うところも出てきている。「社会に開かれた教育課程」を作っていく中で、相互扶助関係を醸成したり、再構築を促したりする効果も期待される。

　現在進められている学校内外における連携強化は、教員の働き方だけでなく、いじめ問題や子どもの貧困問題といった諸課題の取り組みにおいても求められる。教職の特殊性論は、労働者や一般公務員と職掌が異なるとして、いくつもの仕切りを設け、学校を外部社会から切り離す側面をもっていた。しかし、学校内外の「ひと・もの・こと」との有機的なつながり

が、子どもの生活・教育環境に欠かせなくなってきている。教職の在り方
は、子どもはもちろんのこと、教員以外の専門スタッフ、地域・保護者と
の関係性の中で再構成されなければならなくなっている。そうした再構成
の中で、あらためて教員の専門性や自律性が問われることになる。

人工知能の進歩、地球温暖化、超高齢化社会など、現状追認では立ち行
かない変化に我々は直面している。明らかな解決法が存在しない未曽有な
状況に対してイノベーションを起こす資質・行動特性（コンピテンシー）
は、子どもだけでなく教員にも求められている。教員には、社会の形成者
を育成するという職責がある。その職責を果たすには、社会や人間の現実
を相対化し、再構築していくための批判的・反省的・創造的思考力を高め
ていく必要がある。働き方とともに、専門職としての在り方を「大学にお
ける教員養成」という戦後の教員養成原則が、どのような歴史的パースペ
クティブをもつ理念なのかを今一度確認しながら、追求することが課題で
ある。


**4．考えてみよう**

(1) 自分が考える「あるべき教員像」のキーワードを３つ挙げ、政府が掲
　　げる教員像（次頁図１参照）との相違点を考えてみよう。

(2) 学校教員と塾講師との相違点を考えてみよう。


〈注〉
1 1903年に国定教科書制度が導入され、教科書の国家管理の下で、国民の思想的統
　制が強化されていった。同制度は、1947年に廃止され、検定制度が導入され今日
　に至っている。
2 立法当初、校長、指導主事、教育長に対して各免許状を所持することを義務付け、
　教育行政職の専門職化をめざしていたが、1954年の改正で各免許状は廃止された。
　さらに、2000年の学校教育法施行規則の改正により、教員免許を持たない校長の
　任用が可能となっている（第22条）。
3 佐久間亜紀「誰のための『教職大学院』なのか」『世界』2007年、6月号参照。
4 玖村敏雄『教育職員免許法同法施行法解説（法律篇）』学芸図書、1949年、16頁。
5 井手成三『詳解　教育公務員特例法』労働文化社、1949年参照。
6 分限、懲戒規定については、一般公務員の規定が適用される。分限処分は、公務能
　率の維持・確保を目的とする処分で、国家公務員法第78条、地方公務員法第28条
　に規定がある。対象事由は、①勤務実績不良、②心身故障、③適格性欠如、④廃職

または過員である。一方、懲戒処分は、職員の非違行為に対して行われる処分で制裁的意味合いをもっており、職場の綱紀粛正を目的としている。国家公務員法第82条１、地方公務員法第29条１に規定がある。対象となるのは、①法令違反、②職務怠慢、③全体の奉仕者たるにふさわしくない非行。

7 辻田力監修『教育公務員特例法　解説と資料』時事通信社、1949年、21頁。
8 国立教育政策研究所所蔵『戦後教育資料』Ⅴ-22。
9 『辻田文書』4-1-1。

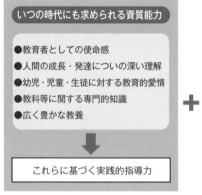

○　教師の仕事に対する強い情熱
　　教師の仕事に対する使命感や誇り、子どもに対する愛情や責任感など

○　教育の専門家としての確かな力量
　　子ども理解力、児童・生徒指導力、集団指導の力、学級づくりの力など

○　総合的な人間力
　　豊かな人間性や社会性、常識と教養、礼儀作法をはじめ対人間関係能力など

図１　教員に求められる資質能力
出典：文部科学省『魅力ある教員を求めて』３頁より転載。

# 〈第6章〉新・教育の制度と経営
# 就学前教育

## 1．しくみと法律

### (1) 子ども・子育て支援法

　就学前教育の施設の在り方は、2015年4月の子ども・子育て支援法施行後に大きく変わった。そもそも就学前教育は保育と不可分であり、その保育の在り方が子ども・子育て支援法により、「施設型給付」を受ける保育事業と「地域型保育給付」を受ける保育事業の2つに大別されたのである。

　「施設型給付」を受ける保育事業とは幼稚園・保育所・認定こども園で実施される保育を指し、「地域型保育給付」を受ける保育事業とは小規模保育、家庭的保育（保育ママ）、居宅訪問型保育、事業所内保育によって実施される保育を指している。2015年4月の子ども・子育て支援法施行後の制度変更を「新制度」と略記して概要をみていくことにする。

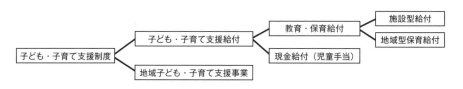

**図1　新制度の枠組み**

出所：内閣府子ども・子育て支援新制度思考準備室『子ども・子育て支援制度について』
　　　（2014年10月）の記述を基に著者作成。

　図1が示すように、新制度では、「子ども・子育て支援給付」と「地域子ども・子育て支援事業」があり、そのうち「子ども・子育て支援給付」は「教育・保育給付」と「現金給付（児童手当）」に分かれる。さらに「教育・保育給付」は、前述の「施設型給付」と「地域型保育給付」に分かれる。就学前教育は、新制度の大きな枠内に位置づけられたのである。

新制度で保育事業を実施する施設の種類を示したのが次の図２である。図２の「施設型給付」の枠内にある認定こども園は、幼保連携型認定こども園、幼稚園型認定こども園、保育所型認定こども園、地方裁量型認定こども園の４種類である。幼稚園は、施設型給付幼稚園と施設型給付の枠外の私学助成型幼稚園の２種類に分かれる。保育所のうち私立保育所は市町村が委託費を支弁する。

　「地域型保育給付」と「施設型給付」とでは、それぞれ枠組みが異なる。「施設型給付」では、手続き過程で市町村が窓口となる。「地域型保育給付」では、利用者が各施設と直接契約を結ぶことになる。

図２　新制度の事業体系
出所：内閣府子ども・子育て支援新制度思考準備室『子ども・子育て支援制度について』（2014年10月）の記述を基に著者作成。

　まず、「施設型給付」での、保育の必要性がある場合の認定の手続きでは、市町村の窓口で申請した後、市町村が「保育の必要量」を判断したうえで認定証の交付を行う。認定の区分は３種類がある。第一に、満３歳未満で保育の必要性がある子どもは３号認定となり、保育所、認定こども園、施設型保育のいずれかへ入園する。第二に、満３歳児以上で保育が必要な子どもは２号認定となり、保育所、認定こども園へ入園する。第三に、満３歳児以上で保育が必要でない子どもは１号認定となり、幼稚園や認定こ

どもへ入園することになる。

　なお、保育を必要としない場合、満3歳未満の乳幼児なら「認定なし」となるが、「認定なし」であっても、「地域子ども・子育て支援事業」である一時預かり事業、地域子育て支援拠点事業、ファミリーサポートセンターなどが利用できる。保育が必要な保護者からの申請については、これまで同様に、市町村が利用調整を行い、希望した施設を利用できない保護者には、市町村が他の利用可能な施設をあっせんすることになっている。

　一方で、保育が必要でない保護者は、個別に幼稚園や認定こども園に入園申し込みをすることになっている。そして入園が決まった段階で、施設側が市町村に1号認定申請を行い、施設経由で認定証が保護者に渡されることになっている。新制度では、利用者に必要な保育量の認定を市町村が行うことが、子どもを預ける施設の種類を決定することになるため、利用者にとって重要な事項となっている。

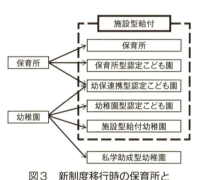

図3　新制度移行時の保育所と幼稚園の選択肢
出所：本文の記述を基に著者作成。

　図3は、新制度の「施設型給付」を受ける保育事業について、従来の保育所と幼稚園からの移行を示したものである。幼稚園は、幼稚園型認定こども園、施設型給付幼稚園、従来の幼稚園が継続した私学助成型幼稚園に移行できる。ただし私学助成型幼稚園は、施設型給付の保育事業とは異なり、私立学校振興助成法に基づいた枠組みとなる。保育所は、従来の保育所、保育所型認定こども園に移行できる。このうち幼保連携型認定こども園は、幼稚園からも保育所からも移行することができる施設である。

　認定こども園は、満3歳を境にして、保育内容における保育と教育の配分を変化させることで、保育所と幼稚園の両機能を果たすことになっている。新たに幼保連携型認定こども園を設置した場合は、予定どおりの施設と機能を備えているが、新制度移行後、同じ認定こども園の名称であって

も、施設の前身が保育所か幼稚園かで施設条件や機能面で差異がある。

　新制度の特徴は、「施設型給付」も「地域型保育給付」も、利用者に対して公費補助がなされることである。新制度では、市町村が利用者に対して保育料を補助し、利用者が自己負担分を含めて施設に納めることになっている。ただし実際の手続きでは、補助される公費は法定代理受領として、利用者を経由せずに市町村から施設事業者に渡される。保育所は、これまで同様に市町村を窓口にして、市町村が利用可能な保育所を指定する。一方、その他の施設については、施設に直接の申し込みを行い、直接契約を交わすことになっている。これにより利用者が事業者を選択することが可能となり、事業者間で競争が生じ、競争による淘汰で保育の質を担保することが見込まれている。

　なお、施設での働き手は、幼稚園教諭と保育士であるが、幼保連携型認定こども園では大きく変化した。幼保連携型認定こども園の職員として、幼稚園教諭と保育士の両方の機能を担う「保育教諭」が新たに登場した。また、2015年に地域型保育給付において保育資格を所持しない「子育て支援員」が登場した。子育て経験のある主婦を対象に行政研修を20時間程度受講すれば「子育て支援員」として従事できるようになった。

### (2) 市町村の役割と費用負担

　新制度での市町村の役割は、「保育の必要量」の認定の他に、新制度以前と同様に児童福祉法第24条第1項で市町村による保育の実施責任が規定された。これにより市町村が、保育の必要な幼児を保育所に入所させて保育を実施する。ただし、同法第2項の規定で、市町村が責任をもって保育を提供するのは保育所のみとなった。さらに同法第3項に基づき、認定こども園や家庭的保育に対して、市町村は利用調整を行うのみとなった。

　さらに都道府県と市町村には、子ども・子育て支援法第61条と同法第62条により、子育て支援の供給体制を構築するため5年を1期とする「子育て支援事業計画」の策定が義務付けられている。その計画には、「教育・保育提供区域」「幼児期の学校教育・保育の量の見込みと確保方策」「地域子ども・子育て支援事業の量の見込みと確保方策」「教育と保育の一体的提供に関する考え方と推進体制」の項目を設定することになっている。

　2019年10月より就学前教育施設を利用する3歳から5歳児までを対象に

第6章 ● 就学前教育

無償化された。０歳から２歳までの子どもは住民税非課税世帯を対象として無償化された。無償化対象の施設は幼稚園、保育所、認定こども園、地域型保育、企業主導型保育である。幼稚園は月額上限２万5,700円である。認可外保育所施設についても、３歳から５歳児までは月額３万７千円まで。０歳から２歳までの住民税非課税世帯の子どもは月額４万２千円までの利用料が無償となった。ただし無償の範囲は利用料のみであり、給食費や送迎費や行事費は含まれていない。一部の施設では無償化の実施と同時に給食費等を便乗値上げしたところもあり、保護者の費用負担は継続している。

## ２．変遷

### ⑴ 少子化対策の変遷

就学前教育は、少子化対策と密接に関連している。我が国で少子化対策が本格化したのは、1990年に出生率が1.57となってからである。1995年から1999年の「エンゼルプラン」、2000年から2004年の「新エンゼルプラン」が省庁の枠組みを超えて進められた。そして、2003年に「少子化対策基本法」と「次世代育成支援対策推進法」が制定されたことで法制度をもって少子化対策が固定化された。「少子化対策基本法」に基づき、少子化社会対策を総合的に推進するために、内閣総理大臣を会長として全閣僚を委員とする「少子化対策会議」が発足した。以降、少子化社会対策大綱の案の作成、少子化社会対策について必要な関係行政機関相互の調整ならびに少子化社会対策に関する重要事項の審議および少子化に対処するための施策の実施の推進が、同会議からなされることになった。

2004年には「少子化社会対策大綱」が閣議決定された。この大綱では、子どもを育てにくい社会になっていることが指摘された。そして対策として、子育て支援によって女性が就労しやすい環境を整えることが挙げられ、同年に「子ども・子育て応援プラン」が策定された。これにより2005年から各自治体では、「次世代育成支援行動計画」を立案し実行することになった。国も「次世代育成支援対策交付金」や「次世代育成支援対策施設整備交付金」を創設して財政的な裏づけを行った。

2006年には、文部科学省と厚生労働省が二元的に管轄していた就学前教

育を一元化するため、「就学前の子どもに関する教育、保育等の総合的な提供の推進に関する法律」が制定され、幼稚園と保育所の一元化をめざして「認定こども園」が登場した。

2008年の教育基本法改正により同法第11条に「幼児教育」の規定が新しく追加された。同法により、幼稚園や保育所等の就学前教育が幼児教育として括り直された。

### (2) 新「認定こども園」法の登場

2009年に自民党から民主党に政権が変わった。民主党政権時代の2010年に閣議決定した「子ども・子育てビジョン」では保育所と幼稚園の一元化などの新しい保育のしくみが検討された。そして、2012年2月に基本制度のまとめとして「子ども・子育て新システムの基本制度について」が出され閣議決定された後に、「子ども・子育て支援法」「総合こども園法」「関係法律整備法」の3法案が国会に提出された。ところが、同時に消費税増税のための税・社会保障一体改革法を通すために民主・自民・公明で協議した結果、子ども・子育て支援の関連3法案に修正（「総合こども園法」は廃案、新「認定こども園法」となる）が加えられ、社会保障・税一体改革関連法の一環として、消費税増税法、社会保障制度改革推進法などとセットで2012年8月に可決、11月22日に公布された。法案が変わったことで、これまでの認定こども園の基準の在り方も変化した。新「認定こども園法」では、幼保連携型認定こども園は、国が定めた基準（学級編制・職員配置と職員数・保育室の面積など）を順守するが、それ以外の認定こども園の基準は、国が示している基準を参酌し、都道府県が条例で定めることになった。この間に、2010年に、幼稚園の私立伝統校などの反発により、すべての幼稚園や保育所が「認定こども園」に移行しなくてもよくなった。さらに私立幼稚園の助成金も引き続き実施していくことが2011年に決定された。新「認定こども園法」は、既存のすべての保育所と幼稚園を「認定こども園」へ移行することを義務付けていないので、幼保一元化の流れは後退したのである。

### (3) 就学前教育をめぐる政治的駆け引き

関連法案については、市町村の保育所実施責任を規定した児童福祉法第24条が削除されそうになったが、政治的駆け引きにより復活した。これに

より、保育所に入所する子どもたちに限っては、引き続き市町村が保育実施責任をもつことになった。ただし、入所の前提として市町村による「必要な保育時間」の認定が必要となった。保育所で受ける保育は、保護者が認定された保育時間を上限としたものに限定される。

　2012年に政権復帰した自民党の安倍政権は、経済成長政策の一環として、市町村に申請したが保育所に空きがなくて待機させられている「待機児童」の解消を重要課題に挙げた。2013年には「待機児童解消加速プラン」を打ち出し、2013年度から2014年度に20万人分、2017年度までに40万人分の保育施設を拡充するとしたが、2013年度から2014年度までに7万人分の受け皿しか確保できなかった。さらに、新制度に対して当初推計した1兆1千億円の予算から圧縮がなされて、7千億円の規模になった。これにより保育士1人当たりの園児数を減らせず、さらに職員給与のアップが最大5％増から3％増にとどめられた。しかしながら厚生労働省は、不足する保育士を確保するために、2017年4月から「副主任保育士」と「専門リーダー」の役職を新たに設置し、保育士中堅層の月給を4万円上乗せすることにした。

　その後、2019年5月に幼児教育と保育を無償化するための改正子ども・子育て支援法が国会で可決成立し、同年10月1日に施行されることになったのである。


## 3．課題

### (1) 設置主体の多様化

　新制度の課題として挙げられるのは、まず「設置主体」の多様化である。「設置主体」とは、資金を集めて人材を確保して、公の機関として認められた施設をつくり上げる中心となる団体である。図4が示すように、幼稚園は、教育基本法第6条の規定により国と地方公共団体の他には学校法人しか学校を設置できない。だが、かつて学校教育法第102条の例外規定により、宗教法人・公益法人・農協・社会福祉法人・個人も幼稚園を設置してもよいことになった。これが「102条園」[※1]であるが、2013年の学校基本調査で全国の私立幼稚園数のうち10.2％を占めるにすぎず、規模も学校法人に比べると小規模である。設置場所も、東京都や神奈川県や福岡県と

| 幼稚園 | 保育所 | 認定こども園 |
|---|---|---|
| 【公立幼稚園】<br>　　国、地方公共団体<br>　　公設民営は認めていない | 【認可保育所】<br>　地方公共団体、社会福祉法人<br>　公設民営形態の保育所登場<br>　認可外保育所の移行緩和 | 【幼保連携型認定こども園】<br>　　国、地方公共団体、学校法人、社会福祉法人 |
| | | 【幼稚園型認定こども園】<br>　　国、地方公共団体、学校法人 |
| 【私立幼稚園】<br>　　学校法人、「102条園」<br>特区で株式会社、NPO参入可能 | 【認可外保育所】<br>　　株式会社やNPO<br>　社団法人、財団法人、宗教法人、<br>　個人立 | 【保育所型認定こども園】<br>　　規制緩和により制限なし |
| | | 【地方裁量型認定こども園】<br>　　制限なし |

図4　施設種別設置主体の一覧表

出所：本文の記述を基に著者作成。

いった都市部に偏っている。

　一方で、保育所の設置主体は、児童福祉法により地方公共団体、社会福祉法人に限定されてきたが、規制緩和により各地方公共団体において保育所設置に係る取り扱いが変更されて多様化しており、株式会社やNPO（Non-Profit Organization）が新たに登場した。国の「待機児童」解消政策により、定員規模要件緩和や民間からの土地の貸与容認などの設置基準が緩和されたことで、既存の認可外保育所が、認可保育所に移行しやすくなった。2013年に待機児童が0となり話題となった横浜市は、同様の施策で達成した。

　さらに公立保育所では「公設民営」形態も可能となった。「公設民営」は公立の認可保育所として公費で設置されるが、実際に保育所を運営するのは民間企業である。したがって、「公設民営」保育所の保育士は公務員ではなく、民間企業の社員である。なお、公立幼稚園は、学校教育法第5条の設置者負担主義により「公設民営」形態が不可能であるが、構造改革特区では企業やNPOが私立幼稚園の設置主体になることが可能となった。

　認定こども園については、4種類のいずれかで設置主体の要件が異なる。「幼保連携型認定こども園」は、国、地方公共団体、学校法人、社会福祉法人のみが設置できる。既存の「102条園」なども特例で「幼保連携型認定こども園」に移行できるが、株式会社は設置できない。「幼稚園型認定こども園」は国、地方公共団体、学校法人が設置主体である。「保育所型認定こども園」は保育所の設置主体への規制緩和により設置主体に制限がかからない。「地方裁量型認定こども園」は認可外保育所の位置づけなので、設置主体に制限はかからない。

さらに、児童福祉法の改正により、「公私連携型保育所」と「公私連携型認定こども園」が創設された。これは、児童福祉法第56条の8（未施行）に基づき、公有の施設や土地を市町村から借りたり譲渡されたりすることで運営する施設を指している。これにより、これまでの「公設民営」形態以上の産官連携が展開可能となるが、公有地や公共物をめぐり事業者が公益をなおざりにして私益のみを追求しないように、注意する必要がある。

以上のように、保育所と認定こども園の一部では、設置主体の制限がなくなり、これまで参入できなかった団体が設置主体となっている。設置主体の変化に対しては、保育の質の低下や働き手の待遇低下の懸念がある。だが一方で、これまで利用者でしか位置づけられなかった保護者に当事者として施設運営に参与できる可能性もある。保護者として、パッケージ化された保育サービスを選択するのではなく、自ら施設運営に参与することで地方公共団体、事業者、働き手との関係に新たな発展の可能性をもたらせることも期待できる。

(2) 地域差

新制度の次の課題として、「地域差」が挙げられる。都道府県ごとで幼稚園就園率と保育所在籍率の割合が著しく異なっており、2004年時点で幼稚園就園率が最も高い沖縄県が81.1%である一方で、同県の保育所在籍率は17.8%にすぎなかった。逆に長野県は保育所在籍率が最も高く74.1%で幼稚園就園率23.4%であった※2。市町村単位では、さらにこの差が著しい※3。なぜなら、産業構造の差異による女性の働き方の違いや社会運動の歴史の違いで、市町村単位で幼稚園と保育所の配置状況が異なっていたからである。

新制度では、市町村ごとの事業計画を策定する際に、「提供区域」の設定を行うことになった。この「提供区域」とは、「地理的条件や交通事情、現在の教育・保育の利用状況、教育・保育を提供するための施設の整備状況などを総合的に勘案して、保護者や子どもが居宅より容易に移動することが可能な区域」であり、小学校区単位、中学校単位、行政区画単位等、市町村ごとに区域の設定が異なる。

(3) 災害対策

2011年3月11日の東日本大震災での津波被害を繰り返さないために、津

波対策を施した認定こども園が登場した。千葉県山武市の山武市立しらは
たこども園は、海岸線から5.6km内陸部に入った標高5.7m地点に設置さ
れているが、津波対策として地上6.3mの屋上広場を設けて避難スペース
とし、建物の内からも外からも上がれるようにした建築設計である。園児
と職員の計250人が22分で全員避難できるようにしている。

　しらはたこども園の事例から、津波対策として、津波浸水エリアの外れ
を敷地として選定したことと、屋上を避難スペースとしたことの2点が挙
げられる※4。このように東日本大震災以降に設置される就学前教育の施
設には、災害時の避難場所としての機能が求められているのである。


### 4．考えてみよう

(1) 身近にある就学前教育施設の設置主体別の施設数を調べてみよう。
(2) 自分が生活する市町村の「提供区域」がどのように設定されているの
　　かを調べてみよう。
(3) 就学前教育の働き手の専門性にふさわしい資格要件と待遇を考えてみ
　　よう。


〈参考文献〉
●中山徹・杉山隆一・保育行財政研究会編著『直前対策！子ども・子育て支援新制度
　PART2』自治体研究所、2013年。
●伊藤周平『子ども・子育て支援法と保育のゆくえ』かもがわ出版、2013年。
●前田正子『みんなでつくる　子ども・子育て支援新制度』ミネルヴァ書房、2014年。
●無藤隆・北野幸子・矢藤誠慈郎『認定こども園の時代』ひかりのくに株式会社、
　2014年。
●中山徹・藤井伸生・田川英信・高橋光幸『保育新制度　子どもを守る自治体の責任』
　自治体研究所、2014年。
●無藤隆『はじめての幼保連携型認定こども園教育・保育要領ガイドブック』フレーベ
　ル館、2014年。


〈注〉
1 現行法での「102条園」の根拠は学校教育法附則抄第6条である。
2 『全日本私立幼稚園連合会要覧』2012年。
3 松島のり子『「保育」の戦後史』六花出版、2015年。
4 「ポスト3・11の新学校像　津波を避ける統合移転を早期実現」『日経アーキテクチ
　ャー』2013年10月25日号、28-32頁。

第7章●後期中等教育・高等教育

## 〈第7章〉 新・教育の制度と経営
# 後期中等教育・高等教育

## 1．しくみと法律

### ⑴ 後期中等教育とは

　後期中等教育は、学校教育法第1条において定められた教育施設であり、学校教育制度では、小学校・中学校の義務教育段階の次段階の教育制度に位置づけられている。日本の中等教育は、中学校にあたる前期中等教育、高等学校にあたる後期中等教育から構成されている。後期中等教育の目的は、「中学校における教育の基礎の上に、心身の発達及び進路に応じて、高度な普通教育及び専門教育を施すこと」（学校教育法第50条）であり、「中学校若しくはこれに準ずる学校を卒業した者若しくは中等教育学校の前期課程を修了した者又は文部科学大臣の定めるところにより、これと同等以上の学力があると認められた者」（学校教育法第57条）を対象としている。

　日本における後期中等教育は学校教育法上の目的に応じてさまざまであり、普通教育を行う普通科、専門教育を行う工業科・商業科・農業科・福祉科・総合学科といった専門学科が設置されているとともに、修業年限3年の全日制、修業年限3年以上の定時制・通信制の課程を設けている（学校教育法第54条）。さらに、規定の修業年限の本科を卒業した後、専門教育を深めるために進学する専攻科・別科を設置することができ、それぞれの修業年限は1年以上である（学校教育法第58条）。

　このような後期中等教育について、2019（令和1）年現在の学校数・在学者数は表1の通りである。

　具体的な設置形態をみてみると、国立は15校、公立は3,550校、私立は1,322校であり、全体の7割が公立高校、3割が私立高校であることがわかる。在学者数は、年度によって僅かな増減がみられるものの、近年の傾向としては減少しつつある。このことは、学校数においても同様の減少傾

91

表1　設置者別学校数・在学者数（2019年度）

| | 総数 | | 国立 | | 公立 | | 私立 | |
|---|---|---|---|---|---|---|---|---|
| 学校数 | 4,887 | 100% | 15 | 0.3% | 3,550 | 72.6% | 1,322 | 27.1% |
| 在学者数 | 3,168,369 | 100% | 8,476 | 0.3% | 2,132,078 | 67.3% | 1,027,815 | 32.4% |

出典：文部科学省（2019）「令和元年度学校基本調査（確定値）の公表について」を基に筆者作成。
〈https://www.mext.go.jp/content/20191220-mxt_chousa01-000003400_1.pdf〉
（最終アクセス：2020年1月29日）
※学校数は、本校・分校を含む。在学者数には、専攻科・学科を含む。

向がみられることから、少子化の影響を受けていることがうかがえる。

### (2) 高等教育とは

　日本における高等教育は、学校教育法第1条において規定されており、同法第9章では大学について目的、学部設置に関わる内容が述べられている。大学の目的は、「学術の中心として、広く知識を授けるとともに、深く専門の学芸を教授研究し、知的、道徳的及び応用的能力を展開させること」（学校教育法第83条）である。学校教育法の目的規定を明確化したものが教育基本法第7条大学に記述されていることであり、この内容は2006（平成18）年の教育基本法改正に伴い新設された。新設に際しては、2003（平成15）年の中央教育審議会答申「新しい時代にふさわしい教育基本法と教育振興基本計画の在り方について」において、学校教育法の目的規定を果たすことによって広く社会に貢献している大学の役割を明示していくことの必要性が指摘されていた。そこで、教育基本法第7条では、「大学は、学術の中心として、高い教養と専門的能力を培うとともに、深く真理を探究して新たな知見を創造し、これらの成果を広く社会に提供することにより、社会の発展に寄与する」ことを目的とすることで、「大学の役割や、自主性・自律性などの大学の特性」[1]が明確に示されている。

　大学のみならず、学校教育を含めた教育の重要性がたびたび指摘されている現在、高等教育の現状は、表2のような内訳となっている。高等教育機関のうち、大学は全体の7割強を私立大学が占めており、短期大学にいたっては9割が私立であり、在学者数においても同様の実態が看取できる。一方、高等専門学校は、学校数・在学者数ともに9割が国立にあたる。こうした現状からは、日本の大学生人口は私立大学に大きく支えられてい

第 7 章 ● 後期中等教育・高等教育

表2　設置者別学校数・在学者数（2019年度）

| | 総数 | | 国立 | | 公立 | | 私立 | |
|---|---|---|---|---|---|---|---|---|
| 学校数<br>（大学） | 786 | 100% | 86 | 10.9% | 93 | 11.8% | 607 | 77.2% |
| 学校数<br>（短期大学） | 352 | 100% | — | — | 18 | 5.1% | 334 | 94.9% |
| 学校数<br>（高等専門学校） | 57 | 100% | 51 | 89.5% | 3 | 5.3% | 3 | 5.3% |
| 学校数　計 | 1,195 | 100% | 137 | 11.5% | 114 | 9.5% | 944 | 79.0% |
| 在学者数<br>（大学） | 2,854,949 | 100% | 612,147 | 20.8% | 147,981 | 5.4% | 2,094,821 | 73.8% |
| 在学者数<br>（短期大学） | 136,518 | 100% | — | — | 7,388 | 5.1% | 129,130 | 94.9% |
| 在学者数<br>（高等専門学校） | 57,673 | 100% | 51,721 | 89.8% | 3,834 | 6.6% | 2,118 | 3.6% |
| 在学者数　計 | 3,049,140 | 100% | 663,868 | 21.3% | 159,203 | 5.4% | 2,226,069 | 73.3% |

出典：文部科学省（2019）「令和元年度学校基本調査（確定値）の公表について」を基に筆者作成。
〈https://www.mext.go.jp/content/20191220-mxt_chousa01-000003400_1.pdf〉
（最終アクセス：2020年1月29日）
※大学在学者数には学部学生・大学院生・専攻科・別科等を含む。


ることがわかる。


## 2．変遷

### (1) 後期中等教育の整備と準義務化

　本項では、日本における後期中等教育の変遷と現在の状況を確認していきたい。

　現在のように、後期中等教育が学校教育法上において、中学校につづく教育機関として整備されたのは戦後教育改革以降のことである（佐々木1976、吉田他1980、宮原1990）。戦後教育改革以前の後期中等教育にあたる旧制中学は、男子は中学校、女子は高等女学校、実業教育を行う実業学校といったように、旧制小学校卒業後の進路が細分化されたかたちで存在していた（大谷2008）。また、労働者や農民には無縁な存在であり、旧制小学校卒業後の僅かな限られた人たちへの進路として形成されていたことから、広く大衆に開かれた教育機関ではなかった（佐々木1976）。

93

戦後教育改革において、米国教育使節団により、義務教育のみならず中等教育を含めて学校教育体系を「6・3・3」体系とすることが提案された。この提案を受けて、教育刷新委員会は、中学校につづく教育機関として「高等学校は普通教育及び専門教育を施す」ことを目的とした教育機関として設立することを建議するに至った。そして、教育刷新委員会による建議をもとに、1947（昭和22）年の学校教育法の制定において、「第4章　高等学校」としてその目的・目標等が盛り込まれたことによって、「6・3・3」学校体系の一部として位置づけられることとなった。

　さらに、新制高等学校の目的である「高等普通教育及び専門教育を施す」ことを達成するための理念として、「高校三原則」（学区制・男女共学・総合制）が強調されていた。具体的には、高校教育の普及と機会均等を主眼とした学区制、戦前までの学校体系において男子・女子それぞれの進学先が異なることによる男女間格差の解消を目的とした男女共学、普通教育と専門教育を行うことができるように多様な学科により編成する総合制であった。これらは、戦前までとは異なる民主的で広く大衆に開かれたものであるという性格をもつものであり、新制高等学校の大前提である「高校教育の民主化と普及」による高校教育の準義務化を反映したものである。

　学校教育法制定に伴い、1947（昭和22）年に小学校・中学校から実施されたが、新制高等学校は1年遅れた1948（昭和23）年からの実施となった。当時の日本は、戦災による復旧に注力することが優先課題である一方、国家財政は余裕のない状態であった。また、新学制の実施に際しての予算措置も十分ではないままにすすんだことから、義務教育段階から優先的に実施に移されることとなった。こうした財政事情から、1948（昭和23）年に実施された新制高校の多くは、新たな校舎等の建築費用を伴わない旧制中学校・旧制高等女学校・旧制実業学校を母体としたものであった。

　このようにスタートしたが、実施当初は進学率がなかなか伸びず、「民主化と普及」には至っていなかった。図1のように、実施当初は40％前後の進学率であり、大衆に広く開かれているとはいえない状況であることがわかる。だが、1950年代後半からは50％を超える進学率となり、これ以降、高等学校の進学率は上昇し続けるとともに生徒数も急激に増加傾向となり、大衆化への歩みを踏み出すこととなった。

第7章 ●後期中等教育・高等教育

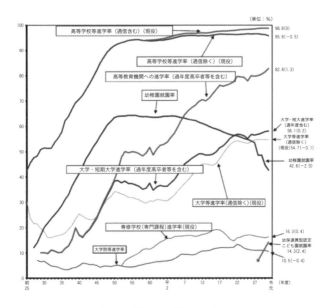

図1　就園率・進学率の推移
出典：文部科学省（2019）「学校基本調査／年次統計」を参照。
〈https://www.e-stat.go.jp/stat-search/file-download?statInfId=000031852308&fileKind=2〉
（最終アクセス：2020年1月29日）

　このように大衆化に向かいつつあったが、これまでは後期中等教育に進学していなかったさまざまな層が多く進学することにより、多様化する生徒への対応が喫緊の課題となった。そこで、通学区域を拡大することによって進路選択の機会を広く提供しようとすることにはじまり、1956（昭和31）年の学習指導要領改訂に伴い、生徒の進路に応じて、学校ごとの教育課程においてコース制の導入が可能となったことが挙げられる。こうして、多様な生徒の進路に対応することによる高校多様化政策がはじまった。特に、コース制の導入は、「普通教育を行う普通高校」と「専門教育を行う職業高校」といったように、生徒の進路に応じた高校の機能分化を進展させることとなった。1960〜1970年代にかけて進学率が70％から90％に急上昇した後は、後期中等教育卒業後の高等教育への進学希望者も増加し、高等教育への準備期間としての普通高校の役割が一層大きくなった。
　1990年代以降は、1994（平成6）年に総合学科が制度化されたことによ

り、多様な生徒に対応することがめざされた。また、1990年以降は、それまで上昇し続けた生徒数が減少しはじめる時期であり、1990年代から生徒数が減少にむかう。こうした生徒数の減少、総合学科の設置に伴い、高校再編・統廃合もみられるようになった。高校再編・統廃合は、少子化による生徒数減少によるものもあるが、総合学科の設置を行うための再編・統合が行われていたことも事実であり、1990年代以降に高校再編・統廃合の動きはますます加速することとなる。

　現在、後期中等教育は、学校教育法上において、中学校につづく教育機関として位置づけられており、現在では中学校卒業後の進路として定着をみせている。このことは、高校進学率が1970年代以降、90％以上の高校進学率を保持していることからも「高校教育の準義務化」は達成されつつあるといえる。量的拡大が浸透した一方、高校教育の内容、卒業後の進路保証といった質的な側面での課題が山積している。このような内容に応えるべく1991年の中央教育審議会答申「新しい時代に対応した教育の諸制度の改革について」以来、20年ぶりに高校教育を主として扱う高校教育部会が2011年11月4日、中央教育審議会・初等中等教育分科会に設置された。同部会では、①高校教育多様化の進展に伴う質保証の確保、②グローバル化・就労環境の変化による就労・進路保障の在り方、③学力保証と高大接続の在り方、が検討課題として挙げられており、高校教育の質保証に即した議論の必要性が述べられている。

　近年では、人口減少や少子高齢化を反映した地方創生政策の推進ならびに、AI等の技術革新に応じた教育の在り方が検討されるようになった。このようなことを受けて、教育再生実行会議では2018年（平成30）からワーキンググループによる検討がなされ、2019年（平成31）には同会議の第十一次提言「技術の進展に応じた教育の革新、新時代に対応した高等学校改革について」が提出された。第十一次提言は、「技術の進展に応じた教育」（① Society5.0で求められる力と教育の在り方、②教師の在り方や外部人材の活用、③新たな学びとそれに対応した教材の充実、④学校における働き方改革、⑤ AI時代を担う人材育成としての高等教育の在り方、⑥特別な配慮が必要な児童生徒の状況に応じた支援の充実、⑦新たな学びの基盤となる環境整備、EPBM の推進、⑧生涯を通じた学びの機会の整

備の推進、⑨教育現場と企業等の連携・協働）と「新時代に対応した高等
学校改革」（①学科の在り方、②高等学校の教育内容、教科書の在り方、
③定時制・通信制課程の在り方、④教師の養成・研修・免許の在り方、⑤
地域や大学等との連携の在り方、⑥中高・高大の接続。⑦特別な配慮が必
要な生徒への対応、⑧少子化への対応）から構成されており、今後の具体
的な取り組みとして示されている。

### (2) 高等教育の整備と拡大過程

本項では、日本における高等教育の変遷を確認していきたい。

戦後の教育改革において、戦前までの旧制大学、旧制専門学校、旧制高
等学校、旧制高等商業学校といったように、細分化されていた高等教育機
関を「新制大学」として一つにまとめて発足させることとなった（金子
2007、細井2009）。新制大学の発足に向けた高等教育の整備は、教育刷新
委員会による国立大学の全国的な配置計画がそのはじまりであった（細井
2009）。

1960年代からは国立大学のみならず公立大学・私立大学も含めた整備が
行われ、1971（昭和46）年の中央教育審議会答申「今後における学校教育
の総合的な拡充整備のための基本的施策について」（46答申）において、
就学前から高等教育にいたるまでの長期的な拡充整備計画を国が作成する
ことが求められた。同答申を受けて、1975（昭和50）年に私立学校振興助
成法が成立し、1976（昭和51）年には高等教育懇談会報告「高等教育の計
画的整備について」によって高等教育整備計画が発表された。これ以降、
5度にわたる高等教育整備計画が策定され、長期的に高等教育の整備を行
っていくこととなった（小林2004）。

高等教育整備計画では、大学の収容力等の地域間格差を是正することか
らスタートし、地方における大学の新増設を後押しすることとなった。こ
の後、1980年代の計画では高等教育の規模の抑制、さらには私立大学等へ
の経常費補助の抑制等が1981（昭和56）年発足の臨時行政調査会で提案さ
れたことを受け、大学定員の抑制措置が行われた。抑制措置は、1997（平
成9）年の大学審議会答申「平成12年度以降の高等教育の将来構想につい
て」において、高等教育への進学熱の高まりを受容する必要性があるとし
て抑制措置の緩和が提案された。さらに、2000年代に入ると、2001（平成

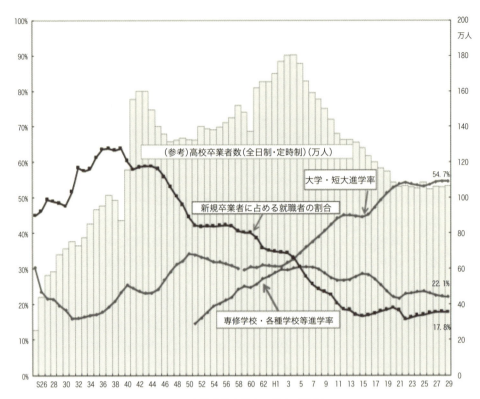

**図2　高等学校卒業生の進路（推移）**
出典：教育再生実行会議（2019）「新時代に対応した高等学校改革に関する参考資料」を参照。
〈https://www.kantei.go.jp/jp/singi/kyouikusaisei/jikkoukaigi_wg/kaikaku_wg1/sankou4.pdf〉
（最終アクセス：2020年1月29日）

13）年の総合規制改革会議答申によって、「高等教育における自由な競争環境の整備」が提唱された後、抑制から規制撤廃の動きとなった。このような整備計画のもとに進んだ高等教育は、図2のように1970年代以降、進学率が上昇し、50％を超えた。

2000年代の規制撤廃以降、大学設置・学校法人審議会によって行われる大学の設置認可に関わる設置審査についても規制緩和が行われ、認証評価制度が導入された。認証評価制度は、第三者評価機関による評価システムであり、学校教育法109～112条において規定されており、2004（平成16）

第7章 ●後期中等教育・高等教育

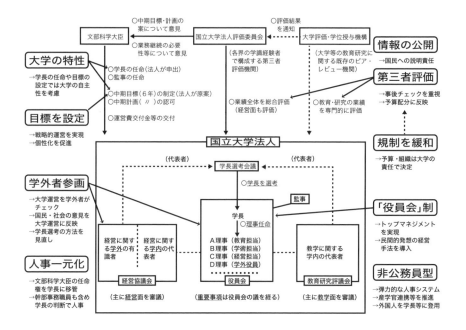

**図3　国立大学法人のしくみの概要**
出典：文部科学省「国立大学法人の仕組みの概要」を参照。
〈http://www.mext.go.jp/component/a_menu/education/detail/__icsFiles/afieldfile
/2013/12/17/1289324_01.pdf〉（最終アクセス：2020年1月29日）

年から導入されたものである。具体的には、国立・公立・私立すべての大学・短期大学に7年以内に1回、専門職大学院に5年以内に1回、「文部科学大臣の認証を受けた者（認証評価機関）による評価を受ける」（学校教育法109条第2項・第3項）ことが義務付けられた。さらに、認証評価の結果は、各認証評価機関のウェブサイトに公開されるだけでなく、運営費交付金や経常費補助などの配分の際にも参考とされている（細井2009）。

また、2000年代の高等教育をめぐる状況として、認証評価制度導入の同年、2004（平成16）年4月より発足した国立大学法人化制度がある。法人化以前の国立大学は、国立学校設置法において文部省（当時）に設置された文部大臣所管の機関であったが、法人化以後は国立大学法人が国立大学の設置者となった（細井2009）。

国立大学法人化では、学長選考会議によって選考された学長が国立大学法人の代表であり、文部科学大臣によって任命される。学長は、学長と理事で構成する役員会を組織し、理事を任命することができることとなっている。経営面においては学外の有識者を含めた経営審議会、教学面は教育研究評議会において審議され、最終的には重要事項について役員会の審議を経ることで、法人としての方針を決定するしくみとなっている。これは、民間の経営手法を国立大学法人化に際して用いたことによるもので、国立大学法人の自立的な運営を促すためのものとなっている。また、自立した運営主体となったことに伴い、従来までの国立学校特別会計制度は廃止され、国から運営費交付金が交付されることとなった。

　規制緩和による認証評価制度や国立大学法人化制度が導入されたことに加え、日本の高等教育は2005（平成17）年の中央教育審議会答申「我が国の高等教育の将来像」において、新たな局面を迎えようとしている。同答申では、高等教育の整備が18歳人口の減少によって終了したことに伴い、日本の高等教育は「『高等教育計画の策定と各種規制』の時代から『将来像の提示と政策誘導』の時代へと移行する」と記述されている。そのための国の役割として、①高等教育のあるべき姿や方向性等の提示、②制度的枠組みの設定・修正、③質の保証システムの整備、④高等教育機関・社会・学習者に対する各種の情報提供、⑤財政支援等、５項目が挙げられている。


## 3．課題

### ⑴ 後期中等教育の就学保証

　日本における後期中等教育は1970年代以降、90％以上の進学率を維持することによって、準義務化がほぼ達成されつつある。しかしながら、近年、日本の後期中等教育をめぐる状況はめまぐるしく変化している。こうした現状を踏まえながら、日本の後期中等教育をめぐる課題の一端を記しておきたい。

　後期中等教育の就学保障として、2014年より導入された「高等学校等就学支援金制度」、「高校生等奨学給付金」についてである。「高等学校等就学支援金制度」は、2010（平成22）年より実施された「公立高等学校授業

料無償制・高等学校等就学支援金制度」を引き継ぎ、導入された制度である。「高等学校等就学支援金制度」は、国立・公立・私立を問わず、専攻科・別科を除く高等学校（全日制、定時制、通信制）および中等教育学校の後期課程、特別支援学校の高等部、高等専門学校（第1学年から第3学年）、専修学校の高等課程、専修学校の一般課程、各種学校の在学生を要件とし、年収約910万円未満が対象とされている。「高校生等奨学給付金」は、「公立高等学校に係る授業料の不徴収及び高等学校等就学支援金の支給に関する法律の一部を改正する法律（平成25年法律第90号）」の施行に伴い、2014年より導入されたものであり、授業料以外の教育費の負担軽減を目的としている。

　こうした高校無償化政策は、2010（平成22）年の導入から10年近く経過し、この間には民主党から自民党への政権交代があり、自民党政権では2014（平成26）年より所得制限を設けた形での新システムとして「高等学校等就学支援金制度」が導入・実施されている。「高等学校等就学支援金制度」は、2020（令和2）年4月より、年収590万円未満の世帯を対象として私立高等学校（全日制）の平均授業料相当にまで上限額が引き上げられ、私立高等学校在籍者に対する支援の充実が図られることとなった。私立高等学校までを視野に入れた就学保障が整備されつつあるが、多くの青少年の就学支援が政権交代などの政治的要因によって影響を受けている現在、より一層充実した就学保障の在り方を検討することが求められている。

　現在の後期中等教育は、少子化によって規模の縮小を余儀なくされてはいるが、量的側面から質的側面を充実させる重要な段階にあるといえる。高等教育段階への進学が一般化しつつある現在、多様な生徒の進路に応じた後期中等教育の教育内容をどのように編成していくのか、また、進路保障をいかに行うのか、課題は山積しているといえよう。

### ⑵ 高等教育の質保証

　高等教育は、戦後教育改革以降の整備過程を経て、現在は規制緩和による大学間の競争、新たな将来像の構想に向けて動き出している。規制緩和が進展しつつある中、大学の設置認可に関わる設置審査を強化する動きがみられるようになっている。

近年、大学の設置認可において申請内容の不備など不十分な申請がみられたことを受けて、2012（平成24）年、文部科学省内に設置認可の見直し・規制強化のための「大学設置認可の在り方の見直しに関する検討会」において検討がされはじめた。規制緩和により多様な高等教育機関を設立することが可能となった一方、大学経営の不安定さが目立つようになったことから、現在、再び規制強化へと回帰傾向にある。これら一連の動きは、日本の高等教育が量的整備から質的整備へ移行しつつあることを示している一例といえよう。

　高等教育への進学率が上昇しつつある中、奨学金の受給率は増え続けている。学生への経済的支援として授業料減免制度や奨学金制度があるが、貸与奨学金の延滞者増加問題が取り沙汰されている。延滞者等の問題に対応するため、2017（平成29）年には「所得連動型奨学金」が創設された。さらに、2020（令和２）年４月より住民税非課税世帯ならびに準ずる世帯を対象として、入学金・授業料の免除または減額、給付型奨学金の支給が導入される。このように、高等教育人口に対応しようとする施策が近年導入されつつあるが、どのような成果を生み出すのか否か等、今後も検討が必要とされよう。

　教育のみならず、社会全体にグローバル化の波が押し寄せてきたことに伴い、高等教育の領域にもグローバル化に対応することが求められている。近年、国際的に通用する学位の重要性が指摘されており、学位の質保証をめざした認証評価制度の在り方についても検討していくことが必要である。


## 4．考えてみよう

(1) あなたが住んでいる都道府県において、高等学校段階に対してはどのような就学支援事業が行われているか調べてみよう。

(2) 高等教育で行われている認証評価制度について、どのような評価基準・評価内容があるのか調べてみよう。

(3) あなたの高等学校で行われている防災教育について調べてみよう。

第7章 ● 後期中等教育・高等教育

〈参考文献〉
● 大谷奨「『普通教育及び専門教育を施す』とは何か」清水一彦監修『講座　日本の高校教育』学事出版、2008年、16-21頁。
● 金子元久『大学の教育力―何を教え、学ぶか―』ちくま新書、2007年。
● 教育再生実行会議「新時代に対応した高等学校改革に関する参考資料」2019年。〈https://www.kantei.go.jp/jp/singi/kyouikusaisei/jikkoukaigi_wg/kaikaku_wg1/sankou4.pdf〉（最終アクセス：2020年1月29日）
● 小林雅之「高等教育の多様化政策」『大学財務経営研究』第1号、国立大学財務・経営センター、2004年、53-67頁。
● 児美川孝一郎「学校と職業世界のあいだ―戦後高校教育政策の転回と今日的課題―」『日本教育政策学会年報』20号、日本教育政策学会、2013年、25-40頁。
● 佐々木享『高校教育論』大月書店、1976年。
● 鈴木友紀「『高校無償化』をめぐる国会論議～公立高校授業料不徴収及び高等学校就学支援金支給法～」『立法と調査』No.306、参議院事務局、2010年、3-14頁。
● 細井克彦「高等教育政策・行政の構造的変化」平原春好編『概説　教育行政学』東京大学出版会、2009年、201-217頁。
● 宮原誠一『宮原誠一教育論集　第三巻　青年期教育の創造』国土社、1990年。
● 文部科学省「令和元年度学校基本調査（確定値）の公表について」2019年。〈https://www.mext.go.jp/content/20191220-mxt_chousa01-000003400_1.pdf〉（最終アクセス：2020年1月29日）
● 文部科学省「学校基本調査／年次統計」2019年。〈https://www.e-stat.go.jp/stat-search/file-download?statInfId=000031852308&fileKind=2〉（最終アクセス：2020年1月29日）
● 文部科学省「国立大学法人の仕組みの概要」〈http://www.mext.go.jp/component/a_menu/education/detail/__icsFiles/afieldfile/2013/12/17/1289324_01.pdf〉（最終アクセス：2020年1月29日）
● 吉田香奈「大学行政の現状と課題」古賀一博編著『教師教育講座第5巻　教育行財政・学校経営』協同出版、2014年（a）、139-151頁。
● 吉田香奈「奨学金の制度―教育費負担の軽減とその課題―」高妻紳二郎編著『新・教育制度論―教育制度を考える15の論点―』ミネルヴァ書房、2014年（b）、146-160頁。
● 吉田昇・長尾十三二・柴田義松編『中等教育原理』有斐閣、1980年。

〈注〉
1 文部科学省「教育基本法について（規定の概要）」〈http://www.mext.go.jp/b_menu/kihon/about/06121913/001.pdf〉（最終アクセス：2014年12月8日）

## 〈第8章〉新・教育の制度と経営
# 教育政策の計画化

### 1. しくみと法律

　政策とは、本来、国民のニーズや社会経済状況の分析に基づいて行われるべきである。

　しかし、「ゆとり教育」（2002年から全面実施された学習指導要領の俗称、2008年に改訂済み）が典型例であるが、国民の学校教育に対する期待、社会や保護者の児童生徒に対する学力低下の不安などを考慮することなく、文部省（当時）や教科学習の専門家集団が一方的に学習指導要領を改訂していくような政策決定は、学校教育や教育行政（文部科学省、教育委員会）への深い不信感をもたらしてしまう[※1]。何よりも、教育の受益者である子どもたち自身も、学力不安にさらされるとともに、「ゆとり世代」などのいわれなき批判に後々苦しめられることともなる。

　こうした経緯を顧みるとき、教育改革が中長期的な計画をもって行われることの重要性が理解される。2006（平成18）年の教育基本法改正の際に、新設の第17条として教育振興基本計画の規定が下記のとおり行われた。

（教育振興基本計画）
第十七条　政府は、教育の振興に関する施策の総合的かつ計画的な推進を図るため、教育の振興に関する施策についての基本的な方針及び講ずべき施策その他必要な事項について、基本的な計画を定め、これを国会に報告するとともに、公表しなければならない。
2　地方公共団体は、前項の計画を参酌し、その地域の実情に応じ、当該地方公共団体における教育の振興のための施策に関する基本的な計画を定めるよう努めなければならない。

　つまり、教育政策の各領域を包括する「総合的な計画」は戦後の教育改

革の歴史の中で2008（平成20）年まで存在しなかったのである。

　2008（平成20）〜2012（平成24）年度が第1期教育振興基本計画、2013（平成25）〜2017（平成29）年度が第2期教育振興基本計画、2018（平成30）〜2022（令和4）年度が第3期教育振興基本計画の期間となっており、本書の出版時は第3期教育振興基本計画の実施期間に相当する。おそらく2021年度以降、第4期教育振興基本計画が検討される可能性が高い。本書の読者が2021年度以降にこの本を手にした場合には、第4期教育振興基本計画の構想がどのようなものなのかぜひ文部科学省ホームページで確認していただきたい。

## 2．変遷

### (1) 第3期教育振興基本計画の概要

　次頁の図1は、国が定めた第3期教育振興基本計画の概要である。第3期教育振興基本計画では重点事項として「1．夢と志を持ち、可能性に挑戦するために必要となる力を育成する、2．社会の持続的な発展を牽引するための多様な力を育成する、3．生涯学び、活躍できる環境を整える、4．誰もが社会の担い手となるための学びのセーフティネットを構築する、5．教育政策推進のための基盤を整備する」が打ち出され、その重点事項に対応して、基本的な方針、教育政策の目標、測定指標・参考指標（例）、施策群（例）が盛り込まれている。

　第2期教育振興基本計画の特徴であった（1）成果指標の明示と検証サイクルの重視、（2）教育の社会的効果の強調と教育投資の方向性（末冨2013）、に加え、客観的な根拠を重視した教育政策の推進（Evidence-Based Policy Making、EBPM）が特に留意すべき視点として強調されていることが第3期教育振興基本計画の大きな特徴である。残念ながら、第3期教育振興基本計画は、大きな報道になることはなかった。しかしながら、いくつかの特徴があるので、その主なものを示していく。

### (2) 客観的な根拠を重視した教育政策の推進

　「教育政策を推進するに当たっては、法令を遵守するとともに、より効果的・効率的な教育政策の企画・立案等を行う観点や、国民への説明責任を果たす観点から、客観的な根拠を重視した行政運営に取り組んでいくこ

※計画期間：2018〜2022年度　　　　　**第3期教育振興基本計画（概要）**

**第1部　我が国における今後の教育政策の方向性**

**Ⅰ　教育の普遍的な使命**

改正教育基本法に規定する教育の目的である「人格の完成」、「平和で民主的な国家及び社会の形成者として必要な資質を備えた心身ともに健康な国民の育成」と、教育の目標を達成すべく、「教育立国」の実現に向けて更なる取組が必要

**Ⅱ　教育をめぐる現状と課題**

**1　これまでの取組の成果**
○初等中等教育段階における世界トップレベルの学力の維持
○給付型奨学金制度、所得連動返還型奨学金制度の創設
○学校施設の耐震化の進展　等

**2　社会の現状や2030年以降の変化等を踏まえ、取り組むべき課題**
(1)社会状況の変化
　人口減少・高齢化、技術革新、グローバル化、子供の貧困、地域間格差　等
(2)教育をめぐる状況変化
　○子供や若者の学習・生活面の課題　　○地域や家庭の状況変化
　○教師の負担　　　　　　　　　　　　○高等教育の質保証等の課題
(3)教育をめぐる国際的な政策の動向
　OECDによる教育政策レビュー　等

**Ⅲ　2030年以降の社会を展望した教育政策の重点事項**

第2期計画の「自立」「協働」「創造」の方向性を継承し、以下の姿を目指す
《個人と社会の目指すべき姿》
　（個人）自立した人間として、主体的に判断し、多様な人々と協働しながら
　　　　　新たな価値を創造する人材の育成
　（社会）一人一人が活躍し、豊かで安心して暮らせる社会の実現、
　　　　　社会（地域・国・世界）の持続的な成長・発展
《教育政策の重点事項》
　○「超スマート社会（Society 5.0）」の実現に向けた技術革新が進展するなか
　「人生100年時代」を豊かに生きていくためには、「人づくり革命」、「生産性
　革命」の一環として、若年期の教育、生涯にわたる学習や能力向上が必要
　○教育を通じて生涯にわたる一人一人の「可能性」と「チャンス」を最大化
　することを今後の教育政策の中心に据えて取り組む

**Ⅳ　今後の教育政策に関する基本的な方針**

1　夢と志を持ち、可能性に挑戦するために必要となる力を育成する
2　社会の持続的な発展を牽引するための多様な力を育成する
3　生涯学び、活躍できる環境を整える
4　誰もが社会の担い手となるための学びのセーフティネットを構築する
5　教育政策推進のための基盤を整備する

**Ⅴ　今後の教育政策の遂行に当たって特に留意すべき視点**

**1　客観的な根拠を重視した教育政策の推進**
・教育政策においてPDCAサイクルを確立し、十分に機能させることが必要
　企画・立案段階：政策目標、施策を総合的・体系的に示す「ロジックモデルの活用、指標設定」
　実施段階：毎年、各施策のフォローアップ等を踏まえ着実に実施
　　　　　　［業務の育成、先進事例の共有］
　評価・改善段階：政策評価の高度化、評価結果を踏まえた施策・次期計画の改善
・客観的な根拠に基づく政策立案（EBPM（Evidence-Based Policy Making））
　を推進する体制を文部科学省に構築、多様な分野の研究者等との連携強化、
　データの一元化、提供体制等の改革を推進

**2　教育投資の在り方**（第3期計画期間における教育投資の方向）
・人材への投資の抜本的な拡充を行うため、「新しい経済政策パッケージ」等を
　着実に実施し、教育費負担を軽減
・各教育段階における教育の質の向上のための教育投資の確保
　◇学校指導体制の整備、チーム学校　　◇学校施設の安全性確保（防災・老朽化対策）
　◇学校教育の徹底・教育研究の推進　　◇社会人のリカレント教育の環境整備
　◇若手研究者支援の充実、博士課程学生支援　◇学び施設の充実等
・OECD諸国など諸外国における公財政教育支出の状況を参考とし、
　必要な予算を財源措置しつつ、真に必要な教育投資を確保
　その際、客観的な根拠に基づくPDCAサイクルを徹底し、国民の理解を醸成

**3　新時代の到来を見据えた次世代の教育の創造**
・超スマート社会（Society 5.0）の実現など、社会構造の急速な変革が見込まれる中、次世代の学校の在り方など、未来志向の研究開発を不断に推進
・人口減少・高齢化などの、地域課題の解決に向け、「持続可能な社会教育システム」の構築に向けた新たな政策を展開
・次世代の教育の創造に向けた研究開発と先導的な取組を推進

**第2部　今後5年間の教育政策の目標と施策群**

第1部で示した5つの基本的な方針ごとに、
①教育政策の目標
②目標の進捗状況を把握するための測定指標及び参考指標
③目標を実現するために必要となる施策群　を整理

基本的な方針 → 教育政策の目標 → 測定指標・参考指標 → 施策群

| 基本的な方針 | 教育政策の目標 | 測定指標・参考指標（例） | 施策群（例） |
|---|---|---|---|
| 1　夢と志を持ち、可能性に挑戦するために必要となる力を育成する | (1)確かな学力の育成＜主として初等中等教育段階＞ | ○知識・技能、思考力・判断力・表現力等、学びに向かう力・人間性等の資質・能力の調和がとれた個人を育成し、OECDのPISA調査等の各種国際調査を通じてトップレベルを維持 | ○新学習指導要領の着実な実施等 |
| | (2)豊かな心の育成＜〃＞ | ○自分にはよいところがあると思う児童生徒の割合の改善 | ○子供たちの自己肯定感・自己有用感の育成 |
| | (3)健やかな体の育成＜〃＞ | ○いじめの認知件数に占める、いじめの解消しているものの割合の改善 | ○いじめ等への対応の徹底、人権教育の推進 |
| | (4)問題発見・解決能力の涵養＜主として高等教育段階＞ | | |
| | (5)社会的・職業的な自立に向けた能力・態度の育成＜生涯の各段階＞ | | など |
| | (6)家庭・地域の教育力の向上、学校との連携・協働の推進＜〃＞ | | |
| 2　社会の持続的な発展を牽引するための多様な力を育成する | (7)グローバルに活躍する人材の育成 | ○外国人留学生数30万人を引き続き目指していくとともに、外国人留学生の日本国内での就職率を5割とする | ○日本人生徒・学生の海外留学支援 |
| | (8)大学院教育の改革等を通じたイノベーションを牽引する人材の育成 | ○博士課程修了者の博士課程への進学率の増加 | ○大学院教育改革の推進 |
| | (9)スポーツ・文化等多様な分野の人材の育成 | | など |
| 3　生涯学び、活躍できる環境を整える | (10)人生100年時代を見据えた生涯学習の推進 | ○これまでの学習を通じて身に付けた知識・技能や経験を地域や社会での活動に生かしている者の割合の向上 | ○新しい地域づくりに向けた社会教育の振興方策の推進 |
| | (11)人々の暮らしの向上と社会の持続的発展のための学びの推進 | ○大学・専門学校等での社会人受講者数を100万人にする | ○社会人が働きながら学べる環境の整備 |
| | (12)職業に必要な知識やスキルを生涯を通じて身に付けられる社会人の学び直しの推進 | | |
| | (13)障害者の生涯学習の推進 | | など |
| 4　誰もが社会の担い手となるための学びのセーフティネットを構築する | (14)家庭の経済状況や地理的条件への対応 | ○生活保護世帯に属する子供、ひとり親家庭の子供、児童養護施設等の子供の高等学校等進学率、大学等進学率の向上 | ○教育へのアクセスの向上、教育費負担の軽減に向けた経済的支援 |
| | (15)多様なニーズに対応した教育機会の提供 | | ○教職員指導体制・指導環境の整備 |
| | (16)新しい時代の教育に向けた持続可能な学校指導体制の整備等 | ○小中学校の教員の1週間当たりの学内勤務時間の短縮 | ○学校のICT環境整備の促進 |
| | (17)ICT利活用のための基盤の整備 | ○学習者用コンピュータを3クラスに1クラス分程度整備 | |
| 5　教育政策推進のための基盤を整備する | (18)安全・安心で質の高い教育研究環境の整備 | ○緊急的に老朽化対策が必要な公立小中学校施設の未改善棟の計画的な縮減 | ○安全・安心で質の高い学校施設等の整備の推進 |
| | (19)児童生徒等の安全の確保 | ○私立学校施設の耐震化の推進（早期の耐震化、天井等落下防止対策の完了） | ○学校安全の推進 |
| | (20)教育研究の基盤強化に向けた高等教育のシステム改革 | ○学校管理下における障害や重度の負傷を伴う事故等の発生件数の改善 | |
| | (21)日本型教育の海外展開と我が国の教育の国際化 | | など |

図1　第3期教育振興基本計画の概要

とが重要である」とされ、「教育政策においてPDCAサイクルを確立し、十分に機能させることが必要」、「客観的な根拠に基づく政策立案（EBPM（Evidence-Based Policy Making））」が重要とされている（p.35）。

　具体的には、全国学力・学習状況調査を活用した政策立案などが考えられるが、文部科学省のデータ活用体制は先進国の中でも弱く、例えば義務教育段階での個票データ（児童生徒一人ひとりの毎年度の学力調査データ）を用いた分析や、有効な指導方法を分析しているイギリスとは雲泥の差がある。

　また、PISA2018における日本の回答者の読解力の低下が大きなニュースとなり、その原因がPISA2015から導入されたコンピュータ利用によるテスト（Computer Based Testing：CBT）にあると考えた文部科学省は、GIGAスクール構想を打ち出し「最終的に一人1台の学習者用PCの実現」が打ち出されている（文部科学省「GIGAスクール構想の実現パッケージ」p.7）。実際に国立教育政策研究所「OECD生徒の学習到達度調査2018年調査（PISA2018）のポイント」では「生徒のICTの活用状況については、日本は、学校の授業での利用時間が短い（p.1）」とされており、一見、エビデンスに基づいた政策であるかのようにみえる。

　しかしOECDの分析では、「男子の成績が安定している一方で、女子の成績が低下した」ことが、読解力スコアの下落の原因とされている（OECD、PISA2018カントリーノート、p.1）。すなわち、EBPMの実現を文部科学省が真剣にめざすならば、全員に対するGIGAスクール構想の実現とともに、女子の成績低下の要因を分析し、女子のデジタルスキルの向上策を考えることも重要である。また同様にOECDは「多くの生徒、特に恵まれていない生徒は、学校の成績により予想されるレベルよりも将来の進学意欲のレベルが低い」（OECD、PISA2018カントリーノートp.5）とし、特に社会経済文化資本において厳しい状況にある生徒が、進学意欲が低いことを懸念している。

　女子や社会経済文化資本など、特にテストスコアや進学意欲・進学率において厳しいグループに対して重点的なアプローチができないことが日本のEBPMの限界であり、第3期教育振興基本計画の弱点でもあることは意識しておくべきであろう。

⑶ 教育費の無償化に偏った教育投資

　第3期教育振興基本計画では、「教育への投資は個人及び社会の発展の礎となる未来への投資であり、必要な教育投資については、学習者本人のみならず社会全体で確保することが必要である」（p.38）としながらも、第1期、第2期計画と同様に、財源や教育財政支出の対GDP比目標には踏み込めていない。不可思議なのは、子どもたちのための教育財源は、特に義務教育を中心に政府財政から支出されるべき必要があるのに、寄付の重要性が強調されていることである。

　しかしながら、第3期教育振興基本計画でも明記されたとおり、2019年度に全世帯を対象とした「幼児教育の無償化」、2020年度から低所得層をターゲットとした「高等教育の無償化」が導入されている。これらの政策は「平成29（2017）年12月には、『人生100年時代構想会議』における議論も踏まえ、政府の『新しい経済政策パッケージ』」（p.40）に盛り込まれたものであるが、教育の無償化は利用者（保護者）の負担軽減を意味するものの、ただちに教育の質の向上に結びつくとは限らない。教育の質の向上のためには、教職員の人員の増員や学級規模・授業規模の少人数化、教職員給与の改善など、優秀な人材を確保し安心して働き続けられるための条件整備が不可欠であるが、第3期教育振興基本計画における教育投資の方向性については、利用者（保護者）の負担軽減に内容が偏っている点が特徴といえる。

⑷ 不十分な教員政策

　「学校に求められる役割が増大し、教師に負担がかかっていることも指摘されている。OECDの調査では、我が国の中学校教師の授業時間は調査参加国の平均を下回っている一方、勤務時間は上回っている。また、『公立小学校・中学校教員勤務実態調査研究』においても、教師の勤務実態が示されているが、さらに分析が必要である。これらの調査結果を踏まえれば、献身的教師像を前提とした学校の組織体制では、質の高い学校教育を持続発展させることは困難となっている」（pp.11-12）と指摘されているものの、教育振興基本計画では教職員数の増加や学級定数改善などの具体策が示されていない。

　2019年1月25日には中央教育審議会「新しい時代の教育に向けた持続可

能な学校指導・運営体制の構築のための学校における働き方改革に関する総合的な方策について（答申）」が示されたが、その具体策は「年度初めなど、忙しい学期中に勤務時間を延長する代わりに、夏休みにまとめて休みを取る―。働く時間を年単位で調整する『変形労働時間制』」にすぎない（「西日本新聞」2019年11月20日記事）。

　このような状況のままでは、教員へのなり手はますます不足し、また中途退職を予防することもできないだろう。

### (5) 地方の教育振興基本計画

　ところで、教育振興基本計画第17条第2項には「地方公共団体は、前項の計画を参酌し、その地域の実情に応じ、当該地方公共団体における教育の振興のための施策に関する基本的な計画を定めるよう努めなければならない」と、地方においてもまた教育振興基本計画を策定する努力義務が明記されている。

　文部科学省「各都道府県・政令指定都市等の教育振興基本計画の策定状況（平成27年3月）」によれば、2018（平成30）年度中の予定を含め47都道府県20政令指定都市、54中核市において策定済となっている。

　市区町村の策定状況も、進展している。1,718市区町村（政令指定都市および中核市を含む）中、基本計画を策定済みの市区町村は1,394自治体（81.1％）。今後、基本計画の策定予定は56自治体（3.3％）、策定していない自治体は324自治体（18.9％）となっている。教育振興基本計画を策定していない自治体は、人口規模の小さい市町村に集中していると考えられる。職員数が少なく教育振興基本計画を策定することが困難であろう自治体であえて教育振興基本計画を策定することのメリットが不明であるために策定しない等の理由があるものと推測される。

　これに加え、地方教育行政の組織及び運営に関する法律第1条の3および第1条の4に基づき、首長が主催する総合教育会議において「当該地方公共団体の教育、学術及び文化の振興に関する総合的な施策の大綱」（いわゆる教育大綱）を策定することが方針として示されている。しかし、教育振興基本計画がすでに策定されている自治体では、大綱と重複する内容となる場合もあり、計画と大綱との関係や役割をどのように整理するのかについては、それぞれの自治体で検討されるべき課題といえる。

## 3．課題

### ⑴ 財政目標が明記されていない

　最大の課題は、公的教育費の水準上昇に関する財政目標が盛り込まれていない点にある。その背景には財源の保障がないという課題がある。第1期教育振興基本計画の際にも「計画の裏付けとなる教育に対する公財政支出の具体的な数値目標を盛り込むかどうか、文部科学省と財務省の意見が対立した。OECDの調査によると、我が国の教育機関に対する公財政支出の対GDP比は3.6％と各国平均に大きく及ばず、諸外国に比べ見劣りする」という状況があった（東2014、pp.4-5）。しかしながら、国の厳しい財政状況に鑑みて、第1期から第3期のいずれにおいても政府の教育予算増に関する記述はない。

### ⑵ 省庁横断的な計画となっていない

　教育振興基本計画は、文部科学省が原案作成し、内閣が閣議決定する。しかし、例えば子どもの貧困対策については「子供の貧困や格差問題に対して対策を講じなければ、2030年以降も貧困の連鎖、格差の拡大・固定化が生じる可能性がある」（pp.7-8）と指摘されているにもかかわらず文部科学省は、就学前教育や義務教育段階において貧困・格差問題について抜本的に取り組む姿勢をみせていない。

　2019年11月に閣議決定された第2期子どもの貧困対策に関する大綱においては、「家庭の状況にかかわらず、学ぶ意欲と能力のある全ての子供が質の高い教育を受け、能力・可能性を最大限伸ばしてそれぞれの夢に挑戦できるようにすることが、一人一人の豊かな人生の実現に加え、今後の我が国の成長・発展にもつながるものである」（p.4）と指摘されている。

　子どもの貧困対策は内閣府において、精力的に推進されている。内閣府子供の貧困対策に関する有識者会議委員として、この趣旨を教育政策に対し反映させようと、全国学力・学習状況調査における要保護準要保護児童生徒と全児童生徒のスコアギャップの改善、格差拡大的な大学共通テスト改革の改善などを、会議の内外で、文部科学省と交渉してきた筆者ではあるが、格差を縮減しようとする政策に文部科学省は一切踏み出すことはなかった。

　周知のとおり、英語民間試験は、地域格差や階層格差、障害をもつ受験

生などへの配慮のなさが、強い社会的な批判を浴び、延期された。文部行政150年に残る汚点ともいえるこうした迷走の経緯は、子ども・若者や学習者のために何を政策の優先順位の上位にすべきか、どのように共に取り組むかで省庁間の政策連携が十分に行われていない状況も作用しているというのが筆者の見解である。


## 4. 考えてみよう

(1) あなたの住んでいる市区町村は教育振興基本計画を策定しているだろうか。

(2) その内容は、国の教育振興基本計画と比較してどのように具体的な内容や特色のある取り組みについて述べているだろうか。あるいは述べていないだろうか。

(3) 国の教育振興基本計画の内容や取り組みに納得できる内容はあるだろうか、根拠とともに考えてみよう。


〈引用・参考文献〉
● 東弘子「教育振興基本計画をめぐる議論」国立国会図書館『調査と情報』第811号、2014年、1-13頁。
● 市川昭午『臨教審以後の教育改革』教育開発研究所、1995年。
● 末冨芳「教育予算と教育投資」『教職研修』教育開発研究所、第42巻第2号、2013年10月、90-91頁。
● 末冨芳編著『子供の貧困対策と教育支援』明石書店、2017年。


〈注〉
1「ゆとり教育」と俗称された1998年の学習指導要領改訂は、実は子どもの学習の「ゆとり」をめざしたものではなく、労働者全般の週5日制への移行の中で、公務員法制が改正され、学校の教職員も週5日制の勤務体制に転換する必要性から議論が始まっている。にもかかわらず文部省も日教組も、「子どものため」に授業時数を減らすというロジックのもとで学習指導要領改訂を行ってきたことに対する批判的見解もある（市川1995、pp.209-325）。

　　実際、文部省（当時）は『平成9年度教育白書』の中で「学校週5日制は、これからの時代に生きる子どもたちの望ましい人間形成を図ることを基本的なねらいとし、学校、家庭及び地域社会が一体となってそれぞれの教育機能を発揮する中で、子どもが自ら考え主体的に判断し行動できる力を身に付けるようにしようとするものである」（第2部　第3章第2節2　学校週5日制の推進）と述べている。


111

## 〈第9章〉新・教育の制度と経営

# 学校の経営

### 1. しくみと法律

#### ⑴ 学校の経営とは

　学校の経営が子どもたちの成長に与える影響は大きい。学校制度におい
ては機会均等を主要な理念としつつ、質の高い教育がすべての学校で提供
されることがめざされている。しかし、教員がどのような言葉を子どもた
ちにかけ、子ども一人ひとりの成長を支援していくのかは、教員が属する
学校の状態に大きく左右される。そのような学校の状態は学校の経営によ
りもたらされているといえる。

　そもそも経営とは、ある目的のもとに構成された組織が計画的、継続的
に目的を達成していくためのしくみや働きをさす。経営学という学際的な
研究分野もあり、マネジメントというカタカナ表記も広く使用され、種々
の議論が展開されている。学校の経営の場合、その目的は、第一義的には、
憲法の精神のもとにある教育基本法の規定であり、そのうえで各学校にお
いて、めざす子ども像としての学校目標が心徳体に配慮して設定されてい
る。その達成は、教育課程と教職員等の在り方と深く関わり、学校制度や
地方教育行政制度のもとでめざされている。

#### ⑵ 学校制度において

　学校制度を形成する主要な法は学校教育法である。学校教育法では、学
校の経営に関わって、各学校段階別に学校の目的・目標が示されている
他、学校に校長、教員を置くこと（第7条）、児童・生徒・学生の懲戒（第
11条）、健康診断等の実施（第12条）、検定教科書の使用（第34条）、職員
の職務の概要（第37条）、学校評価を行うこと（第42条）、関係者の理解を
得るための情報の提供（第43条）が記されている。

　第11条は体罰の禁止を明記している。学校において、児童、生徒および
学生に懲戒を加えることはできるが、体罰を加えることはできない。こう

112

した規定は、学制の実施（明治5年〜）に替わって公布された教育令（明治12（1879）年）の第46条「凡学校二於テハ生徒二体罰殴チ或ハ縛スルノ類ヲ加フヘカラス」（＝おおよそ学校においては生徒に体罰として殴ったり縛ったり等をしてはいけない）にまでさかのぼることができる。明治初期からこうした規定が継続してきたにもかかわらず、体罰は長年問題となってきた。体罰は、教員個人の問題ではなく、それを助長あるいは看過した学校の経営の問題である。大阪市立桜宮高等学校の体罰自殺事件や全日本柔道連盟が関わる女子柔道選手強化等における体罰事件などを受け、文部科学省は2013年1月に体罰に関する実態把握調査を各教育委員会に依頼し、2013年8月にその結果を公表した。2012年度の小学校、中学校、高等学校、特別支援学校、高等専門学校の発生総数は、6,721件であった。その後、「体罰の禁止及び児童生徒理解に基づく指導の徹底について（通知）」（2013年3月13日）や「体罰根絶に向けた取組の徹底について（通知）」（2013年8月9日）が知事や教育長等に出され、体罰禁止の徹底が図られている。

　第12条では、学校において子どもたちの健康増進を図り、健康診断の他、保健の措置を講じなければならないとされている。これは、学校保健安全法へとつながり、同法により改めて学校保健計画の策定、健康相談等（健康診断を含む）、学校医等の配置が学校において必要なことが規定されている。

　第42条では、学校は教育活動その他の学校運営の状況について評価を行い、その結果に基づき改善のための措置を講ずることとされている。併せて、第43条では保護者および地域住民その他の関係者の理解を深めることや連携、協力を推進するために、教育活動その他の学校運営の状況を積極的に提供するものとされている。各学校が学校評価を行い改善を図ることは、教育改革国民会議の報告（2000（平成12）年12月）における提案「地域の信頼に応える学校づくりを進める」「学校や教育委員会に組織マネジメントの発想を取り入れる」、中央教育審議会答申「新しい時代の義務教育を創造する」（2005（平成17）年10月28日）の「第3章　地方・学校の主体性と創意工夫で質を高める―学校・教育委員会の工夫　（1）学校の組織運営の見直し」に示されている議論を受け、法令化された。学校評価

の具体的な進め方についても文部科学省により提案がなされ、2006（平成18）年3月の「義務教育諸学校における学校評価ガイドライン」の策定以降、順次改訂版が公表されている。

第7条と第37条では学校の組織が規定されている。第7条では、学校には、「校長及び相当数の教員を置」くこととし、第37条では、「小学校には、校長、教頭、教諭、養護教諭および事務職員を置かねばならない」としている。これらの必置職員の他に、「副校長、主幹教諭、指導教諭、栄養教諭その他必要な職員を置くことできる」。教育基本法第9条では、「法律で定める学校の教員」の在り方が述べられているが、学校教育法では、校長と教員は区別され、校長の職務の概要は「校務をつかさどり、所属職員を監督する」、教員のそれは「児童の教育をつかさどる」（小学校の場合）となっている。このほか第37条では学校教育法における教員である、副校長、教頭、主幹教諭、指導教諭、教諭、養護教諭、栄養教諭についても職務の概要が示されている。

### (3) 地方教育行政制度において

地方教育行政制度においては、地方教育行政の組織及び運営に関する法律（以下、地教行法）などにより学校の経営が定められている。「第一節　通則」においては、教育委員会が規則を制定することができること（第15条）、教育委員会の職務権限（第21条）、教育機関の職員（学校に校長、教員、事務職員、技術職員他をおく、その定数は地方公共団体の条例で定めることなど）（第31条）、学校その他の教育機関の所管（大学は地方公共団体の長が所管するなど）（第32条）、学校等の管理のための教育委員会規則の制定（第33条の1）、学校は教科書以外の教材を教育委員会に届けること（第33条の2）、教育機関職員は教育委員会が任命すること（第34条）、職員の任免、給与、懲戒、服務その他の身分取扱いは地方公務員法にも拠るものであること（第35条）などが規定されている。

「第二節　市町村立学校の教職員」では、市町村立学校の教職員が教育委員会の管理の下にあることが示されている。市町村立学校の教職員は県が費用を負担する教職員であり、都道府県教育委員会が任命権をもつこと（第37条）、市町村委員会の内申が行われること（第38条）、教職員の定数（第41条）、教職員の給与、勤務時間（第42条）、服務の監督（第43条）、人

114

事評価（第44条）、研修（第45条）など、教育委員会の教職員人事に対する役割が規定されている。

「第三節　学校運営協議会」では、教育委員会規則により指定する学校に学校運営協議会をおくことができる（第47条の6）ことが示されている。

これらでは、教育委員会が各学校を管理し、その内容には教育課程や教職員の定数、配置、給与、研修、評価などが含まれることが種々示されている。これは、第23条「教育委員会の職務権限」に端的に示されていると把握できる。それらは、「一　学校その他の教育機関（以下「学校その他の教育機関」という。）の設置、管理及び廃止に関すること。／二　学校その他の教育機関の用に供する財産（以下「教育財産」という。）の管理に関すること。／三　教育委員会及び学校その他の教育機関の職員の任免その他の人事に関すること。／四　学齢生徒及び学齢児童の就学並びに生徒、児童及び幼児の入学、転学及び退学に関すること。／五　学校の組織編制、教育課程、学習指導、生徒指導及び職業指導に関すること。／六　教科書その他の教材の取扱いに関すること。／七　校舎その他の施設及び教具その他の設備の整備に関すること。／八　校長、教員その他の教育関係職員の研修に関すること。／九　校長、教員その他の教育関係職員並びに生徒、児童及び幼児の保健、安全、厚生及び福利に関すること。／十　学校その他の教育機関の環境衛生に関すること。／十一　学校給食に関すること。」等である。

### (4) 学校管理規則

学校教育法や地教行法という国法レベルの規定の他に、先に挙げたように地教行法第33条の1では、教育委員会が「所管に属する学校その他の教育機関の施設、設備、組織編制、教育課程、教材の取扱その他学校その他の教育機関の管理運営の基本的事項について、必要な教育委員会規則を定める」こととされている。

この教育委員会規則は、学校管理規則といった名称をとることが多い。その内容として、例えば、仙台市の学校管理規則は、「第一章　総則（第1～2条）／第二章　小学校及び中学校（第3～56条）／第三章　高等学校（第57～65条）／第四章　中等教育学校（第66条）／第五章　特別支援学校（第67～68条）／附則といった構成のもと、第二章に、第一節　学年、

学期及び休業日／第二節　教育活動／第三節　教材／第四節　児童生徒／第五節　組織運営／第六節　県費負担教職員等／第七節　学校財務／第八節　施設及び設備」を規定している。教育委員会に対する届出の義務や、教職員の配置等のほか、学校経営の在り方なども記載されている。

　届出義務の例としては、第8条「校長は、その年度において実施する教育課程について、毎年四月末日までに教育委員会に届け出るものとする」などがある。教職員の配置の例としては、第29条の2に、「学校に、防災主任を置くものとする。2　防災主任は、校長の監督を受け、防災教育、防災計画の立案及び学校における地域防災について連絡調整に当たるとともに、必要に応じ指導及び助言を行う」などがある。

　防災主任の設置は、東日本大震災の発生を受けて設置された宮城県独自の主任である。

　学校経営の在り方としては、第7条「学校においては、学習指導要領及び教育委員会が定める基準に基づき、かつ、各学校の児童生徒の実態及び地域の特色等を踏まえ、教育課程を編成するものとする」や第23条「校長は、学校における教育活動について評価を行い、その結果を保護者等に説明するものとする。2　校長は、学校における教育活動について、地域に対する広報に積極的に努めるものとする」などがある。第7条が指示する、「各学校の児童生徒の実態及び地域の特色等を踏まえ」た学校づくりとは、学習指導要領の要請を強調しているものと解することができる。小学校学習指導要領総則・教育課程編成の一般方針では、「各学校においては、教育基本法及び学校教育法その他の法令並びにこの章以下に示すところに従い、児童の人間として調和のとれた育成を目指し、地域や学校の実態及び児童の心身の発達の段階や特性を十分考慮して、適切な教育課程を編成する」ものとされている。また、第23条が示す保護者や地域への学校の教育活動の説明は、先に触れた学校教育法第42条、第43条の浸透を図ろうとするものである。

　届出が義務となっている事項、教職員の配置、学校経営の在り方を含め、各学校は、学校の目標をどのように達成するのか、そのためにどのように校務分掌を行うのかを記した、学校教育計画を作成し、教育委員会に提出している。

第9章●学校の経営

## ２．変遷

### ⑴ 「開かれた学校」と学校経営の自律性

　これまでみたように、学校の経営は学校制度と地方教育行政制度のもと、教育委員会の管理を受けるが、一方で個々の子どもの成長を促すための教育活動を自律的に展開していくことが求められている。そのような要請は、1980年代後半頃より「開かれた学校」として答申等に示されてきた。

　「開かれた学校」を追求する最初の形態は施設の開放であった。中曽根康弘元首相のもと、内閣総理大臣の諮問機関として設置された臨時教育審議会（1984年～87年）の最終答申では、これからの「教育改革の視点」として、①個性重視の原則、②生涯学習体系への移行、③変化への対応（国際社会への貢献、情報社会の対応）が掲げられた。「第3章　初等中等教育の充実と改革」では「7　開かれた学校と管理・運営の確立」として「（1）学校活性化のための新しい課題　学校は地域社会共通の財産との観点から、学校・家庭・地域の協力関係を確立する。このため、施設の開放を進めるとともに、学校の運営へ家庭・地域社会の建設的な意見の反映、インテリジェント化など地域との連携、自然学校等とのネットワーク、国際的にも開かれた学校へとより広く発展していくための管理・運営の在り方が模索されねばならない」とされた。なお、学校教育法第137条は、「社会教育の利用」として教育上支障がない限りにおいて、学校の施設を社会教育その他公共のために利用することができるとしている。

　併せて、「（4）学校の管理・運営の確立　学校が活力と規律を維持するため、校長の在職期間の長期化と若手の管理職登用の促進、校長を中心とする責任体制の確立等を図る。学校の適正な運営を阻害する違法、不当な行為については、関係者の自覚と反省を求めたい。過度に形式主義的・些末主義的な管理教育や体罰等を改める必要がある」とも記載されている。「学校の適正な運営を阻害する違法、不当な行為」とは、第2次世界大戦後の冷戦下、学校制度および地方教育行政制度がその影響を多岐にわたって受けてきたことと関わっている。

　施設の後には、授業が「開かれた学校」推進の中心になった。すなわち、1998（平成10）年の小学校学習指導要領改訂に始まる総合的な学習の時間においては、地域社会などの外部人材をゲストティチャーとして授業に招

117

くことが活発になっていった。

　授業の次には、学校の経営そのものが「開かれた学校」の対象事項となった。中央教育審議会答申「今後の学校の管理運営の在り方について」（1999（平成16）年３月４日）では、「近年、学校の管理運営に関して、自主的、自発的取組を促進し、開かれた学校づくりを促進する観点から、『学校の裁量の拡大』、『地域との積極的な連携・協力』、『学校外の活力の導入』などの取組が進展」したとしたうえで、「地域が運営に参画する新しいタイプの公立学校（地域運営学校）の在り方について」、「公立学校の管理運営に保護者や地域住民が参画することにより、学校の教育方針の決定や教育活動の実践に、地域のニーズを的確かつ機動的に反映させるとともに、地域の創意工夫を活かした、特色ある学校づくりが進むことを期待」するとされている。これらを受け、地教行法が1999年６月に改正され、先に挙げた第47条の５が規定する学校運営協議会を学校の意思決定機関とするコミュニティ・スクールが誕生した。

　以上の「開かれた学校」の拡充とあいまって、中央教育審議会答申「今後の地方教育行政の在り方について」（1998（平成10）年９月１日）において、学校経営の自律性が議論された。

　同答申では、学校管理規則に関して、「学校の判断により処理する事務と教育委員会の判断により処理する事務とを区別」し、「教育課程の編成や子どもの健康診断の実施のように、法令の規定により直接校長の権限とされている事務」も含め、「学校が教育機関として一定の主体性を保持しつつ、最終的には教育委員会が学校の管理運営の責任を負う仕組み」を形成するものとしている。一方で、学校経営について、教育委員会の学校に対する支援体制が十分でない場合や、校長の任期が短かく、意思形成過程と職務遂行過程が不透明である等、リーダーシップを発揮する体制が築けないといった問題等が指摘された。そこで、「公立学校が地域の教育機関として、家庭や地域の要請に応じ、できる限り各学校の判断によって自主的・自律的に特色ある学校教育活動を展開できるようにする」ことが必要であり、具体的な改善策として、「教育委員会と学校の関係の見直しと学校裁量権限の拡大」「校長・教頭への適材の確保と教職員の資質向上」「学校運営組織の見直し」「学校の事務・業務の効率化」「地域住民の学校運営

第9章●学校の経営

への参画」の5点が提示されている。

　その一例として学校管理規則については、「地域の状況や学校の種類、目的等に応じた内容の学校管理規則を制定する方向で見直すこと。その際、許可・承認・届け出・報告事項について、（略）、学校の自主的判断にまかせ、学校の裁量を拡大する方向で見直しに努めること」としている。また、学校運営組織については、例えば、職員会議について、「職員会議は、校長が主宰することとし、教員以外の職員も含め、学校の実情に応じて学校のすべての教職員が参加することができるようその運営の在り方を見直すこと」とされた。これは職員会議が学校の意思決定機関なのかどうか、しばしば議論が起きてきたことを背景としていた。この後に「校長の職務の円滑な執行に資するため」であることが法制化された（学校教育法施行規則第48条）。

### (2) 地域社会との協働

　上記のような経過の中で「開かれた学校」づくりと学校の自律性の追求が進んできたが、これらは主として教育課程に関してであり、財政や教職員配置等において学校の裁量が大幅に拡大してきたわけではない。また、教育課程といっても、学習指導要領を基準としてのことである。しかし、学校の経営は、「開かれた学校」が議論される以前とは大きく様変わりしている。今日では、学校教育法第30条の2による学力観の法制化等とともに、子どもたちの意欲を喚起し継続させていくような授業をどのように提供するのか、学校が能動的に教育課程を編成し実施していくことが期待されているのである。かつては、学校経営を開くこと自体が議論されてきたわけだが、今日では、子どもたちの意欲を喚起する質の高い教育活動を提供するために、地域社会を活用する、そのことが結果として開かれた学校づくりになっている、といったとらえ方が成り立つ。

　例えば、仙台市は、2009（平成21）年3月に「確かな学力育成プラン」を策定し、学力向上のための学校の教育環境を形成する重要な要素として、地域との連携を位置づけている。この方針のもとに諸事業が行われており、その一つには、年度ごとの学校重点目標を地域社会の人々とともに協議する「協働型学校評価」がある。そこでは目標策定のために今年度の成果が地域の関係者に示されることになる。校長がそれらの人々に、いつ

でも学校に来て子どもたちが学ぶ様子を見てほしいということもよく聞かれる。他の自治体同様、キャリア教育も積極的に推進されており、「仙台自分づくり教育」と称するキャリア教育活動を各校それぞれの必要に応じて教育課程計画に組み込むことが支援されている。中学校における5日間の職場体験の他、地域の人材とともに課題解決を図る活動、地域合同の避難訓練など、自己肯定感を育むための授業（「たくましく生きる力」育成プランと呼ばれている）なども行われている。

　文部科学省も「地域とともにある学校」を掲げ、コミュニティ・スクールの他、「学校支援地域本部」をさらに拡充させた「地域学校協働本部」などを通じ、地域協働による各種事業を推奨している。事業の一つには、学校支援地域本部の設置がある。学校に置かれた地域本部は、学校の元保護者、地域住民、NPO関係者などが中心になり、学校の諸活動を支える。給食配膳の補助、校外学習の付き添い、裁縫などの実習的な学習の補助、登下校の見守りなど学校の必要に応じてさまざまな支援が行われている。これらの取り組みは全国の学校で日常的に行っており、その背景には、学校教育法第42条「小学校は、文部科学大臣の定めるところにより当該小学校の教育活動その他の学校運営の状況について評価を行い、その結果に基づき学校運営の改善を図るため必要な措置を講ずることにより、その教育水準の向上に努めなければならない」や第43条「小学校は、当該小学校に関する保護者及び地域住民その他の関係者の理解を深めるとともに、これらの者との連携及び協力の推進に資するため、当該小学校の教育活動その他の学校運営の状況に関する情報を積極的に提供するものとする」（他の段階の学校にも準用される）がある。しかしながら、その広がりは法律による要請だけでなく、これらの活動を通して、教職員とは異なる大人たちがもたらす「一期一会のエネルギー」が子どもたちを成長させているという体感が学校にあることも影響していると考えられる。

## 3．課題

### ⑴ 生命と安全の確保

　学校において、子どもの生命が守られ、安全な環境が保たれていることは当然のことである。学校経営の出発点ともいえる。しかし、残念ながら、

第9章●学校の経営

学校の管理下における子どもの死亡や事故はあとを絶たず、学校経営の大きな課題となっている。とりわけ、2001（平成13）年、大阪教育大学附属池田小学校の教室に男が乱入し1年生の児童8名を殺傷させた事件は、社会に大きな衝撃を与えた。ご遺族と文部科学省および大阪教育大学との間で合意書（平成15年6月8日付）が交わされ、学校施設の防犯対策に関する手引書、学校の施設整備指針の改定等をはじめ、「『開かれた学校』の推進に当たっては、学校における子どもたちの安全確保が絶体条件であることについて、周知徹底を図っていく」ことが約束された。

その後も登下校を含む学校管理下において悲惨な事件や事故が発生し、中央教育審議会は、「子どもの心身の健康を守り、安全・安心を確保するために学校全体としての取組を進めるための方策について（答申）」（2008（平成20）年1月17日）をまとめた。これらを受け、同年、学校保健法が学校保健安全法に改正され、教育委員会は学校安全のための整備充実を図り、各学校は「学校安全計画」を策定し、日頃から安全の確保に努めることなどが示された。2011年の東日本大震災では、児童生徒600人以上を含む死者・行方不明者2万人という甚大な被害が発生し、中央教育審議会は、「学校安全の推進に関する計画の策定について（答申）」（平成24年3月21日）をまとめた。それらの提案は、5年間の実施計画指針として「学校安全の推進に関する計画」（平成24年4月27日）（閣議決定）となった。

これらの平成20年答申、学校保健安全法、平成24年答申、平成24年の「計画」ではともに、地域社会との連携強化によって安全を確保することが強調されている。防災という点では、平成24年答申、平成24年の「計画」において、「阪神・淡路大震災では、普段から地域住民と連携している学校においては、避難所としての運営が円滑に行われたという事例があり、東日本大震災においても、学校支援地域本部が設置されている学校では、避難所となった際に混乱が生じなかったという調査結果がある」とも記されている。東日本大震災による被害が大きかった宮城県を例にとると、手当付の防災主任が各学校に設置されることになった他、地域を題材にした防災副読本の作成、地域との合同避難訓練など、地域とともに行う防災教育が各種進められることとなった。なお、宮城県の被害は人的被害だけをとっても、死者9,537名、行方不明者1,280名、関連死879名（「朝日新聞」

121

2014年3月11日）である。

　学校管理下におけるいじめが原因で子どもが自ら命を絶つことがしばしば起こっていることも、社会問題となっている。学校の経営はもとより、社会総ぐるみで事件を阻止することが強く求められている。近年では、大津市で発生したいじめを苦とする生徒の自殺（2011年）に対して、教育委員会や学校に大きな批判が集まった。安倍内閣のもとに設置された教育再生実行会議（2013年1月15日閣議決定）は早々に、第1次提言として「いじめの問題等への対応について」（2013年2月26日）をまとめた。これに基づき、2013年6月「いじめ防止対策推進法」が公布された。同法では、いじめとは、「一定の人的関係にある他の児童等が行う心理的又は物理的な影響を与える行為（インターネットを通じて行われるものを含む）であって、当該行為の対象となった児童等が心身の苦痛を感じているものをいう」（第2条）との定義のもと、「国、地方公共団体、学校、地域住民、家庭その他の関係者の連携の下、いじめの問題を克服する」（第3条）ものとし、それぞれが取り組むべき事項を示している。

(2) **チーム対応**

　子どもたちが安心して安全な環境の中で学校生活を送ることができるようにするためには、これまでみたように、地域からの応援を得つつ、学校が自律的に健全な学校経営を行っていくことが望まれている。

　チーム対応の利点の主なものの一つは、吟味である。自律的で健全な学校経営の中心は、子どもたちの学ぶ意欲を高めるような教育活動の展開である。そのような教育活動が展開できているのか、チームで協議していくことは効果の高い活動の精選につながる。また地域社会の人的物的資源を効果的に活用していくためには学校内部の共通理解も必須となる。他方には、ダブルチェックの機能が期待できる。チームで対応することは合意形成のための時間や文書の存在につながる。文書等をもとに直接的な担当ではない他の教職員や管理職が点検することが可能になる。

　教職員が協働し、チームとして学校が機能していくことについては、中央教育審議会答申「チームとしての学校の在り方と今後の改善方策について」（平成27年12月21日付）において、今後、めざされるべき学校の姿であることが明確に述べられている。そこでは「チームとしての学校を実現

する視点」として、「専門性に基づくチーム体制の構築」「マネジメント機能の強化」「教職員一人一人が力を発揮できる環境の整備」が示されている。換言すれば、協働的で機能的な学校であるには、教職員一人ひとりが高い専門性をもち、学校の基盤となっているマネジメントが効果的に各教職員の力を活用している学校であることが望まれているということである。

　教職員の高い専門性を確保していくという点においては、上記答申と同日に、中央教育審議会答申「これからの学校教育を担う教員の資質能力の向上について～学び合い、高め合う教員育成コミュニティの構築に向けて～」が公表され、新たなしくみが導入されている。同答申は、平成24年8月28日付の中央教育審議会答申「教職生活の全体を通じた教員の資質能力の総合的な向上方策について」においても示された「学び続ける教員像」の確立を具体化させたといえる。新たなしくみには、教員の養成を担う大学と教育委員会が教員育成協議会により、養成や研修の内容を調整することや、各都道府県が教員育成指標を策定することなどがある。いずれにせよ、チーム対応の土台には、互いの専門職としての力量についての信頼がある。多様な背景の中でさまざまな思いをもっている子どもたちを集団とともに成長させていくために、深い知識と技術が求められている。


## 4．考えてみよう

(1) 安心・安全な学校づくりのために、学校がどのような取り組みをしているのか調べてみよう。

(2) いじめを防止することのできる学級や部活動をどのようにして作っていくか。学級担任になったら、あるいは部活動の顧問になったらと仮定して、話し合ってみよう。

(3)「チームとしての学校」の実現に必要なこととは何だろうか。

## 〈第 10 章〉 新・教育の制度と経営
# 学級の経営

### 1．しくみと法律

#### ⑴ 学級における教育活動

　日本の学校において「学級」が規定されたのは、「学級編制等ニ関スル規則」（明治24（1891）年）によってであり、明治5（1872）年の「学制発布」以来続けられてきた「等級制」（能力による進級制度）に代わるものとして導入された。

　それ以来、小・中・高等学校では、「学級」（ホームルーム）を基本的な単位集団としてさまざまな教育活動が行われている。それぞれの教育活動は、学校教育目標を具現化するために行われるものであり、その目標に基づいた学校経営や学年経営の方針を受けて日々教育実践がなされている。

　教育基本法（平成18年）の第6条（学校教育）には、学校において「学校生活を営む上で必要な規律を重んずる」ことと「自ら進んで学習に取り組む意欲を高める」ことを重視することが述べられていることから、それを具現化するために学級で行われる教育活動は生活面と学習面を大きな柱として行っていくことが必要であることを押さえておきたい。

#### ⑵ 学級の児童生徒数

　学級は教育行政・財政上の単位にもなっており、公立義務教育諸学校の場合は、学級数や教職員数について法令による規程がある。

　学校教育法施行規則の第41条には、「小学校の学級数は、12学級以上18学級以下を標準とする。ただし、地域の実態その他により特別の事情のあるときは、この限りでない。」（第79条、中学校に準用）と記述されている。

　公立小中学校の学級の児童生徒数は、「公立義務教育諸学校の学級編制及び教職員定数の標準に関する法律」により定められ、同学年の児童・生徒で編制する学級については1学級40人（小学校第1学年の児童で編制する学級にあっては35人）を標準とし、都道府県教育委員会および指定都市

124

教育委員会が児童生徒の実態を考慮して基準を定めることになっている。

特に必要があると認める場合については、標準を下回る数を基準として定めることができる。現在、指定都市を除く公立小中学校の学級編制は、都道府県教育委員会が定めた基準を標準として、学校を設置する市町村教育委員会が当該学校の児童生徒の実態を考慮して行うことができ、行った学級編制について都道府県教育委員会に届け出ることになっている。指定都市の公立小中学校においても、同様に柔軟に学級編制を行っている。平成30年度は、63の都道府県・指定都市において、標準を下回る学級編制が行われている。

これらのことを受け、「小学校設置基準」（平成14年）には、第4条「一学級の児童数は、法令に特別の定めがある場合を除き、40人以下とする。ただし、特別の事情があり、かつ、教育上支障がない場合は、この限りでない。」、第5条「小学校の学級は、同学年の児童で編制するものとする。ただし、特別の事情があるときは、数学年の児童を一学級に編制することができる。」と児童数や学級編制が示されている。「中学校設置基準」（平成14年）にも同様の記述がある。

高等学校では「公立高等学校の適正配置及び教職員定数の標準等に関する法律」により、全日制の課程又は定時制の課程における一学級の生徒の数は、40人を標準とすると定められている。ただし、やむを得ない事情がある場合及び学校を設置する都道府県又は市町村の教育委員会が生徒の実態を考慮して特に必要があると認める場合については、この限りでないとしている。教科・科目の選択により、必ずしもホームルームで授業を受けるわけではないことから、「高等学校設置基準」（平成16年）では、第7条「同時に授業を受ける一学級の生徒数は、40人以下とする。ただし、特別の事情があり、かつ、教育上支障がない場合は、この限りではない。」としている。

小中学校と高等学校では事情が異なるものの、学級（ホームルーム）における教育活動は、40人以下（小学校1年生は35人以下）という児童生徒の集団に対して行われ、その主たる任にあたるのが学級担任である。

(3) 学級経営

学級担任は、学校教育目標の具現化をめざし学校経営や学年経営の方針

を受けて、個々の児童生徒や集団の実態をとらえ、担任と児童生徒および児童生徒同士の人間関係を深めながら、より望ましい集団として育てていく教育活動である「学級経営」という仕事を担っている。

　学級経営は、学級担任が行うすべての教育活動であり、以下のようなさまざまな内容が含まれている。

---

○学級目標等の設定、学級経営案の作成　　○学級の組織づくり（生活集団、学習集団）
○学習指導(各教科・道徳・学級活動等)　　○生徒指導(教育相談・進路指導・日常の指導等)
○好ましい人間関係や個の居場所づくり　　○児童生徒による活動への支援
○教室環境の整備(安全・快適さ・掲示物)　　○各種学級事務、資料や記録の蓄積
○他の教職員との連携、情報共有　　　　　○保護者との連携、助言　　　　　　など

---

　上記はいずれも重要な内容であるが、特に学級経営は児童生徒の集団に対して行われる教育活動であることから、集団づくり・人間関係づくりは最重要課題ということがいえる。この点について、「小学校学習指導要領」（平成29年）第一章　総則　第4には次のような事項が示されている。

---

1 (1)　学習や生活の基盤として、教師と児童との信頼関係及び児童相互のよりよい人間関係を育てるため、日頃から学級経営の充実を図ること。また、主に集団の場面で必要な指導や援助を行うガイダンスと、個々の児童の多様な実態を踏まえ、一人ひとりが抱える課題に個別に対応した指導を行うカウンセリングの双方により、児童の発達を支援すること。

---

　同じ内容が、「中学校学習指導要領」（平成29年）第一章　総則　第4（児童→生徒）および「高等学校学習指導要領」（平成30年）第一章　総則　第5款（児童→生徒、学級経営→ホームルーム経営）にも記載されている。

　このことについて、「小学校学習指導要領解説　総則編」（平成29年）および「中学校学習指導要領解説　総則編」（平成29年）には、好ましい人間関係を育てていくうえで、「相手の身になって考え、相手のよさを見付けようと努める学級」「互いに協力し合い、自分の力を学級全体のために役立てようとする学級」という支持的な風土がある学級をつくり上げる大切さが述べられている。「高等学校学習指導要領解説　総則編」（平成30年）にも、「相互理解と協調に努めるホームルーム」という集団づくりが大切であるとの記述がある。

126

第10章●学級の経営

### ⑷ 学級経営と特別活動

　特別活動は、さまざまな集団での活動を通して自治的能力や積極的に社会参画する力を育成することを重視する実践的な学習である。特別活動は、学級活動（高：ホームルーム活動）、生徒会活動（小：児童会活動）、クラブ活動（小のみ）、学校行事の3ないし4つの活動等から構成されている。小・中・高等学校それぞれの学習指導要領には、特別活動の各活動等を総括する目標とともに、各活動等の目標や内容が記載されている。特に、学級活動・ホームルーム活動の内容に記述されている、「学級（ホームルーム）生活の充実や向上」や「よりよい人間関係の形成」は学級経営に直接結びつくものであり、その達成のため学級担任・ホームルーム担任は意図的、計画的、そして発展的に指導を展開することになる。このことについて、指導計画の作成と内容の取り扱いには、次のような記述がある。

---

⑶　学級（ホームルーム）活動における児童（生徒）の自発的、自治的な活動を中心として、各活動と学校行事を相互に関連付けながら、個々の児童（生徒）についての理解を深め、教師と児童（生徒）、児童（生徒）相互の信頼関係を育み、学級（ホームルーム）経営の充実を図ること。その際、特に、いじめの未然防止等を含めた生徒指導との関連を図るようにすること。

---

　このことを踏まえて、「小学校学習指導要領解説　特別活動編」（平成29年）第2章　第2節2に次のような記述がある。学級経営と特別活動の関係を理解するうえで参考になるものであろう。

---

⑵　学級経営の充実と特別活動（抜粋し箇条書き）
・学級経営の内容は多岐にわたるが、学級集団としての質の高まりをめざしたり、教師と児童、児童相互のよりよい人間関係を形成しようとしたりすることは、その中心的な内容である。
・学級がよりよい生活集団や学習集団へと向上するためには、教師の意図的、計画的な指導とともに、児童の主体的な取組が不可欠である。
・学級経営は、特別活動を要として計画され、特別活動の目標に示された資質・能力を育成することにより、さらなる深化が図られることとなる。

---

　「中学校学習指導要領解説　特別活動編」（平成29年）（児童→生徒、形成→構築）および「高等学校学習指導要領解説　特別活動編」（平成30年）

127

（学級経営→ホームルーム経営、児童→生徒、形成→構築）にも同様の記述がある。

### (5) 実態把握・児童生徒理解の方法

学級経営・ホームルーム経営を適切に進めていくうえで重要なことは、学級・ホームルームの児童生徒一人ひとりやそれぞれの人間関係、そして集団の状況などの実態を把握し、理解を深めておくことである。そのことにより、児童生徒一人ひとりや集団の状態に対応した適時・適切な指導・支援が可能となる。

小学校の学級担任は、通常教科等の授業も担当するため、生活面・学習面での指導のほとんどの場面で関わり、児童一人ひとりおよび学級集団の状況をよく理解できる立場にある。中学校・高等学校の学級担任・ホームルーム担任も、担当する教科・科目や学級活動・ホームルーム活動、総合的な学習の時間、中学校では道徳も含め、継続して生徒と関わることを通して理解を深めることができる。

児童生徒一人ひとりの実態を把握し、理解を深めるための情報を収集する方法として、一般的には右の表の方法が考えられる。

把握すべき実態としては、学力や身体的能力などの能力の面、性格や興味などの心理的な面、友人関係や家庭、生活の状況などの環境の面がある。さらに必要と思われる情報も含め

○観察法：日常の様子を見取る
○面接法：対面して話を聴く
○質問紙調査法：アンケート等で調べる
○検査法：客観的な診断テスト等で調べる
○投影法：本音（無意識の部分）を把握する
○作品法：作品、作文などの内容から把握する
○事例研究法：指導記録等の資料で検討する
→総合的に理解、発達・変化、変容の見取り

文部科学省『生徒指導提要』を基に作成

て、どのような情報をどのような方法で収集するかを検討することが求められる。必要に応じて複数の方法を組み合わせて情報を収集することも考えられる。また、選択した方法によっては、年に複数回実施することで、児童生徒や集団の変容、講じた手だての効果を検証することができる。

児童生徒の実態を把握し、個別の指導や学級経営に生かす方法として、以下のものなども活用されている。詳しくは、参考文献を参照されたい。

○学級集団アセスメント「Q-U」「hyper-QU」（早稲田大学教授　河村

第10章 ● 学級の経営

　　　茂雄氏)
　　○学校環境適応感尺度「アセス（ASSESS)」（広島大学大学院教授　栗
　　　原慎二氏・井上弥氏)
　　○学級力向上プロジェクト（早稲田大学教職大学院教授　田中博之氏)


## ２．変遷

### ⑴ 公立義務教育諸学校の学級編制の標準

　「公立義務教育諸学校
の学級編制及び教職員定
数の標準に関する法律」
（「義務標準法」）は、公
立義務教育諸学校に関
し、学校規模と教職員配
置の適正化を図り、義務
教育水準の維持向上に資
することを目的として、
昭和33年に制定された。
義務標準法制定直前の各

| 区分 | | 学級編制の標準 |
|---|---|---|
| 第１次 | 昭和34～38年度 | 標準（50人）を明定 |
| 第２次 | 昭和39～43年度 | 45人学級を実施 |
| 第３次 | 昭和44～48年度 | |
| 第４次 | 昭和49～53年度 | |
| 第５次 | 昭和55～平成３年度 | 40人学級を実施 |
| 第６次 | 平成５～12年度 | |
| 第７次 | 平成13～17年度 | |

文部科学省「学級編制及び教職員定数に関する基礎資料」
を基に作成

県の学級編制の基準は、平均60人であった。その後、昭和34年から７次に
わたって教職員定数改善計画が行われ、学級編制の標準は上の表のように
引き下げられてきている。

　学級編制については、平成13年度から、都道府県教育委員会が児童生徒
の実態を考慮して特に必要があると認める場合には、国の標準を下回る学
級編制基準の設定が可能となり、15年度からは、全国一律に国の標準の範
囲内で学級編制基準を設定することが可能となるなど、弾力化が図られて
いる。その結果、17年度には、45都道府県において、小学校の低学年を中
心に40人を下回る少人数学級が実施され、22年度以降は、すべての都道府
県において何らかの学級編制の弾力化が実施されて、国の標準を下回る学
級編制の取り組みが行われている。

　23年には「公立義務教育諸学校の学級編制及び教職員定数の標準に関す
る法律および地方教育行政の組織及び運営に関する法律の一部を改正する

129

法律」(「改正義務標準法」)が成立・公布され、23年度から小学校第1学年は35人学級が標準となっている。同法附則（検討等）には、「政府は、（中略）学級規模及び教職員の配置の適正化に関し、公立の小学校の第2学年から第6学年まで及び中学校に係る学級編制の標準を順次に改定することその他の措置を講ずることについて検討を行い、その結果に基づいて法制上の措置その他の必要な措置を講ずるものとする」とある。小学校2年生の学級については、法改正はなく、36人以上の学級を解消するために必要な加配定数の増という24年度予算による対応をすることとなった。

さらに、24年には、「公立義務教育諸学校の学級規模及び教職員配置の適正化に関する検討会議」の報告（「少人数学級の推進など計画的な教職員定数の改善について」～子どもと正面から向き合う教職員体制の整備～）が提出され、小学校3年生から中学校3年生までの35人以下学級の実現等を推進することを内容とした、公立義務教育諸学校における新たな教職員定数改善計画案（平成25～29年の5か年計画）が策定されている。

(2) 公立高等学校の学級編制の標準

「公立高等学校の適正配置及び教職員定数の標準等に関する法律」(「高校標準法」)は、公立高等学校等に関し、配置、規模と学級編制の適正化と教職員定数の確保を図り、教

| 区分 | | 学級編制の標準 |
|---|---|---|
| 第1次 | 昭和37～41年度 | 標準（50人）を明定 |
| 第2次 | 昭和42～46年度（半数県）<br>昭和44～48年度（半数県） | 45人学級を実施 |
| 第3次 | 昭和49～53年度 | ↓ |
| 第4次 | 昭和55～平成3年度 | ↓ |
| 第5次 | 平成5～12年度 | 40人学級を実施 |
| 第6次 | 平成13～17年度 | ↓ |

文部科学省「学級編制及び教職員定数に関する基礎資料」を基に作成

育水準の維持向上に資することを目的として、昭和36年に制定された。その後、昭和37年度から6次にわたって教職員定数改善計画が行われ、学級編制の標準は上の図のように引き下げられてきている。第4次では、習熟度別学級編制が導入されている。

学級編制については、やむを得ない事情がある場合や学校を設置する都道府県・市町村の教育委員会が、生徒の実態を考慮して特に必要があると

第10章 ● 学級の経営

認める場合については、国の標準と異なった学級編制が可能となる弾力化が図られている。

### (3) 学級経営と生徒指導

文部省学校教育局編「新しい中学校の手引」（昭和24年）には、生徒指導の目標として、「新しい教育の形式と与えられる現在の教育の機会について、生徒が知るように助ける」ことや「生徒がその学校の境遇に適応してくるように援助する」こと、「将来の教育及び職業の機会について知るように助ける」こと、「現在の学校を終えた後に、新しいところへ行って、そこでも不適応がないように援助する」ことなどが示されている。戦後教育の再建期における生徒指導は、自分自身や教育の機会について「知る」こと、学校や社会、そして将来の環境にも「適応する」ことをめざして行われていた。

その後、経済の発展や社会の変化に伴い、少年非行の第1のピーク（昭和26年頃）、第2のピーク（昭和39年頃）など、青少年非行の増加とその対応による沈静化が繰り返される中で、学校における問題行動に対する体制が整備・強化されてきている。

ただそのような状況で作成された「生徒指導の手びき」（昭和40年）には、「（前略）生徒指導の充実、強化が強く要請される根拠として、青少年の非行の増加—年少者・生徒の増加、粗暴化、集団化等—の現象とそれに対する対策が挙げられるが、生徒指導の意義は、このような青少年非行の対策といったいわば消極的な面にのみあるのではなく、積極的にすべての生徒のそれぞれの人格のよりよき発達を目ざすとともに、学校生活が生徒ひとりひとりにとっても、また学級や学年、さらに学校全体といったさまざまな集団にとっても、有意義に興味深く、そして充実したものになるようにすることを目ざすところにある」と述べられており、生徒指導は個々の生徒の発達や集団の発展をめざしていることが明確になっている。

その後も、都市化の進行や受験競争の激化等の急激な社会の変化の中で、少年非行の第3のピーク（昭和58年頃）など、校内暴力やいじめ、登校拒否といった問題が発生し、それらへの対応として生徒指導の体制が整えられてきている。

特に中学校や高等学校では、多発する問題への対処として、生徒の服装

131

や頭髪等を校則で規制する管理的な指導も行われてきた。しかしこのような指導は、社会の常識とのずれや生徒の自発性・自主性を尊重していないとの指摘もあり、昭和63年頃より校則等の見直しや指導の改善が進められることとなった。

平成に入ってからも、少子化や情報化、規範意識の低下などを背景に、いじめや不登校の増加、少年非行の低年齢化や凶悪・粗暴化、薬物乱用、性非行等が問題となっており、さまざまな施策が行われて現在に至っている。

生徒指導に関わるこのような変遷の中で、学習指導要領総則に記述されている「生徒指導の充実を図ること」が明記されたのは、中学校は昭和44年改訂、高等学校は同45年改訂、そして小学校では平成元年改訂の学習指導要領であった。「小学校学習指導要領」（平成29年）および「中学校学習指導要領」（平成29年）、「高等学校学習指導要領」（平成30年）の各総則には、次のような事項が示されている。

> 1(2) 児童（生徒）が、自己の存在感を実感しながら、よりよい人間関係を形成し、有意義で充実した学校生活を送る中で、現在及び将来における自己実現を図っていくことができるよう、児童（生徒）理解を深め、学習指導と関連付けながら、生徒指導の充実を図ること。

生徒指導は、学校の全職員によって組織的に進められるものであるが、児童生徒の生活、学習の基盤が学級・ホームルームであることを考えると、児童生徒への直接的な指導としては学級担任・ホームルーム担任が関わる機会が必然的に多くなり、その役割も重要となる。学習指導に加えて、基本的な生活習慣等の日常の指導や教育相談、進路指導等も含め、細かな指導を意図的・計画的に行って児童生徒の理解を深めるとともに育成をめざしている。このようなことから、生徒指導は学級経営・ホームルーム経営を行ううえで、大きな部分を担っている具体的な教育活動としてとらえることができる。

学級経営・ホームルーム経営と生徒指導との関係について、『生徒指導提要』（平成22年）には「学級経営・ホームルーム経営は、生徒指導の推進力の役割を果たすだけでなく、生徒指導が学級経営・ホームルーム経営

第10章 ● 学級の経営

の重要な内容を構成していると考えることができます」との記述がある。

　学級経営・ホームルーム経営は、一人ひとりの児童生徒の成長と望ましい集団づくり・人間関係づくりをめざしており、それは生徒指導の重要な内容でもある。このような「個の成長」と「集団の発展」については、「集団指導を通して個を育成し、個の成長が集団を発展させるという相互作用により、児童生徒の力を最大限に伸ばすことができるという指導原理」（『生徒指導提要』）がある。

　集団指導と個別指導は別々のものではなく車の両輪のような関係があるといわれ、児童生徒の実態や場面に応じた使い分けは必要であるが、どちらか一方に偏るのではなく、両方のバランスを考慮して指導にあたることが児童生徒の成長により効果的である。前述の学習指導要領総則にも記載されているとおり、「ガイダンス」と「カウンセリング」の双方による生徒の発達への支援が必要である。あわせて、今日的な課題であるいじめについても、前述の学習指導要領特別活動に「いじめの未然防止等を含めた生徒指導との関連を図るようにすること」とあることにも留意したい。

## 3．課題

### ⑴ 児童生徒の問題行動・不登校等生徒指導上の諸課題に関する調査

　文部科学省は、全国の小・中・高・特別支援学校の児童生徒の問題行動等について、毎年調査を行っている。次頁の表は、平成30年度の結果である（令和元年10月17日公表、不登校：小学校と中学校の合計）。児童生徒が生活、学習するほとんどの時間を学級で過ごすことを考えると、これらの問題行動等が学級の人間関係に起因する可能性は少なくないであろう。

　いじめについては、「いじめられた児童生徒の相談の状況」は「学級担任に相談」（認知件数の80.1％（小・中・高・特別支援の合計））が最も高く、次の「保護者や家族等に相談」（22.8％（同））を大きく上回っている。「いじめられた児童生徒への特別な対応」も「学級担任や他の教職員等が家庭訪問を実施」（11.3％（同））が、次に高い「別室を提供したり、常時教職員が付くなどして心身の安全を確保」（4.0％（同））の2倍以上の最も高い結果となっている。一方、「いじめる児童生徒への特別な対応」では「保護者への報告」（45.6％（同））、「いじめられた児童生徒やその保護

133

| 諸課題 | いじめ | | 不登校 | | 暴力行為 | |
|---|---|---|---|---|---|---|
| 件数・人数 | 認知件数 | 1校当たり | 児童生徒数 | 1000人当たり | 発生件数 | 1000人当たり |
| 小学校 | 425,844件 | 21.3件 | 44,841人 | 7.0人 | 36,536件 | 5.7件 |
| 中学校 | 97,704件 | 9.4件 | 119,687人 | 36.5人 | 29,320件 | 8.9件 |
| 高等学校 | 17,709件 | 3.1件 | 52,723人 | 16.3人 | 7,084件 | 2.1件 |
| 特別支援学校 | 2,676件 | 2.3件 | － | － | － | － |
| 合　計 | 543,933件 | 14.6件 | ＊164,528人 | ＊16.9人 | 72,940件 | 5.5件 |

者に対する謝罪の指導」（43.4%（同））が高くなっている。当然のことながら、これらの対応でも学級担任が果たす役割は大きくなるはずである。被害者・加害者を問わず、いじめ対応は学級担任・ホームルーム担任が中心的な役割を担う場面が多くなることは押さえておきたい。したがって、学級担任・ホームルーム担任は、児童生徒への指導や相談活動、加えて保護者への対応が適切に行えるように日頃から研修を深めてスキルを身につけておくことが必要である。ただし、すべての事案について学級担任・ホームルーム担任が一人で対応し、解決することは不可能である。一人で抱え込むことなく、他の教職員との連携や情報共有等、組織的に対応することを忘れてはならない。

　また、「いじめの発見のきっかけ」としては「アンケート調査など学校の取組により発見」（52.8%（同））が最も高く、次いで「本人からの訴え」（18.3%（同））、「学級担任が発見」（10.6%（同））、「当該児童生徒（本人）の保護者からの訴え」（10.4%（同））と続いている。学級担任・ホームルーム担任は、日頃から児童生徒への目配り・気配りを大切にするとともに、児童生徒がアンケート調査への記入やいじめの訴えが安心してできるように良好な関係づくりに努め、早期発見につなげたい。「学校におけるいじめの問題に対する日常の取組」である「道徳や学級活動の時間にいじめにかかわる問題を取り上げ、指導を行った」（90.2%（同））や「児童・生徒会活動を通じて、いじめの問題を考えさせたり、児童・生徒同士の人間関係や仲間作りを促進したりした」（78.7%（同））などの実践を通して、学級・ホームルーム内全体に「いじめは決して許さない」という雰囲気を醸成して未然防止を図っていくことが求められている。

なお、いじめへの対応に関しては、「いじめ防止対策推進法」（平成25年）の第8条（学校及び学校の教職員の責務）に「学校及び学校の教職員は、（中略）学校全体でいじめの防止及び早期発見に取り組むとともに、当該学校に在籍する児童等がいじめを受けていると思われるときは、適切かつ迅速にこれに対処する責務を有する」とある。同法にはその他にも、第15条（学校におけるいじめの防止）や第23条（いじめに対する措置）など、学校や教職員がなすべきことが示されているので、必ず目を通したい。

　「不登校の要因」では、「本人に係る要因（分類）」のうち、小・中学校では「『不安』の傾向がある」（33.3％（小・中学校の合計））や「『無気力』の傾向がある」（29.1％（同））の次に「『学校における人間関係』に課題を抱えている」（17.4％（同））が多くなっており、「学校における人間関係」の課題の要因（区分）として、「いじめを除く友人関係をめぐる問題」が72.4％を占め、他の要因を大きく上回っている。高等学校でも、「無気力」（31.7％）、「不安」（25.9％）に次いで「学校における人間関係」（18.7％）がきっかけとなっており、小・中学校と同様に「いじめを除く友人関係をめぐる問題」（67.5％）がその主な要因（区分）となっている。ただし、小・中学校、高等学校とも「その他」がそれぞれ17.0％、16.6％となっており、複合的な要因や要因が特定できない場合なども考えられる。

　「小学校学習指導要領」（平成29年）および「中学校学習指導要領」（平成29年）、「高等学校学習指導要領」（平成30年）の各総則には、「不登校児童（生徒）への配慮」として、「保護者や関係機関との連携を図る」ことや「心理や福祉の専門家の助言又は援助を得る」ことについてもふれられており、個々の不登校児童生徒の状況に応じた支援が求められている。このことについて、平成28年12月に「義務教育の段階における普通教育に相当する教育の機会の確保等に関する法律」が成立し、不登校児童生徒への支援について法律で規定された。さらに、同法に基づき策定された「義務教育の段階における普通教育に相当する教育の機会の確保等に関する基本指針」（平成29年3月）により、支援は社会的に自立することをめざして行われる必要があることや、不登校児童生徒等に対する教育機会の確保等に関する事項が示されている。

　「暴力行為」でも、小・中・高等学校の合計発生件数（72,940件）の

70.1％（51,128件）が「生徒間暴力」と最も多い（「器物破損」15.5％（11,342件）、「対教師暴力」12.5％（9,134件）、「対人暴力」1.8％（1,336件））。これらの課題への対応としても、前述「学校におけるいじめの問題に対する日常の取組」にある「児童・生徒同士の人間関係や仲間作りを促進」することが当てはまるであろう。

　いじめ対応と同様に、不登校対応や暴力行為への対応でも、校内外の連携や組織的な対応を図るのはもちろんであるが、学級担任・ホームルーム担任の果たすべき役割は依然大きいといえる。課題は一朝一夕に解決できるものではないであろうが、児童生徒理解を図るとともに、児童生徒相互の人間関係づくりや望ましい集団づくりを通して、よりよい方向に導いていきたいものである。

### (2) 学級崩壊

　「学級経営研究会」（国立教育研究所内外の研究者や学校現場の関係者等で構成）は、文部科学省の委嘱による調査研究において、いわゆる「学級崩壊」といわれる現象について調査し、平成11年9月に中間報告を、平成12年3月に最終報告を発表した。

　この調査では「既存の強固なものが壊れるという意味合いが強い『学級崩壊』という言葉は使わずに、『学級がうまく機能しない状況』という表現」を使い、次のように定義している。

---

「学級がうまく機能しない状況」の定義
　子どもたちが教室内で勝手な行動をして教師の指導に従わず、授業が成立しないなど、集団教育という学校の機能が成立しない学級の状況が一定期間継続し、学級担任による通常の手法では問題解決ができない状態に立ち至っている場合

---

　このような理解の下に、全国の小学校で「学級がうまく機能しない状況」であるとした102学級で聞き取り調査を行い、中間報告では事例を10のケースに類型化して考察している。その報告では、「学級がうまく機能しない状態は、調査結果から見る限り、担任の性別、学年、学級規模との特定の相関は見られなかった」としている。

　さらに、最終報告では、学級の機能を回復させようとするさまざまな事例も収集し、検討している。

第10章 ● 学級の経営

> ［回復事例1］子どもの実態に即した学級経営によって回復
> ・子どもとの関わりを深め、心をいやす学級を作ること、様々な変化を読み取り指
> 　導に生かすこと。
> ［回復事例2］指導観の転換により信頼関係を取り戻して回復
> ・授業づくりの発想を転換したり、子ども同士をつなげ子ども自身が解決する仕掛
> 　けを作ったりすること。
> ［回復事例3］学年合同授業などの活用で回復
> ・合同授業や「支援員」などの活用で学級担任を支援し、学校で情報を共有する仕
> 　組みを作ること。
> ［回復事例4］幼保・小・中が連携し、支援することで回復
> ・校種などを超えて、教師、児童生徒が学び合う機会を設定すること、地域で子ど
> 　もを育てること。
> ［回復事例5］保護者が学級の様子を把握し、支援することで回復
> ・保護者が学校にかかわり、実情に沿った支援をしたり保護者同士の協力の輪を広
> 　げたりすること。

　また、国立教育政策研究所では、小学校における学級運営と生徒指導の在り方について調査研究し、平成17年3月に報告書を発表した。この研究では、「学級運営」という用語について、一般によく使われている「学級経営」と基本的に同じ概念としてとらえたうえで、学級担任ではない教師も協力するという意味を含めて使っている。

　同報告書では、「学級運営と生徒指導の相互の関連を深め、一人一人の子どもに豊かな人間性や社会性の育成を図っていく道筋」の学校における取り組みの大まかな骨格として、右の表のような具体的方策を挙げている。

> 学級運営と生徒指導の充実改善のための具体的な方策
> （報告書のポイント）
> ① 児童理解の深化
> ② 人間関係づくりや自己指導力の育成
> ③ 生徒指導体制の充実改善
> ④ 学校・家庭・関係機関・地域等の連携と協働
> ⑤ 学校評価等の活用、教育委員会のサポートの推進

　学級担任として、自らの学級経営や指導観、児童生徒観を絶えず振り返り見直すことはもちろんのこと、学年や学校、そして家庭や地域、さらには異校種との連携・協力も必要であることを押さえておきたい。

(3) 学級経営と防災教育

　防災教育には、防災に関する基礎的・基本的事項を系統的に理解し、思

考力、判断力を高めることによって安全について適切な意志決定ができるようにすることをねらいとする「防災学習」と、当面している、あるいは近い将来直面するであろう防災に関する問題を中心に取り上げ、安全の保持増進に関するより実践的な能力や態度、さらには望ましい習慣の形成をめざして行う「防災指導」がある。

「防災学習」は、主に体育科・保健体育科等に関連する内容のある教科や総合的な学習の時間で扱うことになり、「防災指導」は、特別活動の学級活動・ホームルーム活動や学校行事において取り上げることになる。さらに、道徳は安全や生命の尊重、公徳心などの価値項目を含むことから、「防災学習」と「防災指導」の両側面の基盤としての意義をもつとされている。

学級担任・ホームルーム担任は、学校安全計画を基にして、児童生徒に対して適時・適切な防災教育を実施していかなければならない。

(4) 望ましい学級・ホームルーム集団に向けて

学級担任・ホームルーム担任は、担当する学級・ホームルームをより望ましい集団に育てるように日々の教育活動を行っている。それぞれの担任は、自分なりに望ましい集団のイメージをもち、そのイメージに近づけることをめざして実践を積み重ねているであろう。

次頁の図は、筆者の「経験的な学級経営のイメージ」である。

学級・ホームルームの成員である児童生徒は、1年という単位時間の中で、個人としても集団としてもさまざまなことを経験する。しかし、ただ単に経験しただけでは、そこに内在する価値に気づかなかったり、新たな学びをしなかったりして、個人の成長がままならないだけではなく、集団はいつまでも「個の集まり」にすぎないであろう。学級担任・ホームルーム担任は、個と集団の学びが深まり、図中のようなさまざまな力がより身につくように、実態把握（診断、Research：R）をして児童生徒理解に努め、日々の教育活動を行っていかなければならない。その際、目標を設定して計画（Plan：P）を立て、実行（Do：D）にうつす、終了後は取り組みを振り返り（評価、Check：C）、次の活動に役立てていく（改善、Action：A）というサイクルを実践している。このような取り組みを、前進や後退を繰り返しながらも意図的・計画的に行い、「望ましい集団」を

めざしているのである。このような不断の営みが「学級経営」なのではないかと考える。児童生徒の成長を促し、よりよい「学級経営」を進めていくためには、学級担任・ホームルーム担任自身も豊かな人間性や専門的力量などを身につけていなければならない。児童生徒や学級・ホームルームとともに、学び続け、成長し続ける教員でありたい。


## 4．考えてみよう

(1) あなたが小・中・高等学校のときの学級担任・ホームルーム担任は、どのような学級経営をしていたか？

(2) あなたは学級担任・ホームルーム担任になったとする。学級開きでどのような話をするか、学校種・学年を想定して、模擬学級開きをしてみよう。

(3) 児童生徒理解を深めるために、あなたはどのような工夫をしたいと思うか？

(4) 学級・ホームルームでは、児童生徒の安心・安全な生活（心理的、身体的）が求められている。この点について、あなたは学級担任・ホームルーム担任として、どのような配慮をしていきたいと思うか？

(5) 望ましい学級集団を育てるために、あなたはどのような工夫をしたいと思うか？

(6) 学級担任・ホームルーム担任として、「これからの教員に求められる資質能力」を身につけていくために、あなたはどのような取り組みが必要だと思うか？


〈出典・参考文献〉
● 河村茂雄『日本の学級集団と学級経営』図書文化、2010年。
● 河村茂雄『学級集団づくりのゼロ段階』図書文化、2012年。
● 北村文夫編『学級経営読本』玉川大学出版部、2012年。
● 栗原慎二・井上弥編『アセスの使い方・活かし方』ほんの森出版、2013年。
● 国立教育政策研究所『「学級運営等の在り方についての調査研究」報告書』2005年。
● 仙台市教育センター『フレッシュ先生研修テキスト』2019年。
● 田中博之編『学級力向上プロジェクト』金子書房、2013年。
● 中央教育審議会『教職生活の全体を通じた教員の資質能力の総合的な向上方策について（答申）』2012年。
● 平原春好編『日本現代教育基本文献叢書　教育基本法制コンメンタール　25　小学

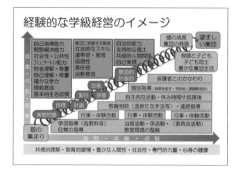

校経営の手引(底本:文部省編(1949年))／新しい中学校の手引(底本:文部省学校教育局編(1949年))』日本図書センター、2002年。
- 文部省『生徒指導の手びき』大蔵省印刷局、1965年。
- 文部省『学制百二十年史』ぎょうせい、1992年。
- 文部省「いわゆる『学級崩壊』について～『学級経営の充実に関する調査研究』(最終報告)の概要～(平成12年3月)」『平成12年度　教育白書』2001年。
- 文部科学省『小学校学習指導要領』2017年。
- 文部科学省『小学校学習指導要領解説　総則編』東洋館出版社、2017年。
- 文部科学省『小学校学習指導要領解説　特別活動編』東洋館出版社、2017年。
- 文部科学省『中学校学習指導要領』2017年。
- 文部科学省『中学校学習指導要領解説　総則編』東山書房、2017年。
- 文部科学省『中学校学習指導要領解説　特別活動編』東山書房、2017年。
- 文部科学省『高等学校学習指導要領』2018年。
- 文部科学省『高等学校学習指導要領解説　総則編』東洋館出版社、2018年。
- 文部科学省『高等学校学習指導要領解説　特別活動編』東京書籍、2018年。
- 文部科学省『生徒指導提要』教育図書、2010年。
- 文部科学省『学級編制及び教職員定数に関する基礎資料』2010年。
- 文部科学省『学級編制・教職員定数改善等の経緯に関する資料』2011年。
- 文部科学省『学校防災のための参考資料「生きる力」を育む防災教育の展開』2013年。
- 文部科学省『学校安全資料「生きる力」をはぐくむ学校での安全教育』2019年。
- 文部科学省『平成30年度　児童生徒の問題行動・不登校等生徒指導上の諸課題に関する調査結果について』2019年。
- 文部科学省『平成30年度　文部科学白書』2018年。
- 柳治男『〈学級〉の歴史学　自明視された空間を疑う』講談社、2005年。

第11章 ● 教育課程の経営

〈第11章〉新・教育の制度と経営
# 教育課程の経営

## 1．しくみと法律

### ⑴ 教育課程経営（カリキュラム・マネジメント）とは

「教育課程経営（カリキュラム・マネジメント）」とは、「教育課程の編成（計画）・実施・評価・改善行動に至る一連の活動」である。この一連の活動は、〈Plan（計画）— Do（実施）— Check（評価）— Action（改善・更新）〉という「PDCAサイクル」としてもとらえられる。

教育課程経営（カリキュラム・マネジメント）という用語は、教育経営やカリキュラム研究では数十年前から用いられてきた。この用語が、「2．変遷」で詳述するように、2000年代になって、教育政策に取り入れられ、全国の学校において実施されていくことになる。

PDCAサイクルに基づく教育課程経営とは、次のような段階をたどりながら、継続的に行われていくものである。

まず、学校では、自ら設定する教育目標の実現を図るために、国や各自治体の教育振興基本計画、教育課程編成の基準としての学習指導要領、学校教育法施行規則に示された各教科・領域の標準授業時数を踏まえつつ、教育課程を編成する。学校は、年間指導計画や学習指導案を作成し、教授・学習に関する諸資源（人員、時間、施設、教材・教具など）の配分を行う。これが計画（P：Plan）段階である。

次に、実施（D：Do）の段階として、授業が実際に展開される。なお、この段階においても、まさに授業という教師と子どもの相互作用的実践の中で、教師は子どもが示す反応、応答や様子を手がかりに、自らの実践を絶えず反省し、方向修正していく。例えば導入段階での時間の取り方、学習環境の整備、指導形態の工夫、学習形態の工夫、各種メディアを含めた教材の活用などが適切かどうかを、教師は授業の中で常にとらえ返し、次の展開に活かそうとしている。そして、この実施段階での反省から得られ

141

る知見や情報は、次の評価段階で集約され、活用されていく。

評価（C：Check）の段階では、年間指導計画や学習指導案などに掲げた目標や提示したプランの達成や実現の程度が診断・評価される。診断・評価の対象となるのは、諸活動の日課表への位置づけや授業時数の確保は適切になされているか、授業を支えるソフト・ハード両面を中心とする環境、つまり教科書などさまざまな教材・教具、さらに施設・設備などの整備は十分であるか、教員の授業に関する知識・技術の習熟がみられるか、各学校が目標とする学力の形成状況はどうであるか、学校全体の組織的な取り組み、教職員の協働がどの程度実現しているか、家庭や地域社会の理解と学校への協力を十分に得られているか等の点である。

そして、改善・更新（A：Action）の段階で、評価結果が来年度の改善計画や研修計画など、学校改善に反映されたり、計画段階で策定されたプランや目標へのフィードバックが行われたりする。

### ⑵ 教育課程経営が求められる背景と意義

教育課程経営（カリキュラム・マネジメント）が政策的な課題になり、各学校での実施が求められるようになった背景として、どのようなことを挙げることができるだろうか。

何よりも、外部社会に対する学校の閉鎖性を打破し、学校で生み出される教育的成果とさまざまな取り組みや活動とその推進状況を、各学校がより主体性と自律性をもって情報公開し、社会に対する説明責任を果たす要請が高まっていることを挙げることができよう。

「学校の中のこと、教師の仕事は、一緒に仕事をしている教職員こそが一番よくわかっている」という前提は、もはや社会において正統性を失いつつある。変動する社会に対する学校の「閉鎖性」や教員の「非常識」が槍玉にあげられ、教員は教える仕事の確かさや手応え、仕事の困難さを理解し支えてもらっているという実感をもちにくくなってもいる。

日本以外の国においても、その程度や現れには差異こそあれ、外部社会に対する学校の閉鎖性が批判され、教員の専門性への社会的信頼が揺らいでいる状況は共通している。

学校教育において、どのような力を、どのようなプロセスを通じて児童・生徒に身につけさせようとしているのか。また、目標とする力は実際

にどの程度身についているのか。学校が設定する計画や目標は妥当性をもつものであるか。教職員には学校の目標がどれだけ共有され、協働して目標を達成する態勢が作られているか。教員の学習指導に関する力量とその成長は、どのような手続きによって把握されているか。

こういった点から、学校の効果や教員の教育成果を、より透明性をもつ基準とプロセスにおいて評価し、その結果を公表するというかたちで、学校を社会により「開く」ことが要請されている。また、そのことを通じて、教員が自らの専門性およびその向上の確かさを感じ、社会からも自らの職務の成果と成長に対する信頼を調達したいという要求も高まっている。

OECDは2008年から2009年にかけて、加盟24か国を対象に、第1回国際教員指導環境調査（Teaching and Learning International Survey：略称TALIS）を実施した。その後、2013年に行われた第2回TALIS調査には、日本を含む34の国・地域が参加した。2018年の第3回TALIS調査では参加国・地域は日本を含む48に増加した。TALIS調査は効果的な教育実践と学習環境を生み出す要因と条件について、同一の指標に基づいた国際比較を行うものである。

第1回TALIS調査報告書の結果によれば、教育課程経営（カリキュラム・マネジメント）において、国や地方の教育政策プログラム、学校評価、教員評価とフィードバックの三者における重点がばらばらではなく、それぞれを一致させることによって、学校における教育成果と教員の指導力量向上の効果がもたらされる。

第1回TALIS調査では、教員の専門性開発のニーズが、「特別な学習ニーズをもつ生徒の学習指導」「多文化環境での学習指導」「教員の学級経営」「生徒の規律と態度の問題に対する教員の対処」「専門とする教科内容に関する教員の知識と理解」「専門とする教科の指導方法に関する教員の知識と理解」等のどの側面にあるかを把握している。

同調査の結果分析では、教員がその仕事の特定の側面（例えば「特別な学習ニーズをもつ生徒の学習指導」）に対して専門性ニーズを感じているとき、それを満たすための方策として最も適切なのは、教員評価と学校評価の評価項目にそれを含むことであるという知見を示している。

国が示すTALIS2018調査結果の要約（「OECD国際教員指導環境調査

（TALIS）2018報告書―学び続ける教員と校長のポイント―」）によれば、教員については「担当する教科等の指導法に関する能力」、「担当する教科等の指導法に関する知識や理解」、「特別な支援を要する児童生徒への指導」、「個に応じた学習手法」等について高い専門性ニーズをもっている一方、「職能開発の日程が自分の仕事のスケジュールと合わない」ことなどが障壁となっている傾向がみられる。校長については「学校の教育課程の編成」、「授業実践の観察」、「教員間の連携の向上」、「人事管理」等について専門性開発ニーズを有するが、やはり日常的な学校業務の多忙さによって専門性開発に時間を割けないと回答している。

　教員自身が自らの仕事についてどの側面の向上を図りたいか。そうしたニーズを適切に把握し、それを充足するための研修機会を計画・実施するためにこそ評価とフィードバックを活用するという考え方は、教育課程経営において重要であろう。

　いっぽう、TALIS2018年調査の結果は、校長も教員もともに日々の業務に追われ、学校全体としてどの専門性ニーズの向上を図っていくべきか、教員の専門性ニーズを把握し、校内外の研修により組み込んでいくにはどうすべきかといった課題に取り組みにくい状況が生まれていることを示唆してもいるだろう。

　教育課程経営（カリキュラム・マネジメント）は本来、学校組織と教職員間に、カリキュラムを核にした協働をもたらす意義も有している。

　教育課程経営は、行政から学校への教育課程編成・実施に関わる一定の権限委譲を通じて、教職員間に学校の課題や目標理解を図るためのコミュニケーションを生み出し、一つひとつの仕事が共通の大きな目標の中でどのような意義や目的をもつかが意識され、教員が共通の目標に向かって生き生きと仕事をすることができるためにも必要である。

　また、各学校に主体的な学校改善を促すとともに、設置者への評価結果報告による目標達成状況の共有と適切な支援、教職員と保護者・地域住民との課題意識の共有・相互理解の深化、学力形成やさまざまな教育活動への保護者の参画を実現するうえでも、教育課程経営が果たす役割は大きい。

⑶ **教育課程経営に関する法律とガイドライン**

　教育課程経営（カリキュラム・マネジメント）に関連する法律や政策文

書として、どのようなものがあるだろうか。

まず、2007年に改正された学校教育法第42条で、学校評価の実施と教育水準の向上が努力義務として課された。さらに、同年に改正された学校教育法施行規則では各学校における「自己評価」「学校関係者評価」実施が努力義務として規定（第66条、第67条）された。

学校教育法・同施行規則に学校評価実施に関する規定がなされたことに伴い、2008年１月には文部科学省による「学校評価ガイドライン」の改訂が行われた。このガイドラインは、学校評価の実施方法として「自己評価」「学校関係者評価」「第三者評価」の３つの形態を整理し、それぞれの評価の主体や方法を示している。

各学校は、それぞれの地域や学校によって異なる実態（例えば、地理的条件、歴史的社会的条件、学校規模など）や、児童・生徒の特性や発達を踏まえつつ、もう一方では、法令や基準としての学習指導要領に従いつつ教育課程を編成することになっている。

文部科学省『小学校学習指導要領（平成29年告示）解説　総則編』によれば、教育課程とは、「学校教育の目的や目標を達成するために、教育の内容を児童の心身の発達に応じ、授業時数との関連において総合的に組織した学校の教育計画である」（11頁）。そこで、各学校は、「教育基本法及び学校教育法その他の法令並びにこの章以下に示すところに従い、児童の人間としての調和のとれた育成を目指し、児童の心身の発達の段階や特性及び学校や地域の実態を十分考慮して、適切な教育課程を編成する」（『小学校学習指導要領（平成29年告示）』の「第１章　総則　第１　小学校教育の基本と教育課程の役割」）。

教育課程経営にあたって学校が準拠すべき法律、政策文書にはどのようなものがあるだろうか。

まず、教育基本法を受けて国と地方自治体が定める「教育振興基本計画」がある。2006年に全面改正された教育基本法の第17条第１項は、「政府は、教育の振興に関する施策の総合的かつ計画的な推進を図るため、教育の振興に関する施策についての基本的な方針及び講ずべき施策その他必要な事項について、基本的な計画を定め、これを国会に報告するとともに、公表しなければならない」として、政府による計画策定義務を定めている。そ

して同法第17条第2項は、地方公共団体が、政府による「計画を参酌し、その地域の実情に応じ、当該地方公共団体における教育の振興のための施策に関する基本的な計画を定める」ことを求めている。

改正教育基本法に教育振興基本計画作成が位置づけられたことを受け、政府による計画を地方で具体化するというかたちで、各地方自治体の教育振興基本計画が策定され、各学校における教育課程編成にも反映される。

次に、2007年に改正された学校教育法には、幼稚園、小学校、中学校、高等学校、特別支援学校の目的・目標に関する規定がある。また、同法に示された教育の目的、目標を踏まえ、各学校の教育課程に関する事項については、文部科学大臣が定めるとされている（小学校第33条、中学校第48条、高等学校第52条、中等教育学校第68条、特別支援学校第77条）。

さらに、第30条第2項には、小学校教育の目標として「生涯にわたり学習する基盤が培われるよう、基礎的な知識及び技能を習得させるとともに、これらを活用して課題を解決するために必要な思考力、判断力、表現力その他の能力をはぐくみ、主体的に学習に取り組む態度を養うことに、特に意を用いなければならない」として、各学校が形成すべき学力についても規定している。この規定は、中学校、高等学校、中等教育学校、特別支援学校においても「準用」される。

文部科学大臣は、学校教育法による規定を受け、学校教育法施行規則において、教育課程の領域（各教科、道徳、特別活動、総合的な学習の時間など）と、各学年の授業時数の標準を定めている。

また、学校教育法施行規則第52条には、「教育課程の基準として文部科学大臣が別に公示する小学校学習指導要領によるものとする」（幼稚園、中学校、高等学校、中等教育学校、特別支援学校についても同第38条、第74条、第84条、第109条、第129条に同旨の規定）とあり、学習指導要領（幼稚園教育要領）が、教育課程の基準であることが示されている。

そして、学校教育法第5条、地方教育行政の組織及び運営に関する法律第21条の五は、都道府県・市町村（特別区含む）教育委員会に、学校が行う教育課程の編成・実施を管理する権限を与えている。

第11章 ● 教育課程の経営

## 2．変遷

### (1) 教育課程経営（カリキュラム・マネジメント）の法制化

ここでは、教育課程経営（カリキュラム・マネジメント）が法制化されるに至る過程を確認しよう。

まず、2002年に「学校設置基準」が新設（小・中学校）あるいは改訂（幼稚園・高校）され、高校以下の学校において「自己評価」の実施と公表が努力義務とされた。

2003年10月の中央教育審議会「初等中等教育における当面の教育課程及び指導の充実・改善方策について（答申）」では、「校長や教員等が学習指導要領や教育課程についての理解を深め、教育課程の開発や経営（カリキュラム・マネジメント）に関する能力を養うことが極めて重要である」として、学校における教育課程経営の必要性が述べられた。

そして、2007年にいわゆる教育3法案改正が成立し、学校教育法・同施行規則も改正された。小学校の「学校運営評価」に関する改正学校教育法第42条は、「小学校は、文部科学大臣の定めるところにより当該小学校の教育活動その他の学校運営の状況について評価を行い、その結果に基づき学校運営の改善を図るため必要な措置を講ずることにより、その教育水準の向上に努めなければならない」として、学校評価の実施と、学校評価を通じた教育水準の向上を努力義務として規定している。

さらに、小学校の「学校運営情報提供義務」に関する同第43条は、「小学校は、当該小学校に関する保護者及び地域住民その他の関係者の理解を深めるとともに、これらの者との連携及び協力の推進に資するため、当該小学校の教育活動その他の学校運営の状況に関する情報を積極的に提供するものとする」として、小学校が保護者らの理解を深め、連携・協力を進めるために教育活動その他の学校運営の状況に関して、積極的に情報を提供することを義務付けた。

なお、第42条、第43条の規定は、中学校（第49条）、高等学校（第62条）、中等教育学校（第70条）、特別支援学校（第82条）において「準用」される。

改正学校教育法によるこれらの規定を受け、より具体的には、改正学校教育法施行規則に以下のような規定がなされた。同施行規則は、①適切な項目による「自己評価」の実施と結果公表を義務として（第66条）、②自

147

己評価結果を踏まえた保護者その他関係者による評価（「学校関係者評価」）の実施と結果公表を努力義務として（第67条）、③前記2種の評価結果（②は実施した場合のみ）について設置者への報告を義務として規定（第68条）している。

### (2) PDCA サイクルに基づく教育課程経営の強調

こうして、法改正による「自己評価」「学校関係者評価」の法制化がなされたことを受け、2006年3月に文部科学省が公表した「義務教育諸学校における学校評価ガイドライン」が2008年1月に改訂され、幼稚園から高校および特別支援学校を包括した「学校評価ガイドライン」として提示された。このガイドラインに示された学校評価の枠組みが、各学校の教育課程経営を規定することになる。このガイドラインでは、学校評価の実施方法として「自己評価」「学校関係者評価」「第三者評価」の3つの形態に整理され、それぞれの評価の主体や方法が示されている。

「自己評価」は、PDCA サイクルに基づき精選された具体的かつ明確な重点目標の達成状況について各学校の教職員が行う評価である。「学校関係者評価」は、保護者、地域住民らの学校関係者などにより構成された評価委員会などが、自己評価の結果について評価することを基本として行う評価である。「第三者評価」は、学校と直接関係を有しない専門家らによる客観的な評価である。

第三者評価（外部評価）は学校教育法で義務付けられているものではないが、現在多くの学校で行われている。外部評価を行う者として位置づけられているのは、大学教員、校長経験者など教育の有識者、一般市民（学校評議員代表、父母教師会代表、地域自治会代表、地域民生委員代表、企業関係者など）である。

PDCA サイクルに基づく教育課程経営の重要性は、2008年（幼稚園、小・中学校）、2009年（高等学校、特別支援学校）に行われた学習指導要領（現行）改訂の過程で、一段と強調されていった。

学習指導要領改訂の基本方針を示した2008年1月の中央教育審議会答申は、各学校においては、「教育課程や指導方法等を不断に見直すことにより効果的な教育活動を充実させるといったカリキュラム・マネジメントを確立することが求められる」としている。

また、2008年7月1日に閣議決定され、国会に報告された「教育振興基本計画」は、「これまで教育施策においては、目標を明確に設定し、成果を客観的に検証し、そこで明らかになった課題等をフィードバックし、新たなとりくみに反映させるPDCA（Plan-Do-Check-Action）サイクルの実践が必ずしも十分でなかった。今後は施策によって達成する成果（アウトカム）を指標とした評価方法へと改善を図っていく必要がある」として、PDCAサイクルに基づく教育課程経営（カリキュラム・マネジメント）をより徹底すべきであるという認識を示している。

2016年8月26日には、中央教育審議会初等中等教育分科会教育課程部会「次期学習指導要領等に向けたこれまでの審議のまとめ」が出された。この「まとめ」では、各学校におけるカリキュラム・マネジメントにおいて、教育目標・内容と指導方法、学習評価の在り方を一体としてとらえ、育成すべき資質・能力（「何ができるようになるか」、「何を学ぶか」、「どのように学ぶか」など）と、各教科などの役割や相互の関係を構造化してとらえる方針が示されている。

さらに、「社会に開かれた教育課程」の理念のもとに、①教科横断的な視点に基づく内容の編成・配置、②子どもたちの姿や地域の現状に関する調査やデータに根ざしたPDCAサイクルの確立、③地域などの外部の人的・物的資源の活用が提起されている。カリキュラム・マネジメントにはすべての教職員が関わり、地域・家庭との連携と目標の共有を図りながら推進されていくものとされている。

(3) 「学力テスト」の活用

教育における検証・改善サイクルの確立に向け、児童生徒の学力・学習状況を把握するために、国による「全国学力・学習状況調査」（「全国学力テスト」）をはじめ、学力テストを継続的に実施し、その結果をもとに学校の教育成果を検証し、さらなる改善につなげていく必要性も打ち出されている。2007年度に作成された全国学力テストの「実施要領」は、「調査の目的」を「（1）全国的な義務教育の機会均等とその水準の維持向上の観点から、各地域における児童生徒の学力・学習状況を把握・分析することにより、教育及び教育施策の成果と課題を検証し、その改善を図る」こと、「（2）各教育委員会、学校等が全国的な状況との関係において自らの

教育及び教育施策の成果と課題を把握し、その改善を図る」としている。

　学力テストについては、各学校の平均正答率などの結果公表が地域間、学校間の競争や序列化をもたらす懸念もある。OECD の報告書（『PISA から見る、できる国・頑張る国②』）も、日本の教育システムが生徒の学業成績に対して「明確に力強く目に見える形で報いている」ことが「受験地獄」プレッシャーにつながるなど、テスト学力の向上を指標としたアカウンタビリティ確保の問題点を指摘している。

　実施要領に示された調査の目的は、児童生徒の学力・学習状況を的確に把握し、学校および国や地方自治体の教育政策の成果と課題を見極め、改善することにある。そのために、学力テストのサンプリング規模、や頻度については、慎重に吟味する必要があるだろう。

## 3．課題

### ⑴ カリキュラムを核とした協働をもたらす教育課程経営

　教育課程経営（カリキュラム・マネジメント）に関して、解決すべき課題としてどのようなものがあるだろうか。

　一つには、各学校が教育政策の動きに過度に振り回されず、自主的・自律的にそれぞれのめざす教育の全体構想をデザインし、校長の適切なリーダーシップのもとに教職員の参加・参画を通じた、カリキュラムを核とした協働をいかに実現できるかということである。

　そのためには、教育課程経営の制度化が、「トップダウンによる上位下達型の教育課程」をもたらし、教職員の自律性を損ない、子どもたちが実際に学んでいる教育内容に対して教員が無感覚になることのないようにしなければならない。

　「1．しくみと法律」にみたように、各学校における教育課程編成に関しては、国や自治体による規制がみられる。こうした規制の網がいささか多重で細かすぎる点については、教育課程経営に関する各学校への十分かつ適切な権限移譲の実現という観点からみて、懸念されるところである。

　また、OECD の TALIS 調査報告書では、教育課程経営において、行政が策定する規制やプログラムと、学校評価、教員評価の重点項目を一致させる必要性が強調されている。しかし、教育課程経営における重点項目の

第11章 ● 教育課程の経営

一貫性のみを強調することは、教員が日々の授業実践で突き当たる困難から自らの成長ニーズを見いだし、専門性を向上させていくさまざまな可能性や過程を、画一的に制度化してしまう結果をもたらす危険性もある。特定の指導領域において政策的に明確な目標が設定され、それが学校に降ろされ、教師の実践を管理するようなかたちでの教育課程経営が進めば、教員の仕事とその成果に関わる複雑で微妙な性格や問題がみえなくなり、授業実践が画一的で競争的なものになってしまうおそれもある。

教育課程経営においては、「この地域・この学校の子どもに、どのように育ってほしいのか、どういう力をつけて学校を卒業してほしいか」といった、学校がめざす中期的なビジョンが校長や管理職など一部のメンバーに偏らず、教職員に広く共有されていることが必要である。また、教育課程の編成・改善の過程が、特定の個人に依存したものではなく、カリキュラムを核とした教職員の協働が具体的かつ重点化された目標とそれを達成していく経験に支えられていることも必要である。

前述の「学校評価ガイドライン」では、各学校が自己評価を行う際に「全方位的な点検・評価」を実施することを推奨している。このことは、学校評価において特定の目標・評価項目が過度に強調されたり、教育課程経営に関する多様かつ相互に関連した諸側面を切り捨て、単純化した数値目標に拘泥すること、またそうした目標・項目の短期間での達成のみをめざすような教育課程経営が行われがちな傾向に歯止めをかけるうえで特に重視する必要があるだろう。

## ⑵ 子どもからスタートするサイクルを

子どもの学習経験の現状をより深く観察するところからカリキュラム・マネジメントを開始することも、重要な課題である。PDCA サイクルを、「P」からではなく「C」の段階から始めてみるといってもよい。子どもがどのようなわかり方をしているのか。子どもは学習内容や課題のうち何に対して、どのような困難をもっているのか。このような観点から出発して、教師が今のカリキュラムのどこに問題点があるかをよく点検し、これを改善すべく学校全体で試行錯誤を積み重ねていく。そういうサイクルとして、教育課程経営をとらえようという考え方である。

こうした観点から教育課程経営を考えるとき、学校教育の成果は、保護

151

者・地域住民との協働を通じて生み出されるものであることを改めて認識する必要がある。そのためには、子どもの学習成果や課題に関する情報を保護者・地域住民に十分かつ適切なかたちで提供すると同時に、保護者・地域住民の学校教育への協力と参画を求めていくことが欠かせない。学校の教育力は地域の教育力との総和として、両者が密接に関連しながら、子どもたちの「学力」を形成しているという認識を、学校・教職員と保護者・地域住民が共有できるかどうかが鍵となる。

OECDは、日本の学校では、学級担任が「複数学年にわたって生徒を見守り、学校外でも生徒の生活に関わり、親とも常に連絡を取り合う」など、独特なかたちで親に対してアカウンタビリティを負っている点を評価している（『PISAから見る、できる国・頑張る国②』272頁）。日本の教師たちは、学級通信を通じて、学級の子どもたちの日々の学びの成果を父母に発信してきた。教師が自らの成果を可視化して、省察の対象とするとともに、子どもと親、地域社会に対して自らの教育成果を目に見えるようにする優れた試みといえるものである。

このようなかたちでの教育成果の可視化と、学校教育に対する信頼の確保の試みに光を当て、促進し、広めていくことこそ、そしてそのための政策的・制度的バックアップを行っていくことこそが、各学校における自律的な教育課程経営の推進において重要である。

政策的取り組みの一例としては、宮城県仙台市で2010年度から「協働型学校評価」を実施している。これは、PDCAサイクルのすべての段階に保護者・地域住民が関与するしくみを通じて教育課程経営を行うものである。子どものよりよい成長を支えることを第一として、児童生徒の現状と課題から、学校・家庭・地域の三者が協働して各年度の重点目標を設定・共有し、それぞれの立場から改善活動に取り組み、その成果を次の年度に生かしていく試みとして、注目すべきものである。

### (3) 危機管理の観点からの教育課程経営

3.11大震災の経験は、各学校の教育課程経営が、危機管理（リスク・マネジメント）の観点から行われなければならないことを示した。

学校の現状では、防災・安全教育の時間は限られている。だが、地震や津波、台風などによる大きな被害が想定される現在では、子どもたち自ら

が危険を予測し、回避するための準備や訓練を施し、「主体的に行動する態度」と「共助・公助」の精神を育成する防災教育が強く求められている（文部科学省『平成23年度東日本大震災における学校の対応等に関する調査（報告書）』）。

　例えば、岩手県教育委員会が示す「『いわての復興教育』プログラム」の枠組みは、危機管理の観点からの教育課程編成を具体的に考えるうえで、参考になるであろう。このプログラムは、「復興教育」において全学校が共通にめざすべき「教育的価値」を示しつつ、各学校が関連する各教科・領域などで指導時間を確保し、児童・生徒らの発達の段階や学校の立地状況などに応じてそれぞれに具体的な指導計画を作成・実施することが可能な枠組みを示している（岩手県教育委員会『「いわての復興教育」プログラム（改訂版）』平成25年2月）。

　岩手県教委によれば、「いわての復興教育」の意義は、「子どもたちが、『震災津波の経験を後世へ語り継ぎ、自らのあり方を考え、未来志向の社会をつくること』ができるように、県内全ての学校で取り組むこと」にある。そして、震災津波の体験から3つの「教育的価値」を打ち出している。

　3つの教育的価値とは、「生命や心について【いきる】」=「生命の大切さ・心のあり方・心身の健康」、「人や地域について【かかわる】」=「人の絆の大切さ・地域づくり・社会参画」、「防災や安全について【そなえる】」=「自然災害の理解・防災や安全」である。さらに、これらの教育的価値について21の「具体の項目」が示されている。各学校は、教育的価値のうち重要であると判断・選択したものを経営の重点に位置づけ、21の項目の中から適宜選択したものを各教科、領域、その他の教育課程外の時間と関連づけ、復興教育の教育活動を組み立てていくとされる。教育的価値の観点から教科や領域等の単元・題材を見直し、必要に応じて新しい課題に対応する新たな単元を開発することも奨励されている。

　もちろん、教育行政が主導し、各学校が従属的に取り組むような形態に堕してしまったり、政策が推進するプログラムによって、各学校が震災津波の体験を踏まえて自主的・創造的に行っている取り組みが損なわれたりするようなことはあってはならない。

　加えて、危機管理の観点からの教育課程経営は、各学校におけるカリキ

153

ュラムを核とした協働が日常的・継続的に行われることを通じてこそ促進
されるであろう。


## ４．考えてみよう

(1) 教育課程経営（カリキュラム・マネジメント）とはどのようなものだ
　　ろうか。

(2) 教育課程経営を行う意義として、どのようなことが考えられるだろう
　　か。

(3) 教育課程経営に関して、克服すべきどのような課題があるだろうか。

(4) あなたが主体となって教育課程経営を行う場合、どのような点に配慮
　　して取り組むだろうか。さまざまなリスクを見据えた「安全・安心」確
　　保という点からも考えてみよう。


〈参考文献〉
●天笠茂「カリキュラムを核にした協働―カリキュラム・マネジメントの３つの側面」
　小島弘道編『学校経営（教師教育テキストシリーズ８）』学文社、2009年、61-71
　頁。
●OECD／渡辺良監訳『PISA から見る、できる国・頑張る国②―未来志向の教育を目
　指す：日本』明石書店、2012年。
●OECD 編著／齊藤里美監訳『OECD 教員白書〈第１回 OECD 国際教員指導環境調査
　（TALIS）報告書〉』明石書店、2012年。
●国立教育政策研究所編『教員環境の国際比較〈OECD 国際教員指導環境調査（TALIS）
　2013年調査結果報告書〉』明石書店、2014年。
●志水宏吉『「つながり格差」が学力格差を生む』亜紀書房、2014年。
●滝沢潤「学校マネジメントと学校評価」田中智志・橋本美保監修／山内紀幸編著『教
　育課程論（新・教職課程シリーズ）』一藝社、2013年、191-202頁。
●田中統治・根津朋実『カリキュラム評価入門』勁草書房、2009年。
●山﨑準二編『教育課程（教師教育テキストシリーズ９）』学文社、2009年。
●文部科学省「OECD 国際教員指導環境調査（TALIS）2018報告書―学び続ける教
　員と校長のポイント―」（https://www.mext.go.jp/component/b_menu/
　other/__icsFiles/afieldfile/2019/06/19/1418199_2.pdf）（2020年２月８
　日閲覧）

参考資料

## 参考資料

### 大日本帝国憲法（抄録）

#### 憲法発布勅語

朕国家ノ隆昌ト臣民ノ慶福トヲ以テ中心ノ欣栄トシ朕力祖宗ニ承クルノ大権ニ依リ現在及将来ノ臣民ニ対シ此ノ不磨ノ大典ヲ宣布ス

惟フニ我力祖我力宗ハ我力臣民祖先ノ協力輔翼ニ倚リ我力帝国ヲ肇造シ以テ無窮ニ垂レタリ此レ我力神聖ナル祖宗ノ威徳ト並ニ臣民ノ忠実勇武ニシテ国ヲ愛シ公ニ殉ヒシテ此ノ光輝アル国史ノ成跡ヲ貽シタルナリ朕我力臣民ハ即チ祖宗ノ忠良ナル臣民ノ子孫ナルヲ回想シ其ノ朕カ意ヲ奉体シ朕カ事ヲ奨順シ相与ニ和衷協同シ益々我力帝国ノ光栄ヲ中外ニ宣揚シ祖宗ノ遺業ヲ永久ニ鞏固ナラシムルノ希望ヲ同クシ此ノ負担ヲ分ツニ堪フルコトヲ疑ハサルナリ

朕祖宗ノ遺烈ヲ承ケ万世一系ノ帝位ヲ践ミ朕力親愛スル所ノ臣民ハ即チ朕力祖宗ノ恵撫慈養シタマヒシ所ノ臣民ナルヲ念ヒ其ノ康福ヲ増進シ其ノ懿徳良能ヲ発達セシメムコトヲ願ヒ又其ノ翼賛ニ依リ与ニ倶ニ国家ノ進運ヲ扶持セムコトヲ望ミ乃チ明治十四年十月十二日ノ詔命ヲ履践シ茲ニ大憲ヲ制定シ朕力率由スル所ヲ示シ朕力後嗣及臣民及臣民ノ子孫タル者ヲシテ永遠ニ循行スル所ヲ知ラシム

国家統治ノ大権ハ朕力之ヲ祖宗ニ承ケテ之ヲ子孫ニ伝フル所ナリ朕及朕力子孫ハ将来此ノ憲法ノ条章ニ循ヒ之ヲ行フコトヲ愆ラサルヘシ

朕ハ我力臣民ノ権利及財産ノ安全ヲ貴重シ及之ヲ保護シ此ノ憲法及法律ノ範囲内ニ於テ其ノ享有ヲ完全ナラシムヘキコトヲ宣言ス

帝国議会ハ明治二十三年ヲ以テ之ヲ召集シ議会開会ノ時ヲ以テ此ノ憲法ヲシテ有効ナラシムルノ期トスヘシ

将来若此ノ憲法ノ或ル条章ヲ改定スルノ必要ナル時宜ヲ見ルニ至ラハ朕及朕力継統ノ子孫ハ発議ノ権ヲ執リ之ヲ議会ニ付シ議会ハ此ノ憲法ニ定メタル要件ニ依リ之ヲ議決スルノ外朕力子孫及臣民ハ敢テ之力紛更ヲ試ミルコトヲ得サルヘシ

朕力在廷ノ大臣ハ朕力為ニ此ノ憲法ヲ施行スルノ責ニ任スヘク朕力現在及将来ノ臣民ハ此ノ憲法ニ対シ永遠ニ従順ノ義務ヲ負フヘシ

#### 御名御璽

明治二十二年二月十一日

内閣総理大臣　伯爵　黒田清隆

枢密院議長　伯爵　伊藤博文

外務大臣　伯爵　大隈重信

海軍大臣　伯爵　西郷従道

農商務大臣　伯爵　井上　馨

司法大臣　伯爵　山田顕義

大蔵大臣兼内務大臣　伯爵　松方正義

陸軍大臣　伯爵　大山　巌

文部大臣　子爵　森　有礼

逓信大臣　子爵　榎本武揚

#### 大日本帝国憲法

#### 第一章　天皇

**第一条**　大日本帝国ハ万世一系ノ天皇之ヲ統治ス

**第二条**　皇位ハ皇室典範ノ定ムル所ニ依リ皇男子孫之ヲ継承ス

**第三条**　天皇ハ神聖ニシテ侵スヘカラス

**第四条**　天皇ハ国ノ元首ニシテ統治権ヲ総攬シ此ノ憲法ノ条規ニ依リ之ヲ行フ

**第五条**　天皇ハ帝国議会ノ協賛ヲ以テ立法権ヲ行フ

**第六条**　天皇ハ法律ヲ裁可シ其ノ公布及執行ヲ命ス

**第七条**　天皇ハ帝国議会ヲ召集シ其ノ開会閉会停会及衆議院ノ解散ヲ命ス

**第八条**　天皇ハ公共ノ安全ヲ保持シ又ハ其ノ災厄ヲ避クル為緊急ノ必要ニ由リ帝国議会閉会ノ場合ニ於テ法律ニ代ルヘキ勅令ヲ発ス

２　此ノ勅令ハ次ノ会期ニ於テ帝国議会ニ提出スヘシ若議会ニ於テ承諾セサルトキハ政府ハ将来ニ向テ其ノ効力ヲ失フコトヲ公布スヘシ

**第九条**　天皇ハ法律ヲ執行スル為ニ又ハ公共ノ安寧秩序ヲ保持シ及臣民ノ幸福ヲ増進スル為ニ必要ナル命令ヲ発シ又ハ発セシム但シ命令ヲ以テ法律ヲ変更スルコトヲ得ス

## 第二章　臣民権利義務

**第十八条**　日本臣民タル要件ハ法律ノ定ムル所ニ依ル

**第十九条**　日本臣民ハ法律命令ノ定ムル所ノ資格ニ応シ均ク文武官ニ任セラレ及其ノ他ノ公務ニ就クコトヲ得

**第二十条**　日本臣民ハ法律ノ定ムル所ニ従ヒ兵役ノ義務ヲ有ス

**第二十一条**　日本臣民ハ法律ノ定ムル所ニ従ヒ納税ノ義務ヲ有ス

**第二十二条**　日本臣民ハ法律ノ範囲内ニ於テ居住及移転ノ自由ヲ有ス

**第二十三条**　日本臣民ハ法律ニ依ルニ非スシテ逮捕監禁審問処罰ヲ受クルコトナシ

**第二十四条**　日本臣民ハ法律ニ定メタル裁判官ノ裁判ヲ受クルノ権ヲ奪ハルヽコトナシ

**第二十五条**　日本臣民ハ法律ニ定メタル場合ヲ除ク外其ノ許諾ナクシテ住所ニ侵入セラレ及捜索セラルヽコトナシ

**第二十六条**　日本臣民ハ法律ニ定メタル場合ヲ除ク外信書ノ秘密ヲ侵サルヽコトナシ

**第二十七条**　日本臣民ハ其ノ所有権ヲ侵サルヽコトナシ

２　公益ノ為必要ナル処分ハ法律ノ定ムル所ニ依ル

**第二十八条**　日本臣民ハ安寧秩序ヲ妨ケス及臣民タルノ義務ニ背カサル限ニ於テ信教ノ自由ヲ有ス

**第二十九条**　日本臣民ハ法律ノ範囲内ニ於テ言論著作印行集会及結社ノ自由ヲ有ス

**第三十条**　日本臣民ハ相当ノ敬礼ヲ守リ別ニ定ムル所ノ規程ニ従ヒ請願ヲ為スコトヲ得

**第三十一条**　本章ニ掲ケタル条規ハ戦時又ハ国家事変ノ場合ニ於テ天皇大権ノ施行ヲ妨クルコトナシ

**第三十二条**　本章ニ掲ケタル条規ハ陸海軍ノ法令又ハ紀律ニ牴触セサルモノニ限リ軍人ニ準行ス

---

| 日本国憲法（抄録） |
|---|

　朕は、日本国民の総意に基いて、新日本建設の礎が、定まるに至つたことを、深くよろこび、枢密顧問の諮詢及び帝国憲法第七十三条による帝国議会の議決を経た帝国憲法の改正を裁可し、ここにこれを公布せしめる。

**御名御璽**

昭和二十一年十一月三日

内閣総理大臣兼

外務大臣　　吉田茂

国務大臣　　男爵　幣原喜重郎

司法大臣　　木村篤太郎

内務大臣　　大村清一

文部大臣　　田中耕太郎

農林大臣　　和田博雄

国務大臣　　斎藤隆夫

逓信大臣　　一松定吉

商工大臣　　星島二郎

厚生大臣　　河合良成

国務大臣　　植原悦二郎

運輸大臣　　平塚常次郎

大蔵大臣　　石橋湛山

国務大臣　　金森徳次郎

参考資料

国務大臣　膳桂之助

　日本国民は、正当に選挙された国会における代表者を通じて行動し、われらとわれらの子孫のために、諸国民との協和による成果と、わが国全土にわたつて自由のもたらす恵沢を確保し、政府の行為によつて再び戦争の惨禍が起ることのないやうにすることを決意し、ここに主権が国民に存することを宣言し、この憲法を確定する。そもそも国政は、国民の厳粛な信託によるものであつて、その権威は国民に由来し、その権力は国民の代表者がこれを行使し、その福利は国民がこれを享受する。これは人類普遍の原理であり、この憲法は、かかる原理に基くものである。われらは、これに反する一切の憲法、法令及び詔勅を排除する。

　日本国民は、恒久の平和を念願し、人間相互の関係を支配する崇高な理想を深く自覚するのであつて、平和を愛する諸国民の公正と信義に信頼して、われらの安全と生存を保持しようと決意した。われらは、平和を維持し、専制と隷従、圧迫と偏狭を地上から永遠に除去しようと努めてゐる国際社会において、名誉ある地位を占めたいと思ふ。われらは、全世界の国民が、ひとしく恐怖と欠乏から免かれ、平和のうちに生存する権利を有することを確認する。

　われらは、いづれの国家も、自国のことのみに専念して他国を無視してはならないのであつて、政治道徳の法則は、普遍的なものであり、この法則に従ふことは、自国の主権を維持し、他国と対等関係に立たうとする各国の責務であると信ずる。

　日本国民は、国家の名誉にかけ、全力をあげてこの崇高な理想と目的を達成することを誓ふ。

## 第一章　天皇

〔天皇の地位と主権在民〕

**第一条**　天皇は、日本国の象徴であり日本国民統合の象徴であつて、この地位は、主権の存する日本国民の総意に基く。

## 第三章　国民の権利及び義務

〔国民たる要件〕

**第十条**　日本国民たる要件は、法律でこれを定める。

〔基本的人権〕

**第十一条**　国民は、すべての基本的人権の享有を妨げられない。この憲法が国民に保障する基本的人権は、侵すことのできない永久の権利として、現在及び将来の国民に与へられる。

〔自由及び権利の保持義務と公共福祉性〕

**第十二条**　この憲法が国民に保障する自由及び権利は、国民の不断の努力によつて、これを保持しなければならない。又、国民は、これを濫用してはならないのであつて、常に公共の福祉のためにこれを利用する責任を負ふ。

〔個人の尊重と公共の福祉〕

**第十三条**　すべて国民は、個人として尊重される。生命、自由及び幸福追求に対する国民の権利については、公共の福祉に反しない限り、立法その他の国政の上で、最大の尊重を必要とする。

〔平等原則、貴族制度の否認及び栄典の限界〕

**第十四条**　すべて国民は、法の下に平等であつて、人種、信条、性別、社会的身分又は門地により、政治的、経済的又は社会的関係において、差別されない。

２　華族その他の貴族の制度は、これを認めない。

３　栄誉、勲章その他の栄典の授与は、いかなる特権も伴はない。栄典の授与は、現にこれを有し、又は将来これを受ける者の一代に限り、その効力を有する。

〔公務員の選定罷免権、公務員の本質、普通選挙の保障及び投票秘密の保障〕

**第十五条**　公務員を選定し、及びこれを罷免することは、国民固有の権利である。

２　すべて公務員は、全体の奉仕者であつて、一部の奉仕者ではない。

３　公務員の選挙については、成年者による普通選挙を保障する。

４　すべて選挙における投票の秘密は、これを侵してはならない。選挙人は、その選択に関し公的にも私的にも責任を問はれない。

〔請願権〕

**第十六条**　何人も、損害の救済、公務員の罷免、法律、命令又は規則の制定、廃止又は改正その他の事項

157

に関し、平穏に請願する権利を有し、何人も、かかる請願をしたためにいかなる差別待遇も受けない。

〔公務員の不法行為による損害の賠償〕

第十七条　何人も、公務員の不法行為により、損害を受けたときは、法律の定めるところにより、国又は公共団体に、その賠償を求めることができる。

〔奴隷的拘束及び苦役の禁止〕

第十八条　何人も、いかなる奴隷的拘束も受けない。又、犯罪に因る処罰の場合を除いては、その意に反する苦役に服させられない。

〔思想及び良心の自由〕

第十九条　思想及び良心の自由は、これを侵してはならない。

〔信教の自由〕

第二十条　信教の自由は、何人に対してもこれを保障する。いかなる宗教団体も、国から特権を受け、又は政治上の権力を行使してはならない。

2　何人も、宗教上の行為、祝典、儀式又は行事に参加することを強制されない。

3　国及びその機関は、宗教教育その他いかなる宗教的活動もしてはならない。

〔集会、結社及び表現の自由と通信秘密の保護〕

第二十一条　集会、結社及び言論、出版その他一切の表現の自由は、これを保障する。

2　検閲は、これをしてはならない。通信の秘密は、これを侵してはならない。

〔居住、移転、職業選択、外国移住及び国籍離脱の自由〕

第二十二条　何人も、公共の福祉に反しない限り、居住、移転及び職業選択の自由を有する。

2　何人も、外国に移住し、又は国籍を離脱する自由を侵されない。

〔学問の自由〕

第二十三条　学問の自由は、これを保障する。

〔家族関係における個人の尊厳と両性の平等〕

第二十四条　婚姻は、両性の合意のみに基いて成立し、夫婦が同等の権利を有することを基本として、相互の協力により、維持されなければならない。

2　配偶者の選択、財産権、相続、住居の選定、離婚並びに婚姻及び家族に関するその他の事項に関しては、法律は、個人の尊厳と両性の本質的平等に立脚して、制定されなければならない。

〔生存権及び国民生活の社会的進歩向上に努める国の義務〕

第二十五条　すべて国民は、健康で文化的な最低限度の生活を営む権利を有する。

2　国は、すべての生活部面について、社会福祉、社会保障及び公衆衛生の向上及び増進に努めなければならない。

〔教育を受ける権利と受けさせる義務〕

第二十六条　すべて国民は、法律の定めるところにより、その能力に応じて、ひとしく教育を受ける権利を有する。

2　すべて国民は、法律の定めるところにより、その保護する子女に普通教育を受けさせる義務を負ふ。義務教育は、これを無償とする。

〔勤労の権利と義務、勤労条件の基準及び児童酷使の禁止〕

第二十七条　すべて国民は、勤労の権利を有し、義務を負ふ。

2　賃金、就業時間、休息その他の勤労条件に関する基準は、法律でこれを定める。

3　児童は、これを酷使してはならない。

〔勤労者の団結権及び団体行動権〕

第二十八条　勤労者の団結する権利及び団体交渉その他の団体行動をする権利は、これを保障する。

〔財産権〕

第二十九条　財産権は、これを侵してはならない。

2　財産権の内容は、公共の福祉に適合するやうに、法律でこれを定める。

3　私有財産は、正当な補償の下に、これを公共のために用ひることができる。

〔納税の義務〕

第三十条　国民は、法律の定めるところにより、納税の義務を負ふ。

参考資料

〔生命及び自由の保障と科刑の制約〕
第三十一条　何人も、法律の定める手続によらなければ、その生命若しくは自由を奪はれ、又はその他の刑罰を科せられない。
〔裁判を受ける権利〕
第三十二条　何人も、裁判所において裁判を受ける権利を奪はれない。
〔逮捕の制約〕
第三十三条　何人も、現行犯として逮捕される場合を除いては、権限を有する司法官憲が発し、且つ理由となつてゐる犯罪を明示する令状によらなければ、逮捕されない。
〔抑留及び拘禁の制約〕
第三十四条　何人も、理由を直ちに告げられ、且つ、直ちに弁護人に依頼する権利を与へられなければ、抑留又は拘禁されない。又、何人も、正当な理由がなければ、拘禁されず、要求があれば、その理由は、直ちに本人及びその弁護人の出席する公開の法廷で示されなければならない。
〔侵入、捜索及び押収の制約〕
第三十五条　何人も、その住居、書類及び所持品について、侵入、捜索及び押収を受けることのない権利は、第三十三条の場合を除いては、正当な理由に基いて発せられ、且つ捜索する場所及び押収する物を明示する令状がなければ、侵されない。
２　捜索又は押収は、権限を有する司法官憲が発する各別の令状により、これを行ふ。
〔拷問及び残虐な刑罰の禁止〕
第三十六条　公務員による拷問及び残虐な刑罰は、絶対にこれを禁ずる。
〔刑事被告人の権利〕
第三十七条　すべて刑事事件においては、被告人は、公平な裁判所の迅速な公開裁判を受ける権利を有する。
２　刑事被告人は、すべての証人に対して審問する機会を充分に与へられ、又、公費で自己のために強制的手続により証人を求める権利を有する。
３　刑事被告人は、いかなる場合にも、資格を有する弁護人を依頼することができる。被告人が自らこれを依頼することができないときは、国でこれを附する。
〔自白強要の禁止と自白の証拠能力の限界〕
第三十八条　何人も、自己に不利益な供述を強要されない。
２　強制、拷問若しくは脅迫による自白又は不当に長く抑留若しくは拘禁された後の自白は、これを証拠とすることができない。
３　何人も、自己に不利益な唯一の証拠が本人の自白である場合には、有罪とされ、又は刑罰を科せられない。
〔遡及処罰、二重処罰等の禁止〕
第三十九条　何人も、実行の時に適法であつた行為又は既に無罪とされた行為については、刑事上の責任を問はれない。又、同一の犯罪について、重ねて刑事上の責任を問はれない。
〔刑事補償〕
第四十条　何人も、抑留又は拘禁された後、無罪の裁判を受けたときは、法律の定めるところにより、国にその補償を求めることができる。
第四章　国会
〔国会の地位〕
第四十一条　国会は、国権の最高機関であつて、国の唯一の立法機関である。

---

教育基本法（旧法）

（昭和二十二年三月三十一日法律第二十五号）
　われらは、さきに、日本国憲法を確定し、民主的で文化的な国家を建設して、世界の平和と人類の福祉に貢献しようとする決意を示した。この理想の実現は、根本において教育の力にまつべきものである。
　われらは、個人の尊厳を重んじ、真理と平和を希求する人間の育成を期するとともに、普遍的にしてしか

159

も個性ゆたかな文化の創造をめざす教育を普及徹底しなければならない。

　ここに、日本国憲法の精神に則り、教育の目的を明示して、新しい日本の教育の基本を確立するため、この法律を制定する。

**第一条（教育の目的）**　教育は、人格の完成をめざし、平和的な国家及び社会の形成者として、真理と正義を愛し、個人の価値をたつとび、勤労と責任を重んじ、自主的精神に充ちた心身とも健康な国民の育成を期して行われなければならない。

**第二条（教育の方針）**　教育の目的は、あらゆる機会に、あらゆる場所において実現されなければならない。この目的を達成するためには、学問の自由を尊重し、実際生活に即し、自発的精神を養い、自他の敬愛と協力によつて、文化の創造と発展に貢献するように努めなければならない。

**第三条（教育の機会均等）**　①すべて国民は、ひとしく、その能力に応ずる教育を受ける機会与えられなければならないものであつて、人種、信条、性別、社会的身分、経済的地位又は門地によつて、教育上差別されない。

②国及び地方公共団体は、能力があるにもかかわらず、経済的理由によつて修学困難な者に対して、奨学の方法を講じなければならない。

**第四条（義務教育）**　①国民は、その保護する子女に、九年の普通教育を受けさせる義務を負う。

②国又は地方公共団体の設置する学校における義務教育については、授業料は、これを徴収しない。

**第五条（男女共学）**　男女は、互に敬重し、協力し合わなければならないものであつて、教育上男女の共学は、認められなければならない。

**第六条（学校教育）**　①法律に定める学校は、公の性質をもつものであつて、国又は地方公共団体の外、法律に定める法人のみが、これを設置することができる。

②法律に定める学校の教員は、全体の奉仕者であつて、自己の使命を自覚し、その職責の遂行に努めなければならない。このためには、教員の身分は、尊重され、その待遇の適正が、期せられなければならない。

**第七条（社会教育）**　①家庭教育及び勤労の場所その他社会において行われる教育は、国及び地方公共団体によつて奨励されなければならない。

②国及び地方公共団体は、図書館、博物館、公民館等の施設の設置、学校の施設の利用その他適当な方法によつて教育の目的の実現に努めなければならない。

**第八条（政治教育）**　①良識ある公民たるに必要な政治的教養は、教育上これを尊重しなければならない。

②法律に定める学校は、特定の政党を支持し、又はこれに反対するための政治教育その他政治的活動をしてはならない。

**第九条（宗教教育）**　①宗教に関する寛容の態度及び宗教の社会生活における地位は、教育上これを尊重しなければならない。

②国及び地方公共団体の設置する学校は、特定の宗教のための宗教教育その他宗教的活動をしてはならない。

**第十条（教育行政）**　①教育は、不当な支配に服することなく、国民全体に対し直接に責任を負つて行われるべきものである。

②教育行政は、この自覚のもとに、教育の目的を遂行するに必要な諸条件の整備確立を目標として行われなければならない。

**第十一条（補則）**　この法律に掲げる諸条項を実施するために必要がある場合には、適当な法令が制定されなければならない。

---

| 教育基本法（現行法） |
| --- |

（平成十八年十二月二十二日法律第百二十号）

**前文**

　我々日本国民は、たゆまぬ努力によって築いてきた民主的で文化的な国家を更に発展させるとともに、世界の平和と人類の福祉の向上に貢献することを願うものである。

　我々は、この理想を実現するため、個人の尊厳を重んじ、真理と正義を希求し、公共の精神を尊び、豊かな人間性と創造性を備えた人間の育成を期するとともに、伝統を継承し、新しい文化の創造を目指す教育を

参考資料

推進する。

　ここに、我々は、日本国憲法の精神にのっとり、我が国の未来を切り拓く教育の基本を確立し、その振興を図るため、この法律を制定する。

## 第一章　教育の目的及び理念

（教育の目的）

**第一条**　教育は、人格の完成を目指し、平和で民主的な国家及び社会の形成者として必要な資質を備えた心身ともに健康な国民の育成を期して行われなければならない。

（教育の目標）

**第二条**　教育は、その目的を実現するため、学問の自由を尊重しつつ、次に掲げる目標を達成するよう行われるものとする。

一　幅広い知識と教養を身に付け、真理を求める態度を養い、豊かな情操と道徳心を培うとともに、健やかな身体を養うこと。

二　個人の価値を尊重して、その能力を伸ばし、創造性を培い、自主及び自律の精神を養うとともに、職業及び生活との関連を重視し、勤労を重んずる態度を養うこと。

三　正義と責任、男女の平等、自他の敬愛と協力を重んずるとともに、公共の精神に基づき、主体的に社会の形成に参画し、その発展に寄与する態度を養うこと。

四　生命を尊び、自然を大切にし、環境の保全に寄与する態度を養うこと。

五　伝統と文化を尊重し、それらをはぐくんできた我が国と郷土を愛するとともに、他国を尊重し、国際社会の平和と発展に寄与する態度を養うこと。

（生涯学習の理念）

**第三条**　国民一人一人が、自己の人格を磨き、豊かな人生を送ることができるよう、その生涯にわたって、あらゆる機会に、あらゆる場所において学習することができ、その成果を適切に生かすことのできる社会の実現が図られなければならない。

（教育の機会均等）

**第四条**　すべて国民は、ひとしく、その能力に応じた教育を受ける機会を与えられなければならず、人種、信条、性別、社会的身分、経済的地位又は門地によって、教育上差別されない。

2　国及び地方公共団体は、障害のある者が、その障害の状態に応じ、十分な教育を受けられるよう、教育上必要な支援を講じなければならない。

3　国及び地方公共団体は、能力があるにもかかわらず、経済的理由によって修学が困難な者に対して、奨学の措置を講じなければならない。

## 第二章　教育の実施に関する基本

（義務教育）

**第五条**　国民は、その保護する子に、別に法律で定めるところにより、普通教育を受けさせる義務を負う。

2　義務教育として行われる普通教育は、各個人の有する能力を伸ばしつつ社会において自立的に生きる基礎を培い、また、国家及び社会の形成者として必要とされる基本的な資質を養うことを目的として行われるものとする。

3　国及び地方公共団体は、義務教育の機会を保障し、その水準を確保するため、適切な役割分担及び相互の協力の下、その実施に責任を負う。

4　国又は地方公共団体の設置する学校における義務教育については、授業料を徴収しない。

（学校教育）

**第六条**　法律に定める学校は、公の性質を有するものであって、国、地方公共団体及び法律に定める法人のみが、これを設置することができる。

2　前項の学校においては、教育の目標が達成されるよう、教育を受ける者の心身の発達に応じて、体系的な教育が組織的に行われなければならない。この場合において、教育を受ける者が、学校生活を営む上で必要な規律を重んずるとともに、自ら進んで学習に取り組む意欲を高めることを重視して行われなければならない。

（大学）

**第七条**　大学は、学術の中心として、高い教養と専門的能力を培うとともに、深く真理を探究して新たな

161

知見を創造し、これらの成果を広く社会に提供することにより、社会の発展に寄与するものとする。

2　大学については、自主性、自律性その他の大学における教育及び研究の特性が尊重されなければならない。

（私立学校）

第八条　私立学校の有する公の性質及び学校教育において果たす重要な役割にかんがみ、国及び地方公共団体は、その自主性を尊重しつつ、助成その他の適当な方法によって私立学校教育の振興に努めなければならない。

（教員）

第九条　法律に定める学校の教員は、自己の崇高な使命を深く自覚し、絶えず研究と修養に励み、その職責の遂行に努めなければならない。

2　前項の教員については、その使命と職責の重要性にかんがみ、その身分は尊重され、待遇の適正が期せられるとともに、養成と研修の充実が図られなければならない。

（家庭教育）

第十条　父母その他の保護者は、子の教育について第一義的責任を有するものであって、生活のために必要な習慣を身に付けさせるとともに、自立心を育成し、心身の調和のとれた発達を図るよう努めるものとする。

2　国及び地方公共団体は、家庭教育の自主性を尊重しつつ、保護者に対する学習の機会及び情報の提供その他の家庭教育を支援するために必要な施策を講ずるよう努めなければならない。

（幼児期の教育）

第十一条　幼児期の教育は、生涯にわたる人格形成の基礎を培う重要なものであることにかんがみ、国及び地方公共団体は、幼児の健やかな成長に資する良好な環境の整備その他適当な方法によって、その振興に努めなければならない。

（社会教育）

第十二条　個人の要望や社会の要請にこたえ、社会において行われる教育は、国及び地方公共団体によって奨励されなければならない。

2　国及び地方公共団体は、図書館、博物館、公民館その他の社会教育施設の設置、学校の施設の利用、学習の機会及び情報の提供その他の適当な方法によって社会教育の振興に努めなければならない。

（学校、家庭及び地域住民等の相互の連携協力）

第十三条　学校、家庭及び地域住民その他の関係者は、教育におけるそれぞれの役割と責任を自覚するとともに、相互の連携及び協力に努めるものとする。

（政治教育）

第十四条　良識ある公民として必要な政治的教養は、教育上尊重されなければならない。

2　法律に定める学校は、特定の政党を支持し、又はこれに反対するための政治教育その他政治的活動をしてはならない。

（宗教教育）

第十五条　宗教に関する寛容の態度、宗教に関する一般的な教養及び宗教の社会生活における地位は、教育上尊重されなければならない。

2　国及び地方公共団体が設置する学校は、特定の宗教のための宗教教育その他宗教的活動をしてはならない。

第三章　教育行政

（教育行政）

第十六条　教育は、不当な支配に服することなく、この法律及び他の法律の定めるところにより行われるべきものであり、教育行政は、国と地方公共団体との適切な役割分担及び相互の協力の下、公正かつ適正に行われなければならない。

2　国は、全国的な教育の機会均等と教育水準の維持向上を図るため、教育に関する施策を総合的に策定し、実施しなければならない。

3　地方公共団体は、その地域における教育の振興を図るため、その実情に応じた教育に関する施策を策定し、実施しなければならない。

4 国及び地方公共団体は、教育が円滑かつ継続的に実施されるよう、必要な財政上の措置を講じなければならない。

**（教育振興基本計画）**
**第十七条** 政府は、教育の振興に関する施策の総合的かつ計画的な推進を図るため、教育の振興に関する施策についての基本的な方針及び講ずべき施策その他必要な事項について、基本的な計画を定め、これを国会に報告するとともに、公表しなければならない。
2 地方公共団体は、前項の計画を参酌し、その地域の実情に応じ、当該地方公共団体における教育の振興のための施策に関する基本的な計画を定めるよう努めなければならない。

**第四章　法令の制定**
**第十八条** この法律に規定する諸条項を実施するため、必要な法令が制定されなければならない。

---

## 地方教育行政の組織及び運営に関する法律（抄録）

（昭和三十一年六月三十日法律百六十二号）
最終改正：平成三〇年六月八日法律第四二号

**第一章　総則**
**（この法律の趣旨）**
**第一条** この法律は、教育委員会の設置、学校その他の教育機関の職員の身分取扱その他地方公共団体における教育行政の組織及び運営の基本を定めることを目的とする。
**（基本理念）**
**第一条の二** 地方公共団体における教育行政は、教育基本法（平成十八年法律第百二十号）の趣旨にのつとり、教育の機会均等、教育水準の維持向上及び地域の実情に応じた教育の振興が図られるよう、国との適切な役割分担及び相互の協力の下、公正かつ適正に行われなければならない。
**（大綱の策定等）**
**第一条の三** 地方公共団体の長は、教育基本法第十七条第一項に規定する基本的な方針を参酌し、その地域の実情に応じ、当該地方公共団体の教育、学術及び文化の振興に関する総合的な施策の大綱（以下単に「大綱」という。）を定めるものとする。
2 地方公共団体の長は、大綱を定め、又はこれを変更しようとするときは、あらかじめ、次条第一項の総合教育会議において協議するものとする。
3 地方公共団体の長は、大綱を定め、又はこれを変更したときは、遅滞なく、これを公表しなければならない。
4 第一項の規定は、地方公共団体の長に対し、第二十一条に規定する事務を管理し、又は執行する権限を与えるものと解釈してはならない。
**（総合教育会議）**
**第一条の四** 地方公共団体の長は、大綱の策定に関する協議及び次に掲げる事項についての協議並びにこれらに関する次項各号に掲げる構成員の事務の調整を行うため、総合教育会議を設けるものとする。
一　教育を行うための諸条件の整備その他の地域の実情に応じた教育、学術及び文化の振興を図るため重点的に講ずべき施策
二　児童、生徒等の生命又は身体に現に被害が生じ、又はまさに被害が生ずるおそれがあると見込まれる場合等の緊急の場合に講ずべき措置
2 総合教育会議は、次に掲げる者をもつて構成する。
一　地方公共団体の長
二　教育委員会
3 総合教育会議は、地方公共団体の長が招集する。
4 教育委員会は、その権限に属する事務に関して協議する必要があると思料するときは、地方公共団体の長に対し、協議すべき具体的事項を示して、総合教育会議の招集を求めることができる。
5 総合教育会議は、第1項の協議を行うに当たつて必要があると認めるときは、関係者又は学識経験を有する者から、当該協議すべき事項に関して意見を聴くことができる。

6　総合教育会議は、公開する。ただし、個人の秘密を保つため必要があると認めるとき、又は会議の公正が害されるおそれがあると認めるときその他公益上必要があると認めるときは、この限りでない。

7　地方公共団体の長は、総合教育会議の終了後、遅滞なく、総合教育会議の定めるところにより、その議事録を作成し、これを公表するよう努めなければならない。

8　総合教育会議においてその構成員の事務の調整が行われた事項については、当該構成員は、その調整の結果を尊重しなければならない。

9　前各項に定めるもののほか、総合教育会議の運営に関し必要な事項は、総合教育会議が定める。

## 第二章　教育委員会の設置及び組織
## 第一節　教育委員会の設置、教育長及び委員並びに会議

（設置）

**第二条**　都道府県、市（特別区を含む。以下同じ。）町村及び第二十一条に規定する事務の全部又は一部を処理する地方公共団体の組合に教育委員会を置く。

（組織）

**第三条**　教育委員会は、教育長及び四人の委員をもつて組織する。ただし、条例で定めるところにより、都道府県若しくは市又は地方公共団体の組合のうち都道府県若しくは市が加入するものの教育委員会にあつては教育長及び五人以上の委員、町村又は地方公共団体の組合のうち町村のみが加入するものの教育委員会にあつては教育長及び二人以上の委員をもつて組織することができる。

（任命）

**第四条**　教育長は、当該地方公共団体の長の被選挙権を有する者で、人格が高潔で、教育行政に関し識見を有するもののうちから、地方公共団体の長が、議会の同意を得て、任命する。

2　委員は、当該地方公共団体の長の被選挙権を有する者で、人格が高潔で、教育、学術及び文化（以下単に「教育」という。）に関し識見を有するもののうちから、地方公共団体の長が、議会の同意を得て、任命する。

3　次の各号のいずれかに該当する者は、教育長又は委員となることができない。

一　破産手続開始の決定を受けて復権を得ない者

二　禁錮以上の刑に処せられた者

4　教育長及び委員の任命については、そのうち委員の定数に一を加えた数の二分の一以上の者が同一の政党に所属することとなつてはならない。

5　地方公共団体の長は、第二項の規定による委員の任命に当たつては、委員の年齢、性別、職業等に著しい偏りが生じないように配慮するとともに、委員のうちに保護者（親権を行う者及び未成年後見人をいう。第四十七条の六第二項第二号及び第五項において同じ。）である者が含まれるようにしなければならない。

（任期）

**第五条**　教育長の任期は三年とし、委員の任期は四年とする。ただし、補欠の教育長又は委員の任期は、前任者の残任期間とする。

2　教育長及び委員は、再任されることができる。

（教育長）

**第十三条**　教育長は、教育委員会の会務を総理し、教育委員会を代表する。

2　教育長に事故があるとき、又は教育長が欠けたときは、あらかじめその指名する委員がその職務を行う。

（会議）

**第十四条**　教育委員会の会議は、教育長が招集する。

2　教育長は、委員の定数の三分の一以上の委員から会議に付議すべき事件を示して会議の招集を請求された場合には、遅滞なく、これを招集しなければならない。

3　教育委員会は、教育長及び在任委員の過半数が出席しなければ、会議を開き、議決をすることができない。ただし、第六項の規定による除斥のため過半数に達しないとき、又は同一の事件につき再度招集しても、なお過半数に達しないときは、この限りでない。

4　教育委員会の会議の議事は、第七項ただし書の発議に係るものを除き、出席者の過半数で決し、可否同数のときは、教育長の決するところによる。

5〜9　略

右上：参考資料

**（教育委員会規則の制定等）**
**第十五条**　教育委員会は、法令又は条例に違反しない限りにおいて、その権限に属する事務に関し、教育委員会規則を制定することができる。
2　教育委員会規則その他教育委員会の定める規程で公表を要するものの公布に関し必要な事項は、教育委員会規則で定める。
**（教育委員会の議事運営）**
**第十六条**　この法律に定めるもののほか、教育委員会の会議その他教育委員会の議事の運営に関し必要な事項は、教育委員会規則で定める。
**第二節　事務局**
**（事務局）**
**第十七条**　教育委員会の権限に属する事務を処理させるため、教育委員会に事務局を置く。
2　教育委員会の事務局の内部組織は、教育委員会規則で定める。
**（指導主事その他の職員）**
**第十八条**　都道府県に置かれる教育委員会（以下「都道府県委員会」という。）の事務局に、指導主事、事務職員及び技術職員を置くほか、所要の職員を置く。
2　市町村に置かれる教育委員会（以下「市町村委員会」という。）の事務局に、前項の規定に準じて指導主事その他の職員を置く。
3　指導主事は、上司の命を受け、学校（学校教育法（昭和二十二年法律第二十六号）第一条に規定する学校及び就学前の子どもに関する教育、保育等の総合的な提供の推進に関する法律（平成十八年法律第七十七号）第二条第七項に規定する幼保連携型認定こども園（以下「幼保連携型認定こども園」という。）をいう。以下同じ。）における教育課程、学習指導その他学校教育に関する専門的事項の指導に関する事務に従事する。
4　指導主事は、教育に関し識見を有し、かつ、学校における教育課程、学習指導その他学校教育に関する専門的事項について教養と経験がある者でなければならない。指導主事は、大学以外の公立学校（地方公共団体が設置する学校をいう。以下同じ。）の教員（教育公務員特例法（昭和二十四年法律第一号）第二条第二項に規定する教員をいう。以下同じ。）をもつて充てることができる。
5　事務職員は、上司の命を受け、事務に従事する。
6　技術職員は、上司の命を受け、技術に従事する。
7　第一項及び第二項の職員は、教育委員会が任命する。
8　教育委員会は、事務局の職員のうち所掌事務に係る教育行政に関する相談に関する事務を行う職員を指定するものとする。
9　前各項に定めるもののほか、教育委員会の事務局に置かれる職員に関し必要な事項は、政令で定める。
**（事務局職員の身分取扱い）**
**第二十条**　第十八条第一項及び第二項に規定する事務局の職員の任免、人事評価、給与、懲戒、服務、退職管理その他の身分取扱いに関する事項は、この法律及び教育公務員特例法に特別の定めがあるものを除き、地方公務員法の定めるところによる。
**第三章　教育委員会及び地方公共団体の長の職務権限**
**（教育委員会の職務権限）**
**第二十一条**　教育委員会は、当該地方公共団体が処理する教育に関する事務で、次に掲げるものを管理し、及び執行する。
一　教育委員会の所管に属する第三十条に規定する学校その他の教育機関（以下「学校その他の教育機関」という。）の設置、管理及び廃止に関すること。
二　教育委員会の所管に属する学校その他の教育機関の用に供する財産（以下「教育財産」という。）の管理に関すること。
三　教育委員会及び教育委員会の所管に属する学校その他の教育機関の職員の任免その他の人事に関すること。
四　学齢生徒及び学齢児童の就学並びに生徒、児童及び幼児の入学、転学及び退学に関すること。
五　教育委員会の所管に属する学校の組織編制、教育課程、学習指導、生徒指導及び職業指導に関すること。

六　教科書その他の教材の取扱いに関すること。

七　校舎その他の施設及び教具その他の設備の整備に関すること。

八　校長、教員その他の教育関係職員の研修に関すること。

九　校長、教員その他の教育関係職員並びに生徒、児童及び幼児の保健、安全、厚生及び福利に関すること。

十　教育委員会の所管に属する学校その他の教育機関の環境衛生に関すること。

十一　学校給食に関すること。

十二　青少年教育、女性教育及び公民館の事業その他社会教育に関すること。

十三　スポーツに関すること。

十四　文化財の保護に関すること。

十五　ユネスコ活動に関すること。

十六　教育に関する法人に関すること。

十七　教育に係る調査及び基幹統計その他の統計に関すること。

十八　所掌事務に係る広報及び所掌事務に係る教育行政に関する相談に関すること。

十九　前各号に掲げるもののほか、当該地方公共団体の区域内における教育に関する事務に関すること。

**（長の職務権限）**

**第二十二条**　地方公共団体の長は、大綱の策定に関する事務のほか、次に掲げる教育に関する事務を管理し、及び執行する。

一　大学に関すること。

二　幼保連携型認定こども園に関すること。

三　私立学校に関すること。

四　教育財産を取得し、及び処分すること。

五　教育委員会の所掌に係る事項に関する契約を結ぶこと。

六　前号に掲げるもののほか、教育委員会の所掌に係る事項に関する予算を執行すること。

**（職務権限の特例）**

**第二十三条**　前二条の規定にかかわらず、地方公共団体は、前条各号に掲げるもののほか、条例の定めるところにより、当該地方公共団体の長が、次の各号に掲げる教育に関する事務のいずれか又は全てを管理し、及び執行することとすることができる。

一　スポーツに関すること（学校における体育に関することを除く。）。

二　文化に関すること（次号に掲げるものを除く。）。

三　文化財の保護に関すること。

2　地方公共団体の議会は、前項の条例の制定又は改廃の議決をする前に、当該地方公共団体の教育委員会の意見を聴かなければならない。

**（事務処理の法令準拠）**

**第二十四条**　教育委員会及び地方公共団体の長は、それぞれ前三条の事務を管理し、及び執行するに当たつては、法令、条例、地方公共団体の規則並びに地方公共団体の機関の定める規則及び規程に基づかなければならない。

**（事務の委任等）**

**第二十五条**　教育委員会は、教育委員会規則で定めるところにより、その権限に属する事務の一部を教育長に委任し、又は教育長をして臨時に代理させることができる。

2〜4　略

**（教育に関する事務の管理及び執行の状況の点検及び評価等）**

**第二十六条**　教育委員会は、毎年、その権限に属する事務（前条第一項の規定により教育長に委任された事務その他教育長の権限に属する事務（同条第四項の規定により事務局職員等に委任された事務を含む。）を含む。）の管理及び執行の状況について点検及び評価を行い、その結果に関する報告書を作成し、これを議会に提出するとともに、公表しなければならない。

2　教育委員会は、前項の点検及び評価を行うに当たつては、教育に関し学識経験を有する者の知見の活用を図るものとする。

**（幼保連携型認定こども園に関する意見聴取）**

**第二十七条**　地方公共団体の長は、当該地方公共団体が設置する幼保連携型認定こども園に関する事務のうち、幼保連携型認定こども園における教育課程に関する基本的事項の策定その他の当該地方公共団体の教育委員会の権限に属する事務と密接な関連を有するものとして当該地方公共団体の規則で定めるものの実施に当たつては、当該教育委員会の意見を聴かなければならない。

２　地方公共団体の長は、前項の規則を制定し、又は改廃しようとするときは、あらかじめ、当該地方公共団体の教育委員会の意見を聴かなければならない。

**（幼保連携型認定こども園に関する意見の陳述）**

**第二十七条の二**　教育委員会は、当該地方公共団体が設置する幼保連携型認定こども園に関する事務の管理及び執行について、その職務に関して必要と認めるときは、当該地方公共団体の長に対し、意見を述べることができる。

**（幼保連携型認定こども園に関する資料の提供等）**

**第二十七条の三**　教育委員会は、前二条の規定による権限を行うため必要があるときは、当該地方公共団体の長に対し、必要な資料の提供その他の協力を求めることができる。

**（幼保連携型認定こども園に関する事務に係る教育委員会の助言又は援助）**

**第二十七条の四**　地方公共団体の長は、第二十二条第二号に掲げる幼保連携型認定こども園に関する事務を管理し、及び執行するに当たり、必要と認めるときは、当該地方公共団体の教育委員会に対し、学校教育に関する専門的事項について助言又は援助を求めることができる。

**（私立学校に関する事務に係る都道府県委員会の助言又は援助）**

**第二十七条の五**　都道府県知事は、第二十二条第三号に掲げる私立学校に関する事務を管理し、及び執行するに当たり、必要と認めるときは、当該都道府県委員会に対し、学校教育に関する専門的事項について助言又は援助を求めることができる。

**（教育財産の管理等）**

**第二十八条**　教育財産は、地方公共団体の長の総括の下に、教育委員会が管理するものとする。

２　地方公共団体の長は、教育委員会の申出をまつて、教育財産の取得を行うものとする。

３　地方公共団体の長は、教育財産を取得したときは、すみやかに教育委員会に引き継がなければならない。

**（教育委員会の意見聴取）**

**第二十九条**　地方公共団体の長は、歳入歳出予算のうち教育に関する事務に係る部分その他特に教育に関する事務について定める議会の議決を経るべき事件の議案を作成する場合においては、教育委員会の意見をきかなければならない。

**第四章　教育機関**

**第一節　通則**

**（教育機関の設置）**

**第三十条**　地方公共団体は、法律で定めるところにより、学校、図書館、博物館、公民館その他の教育機関を設置するほか、条例で、教育に関する専門的、技術的事項の研究又は教育関係職員の研修、保健若しくは福利厚生に関する施設その他の必要な教育機関を設置することができる。

**（教育機関の職員）**

**第三十一条**　前条に規定する学校に、法律で定めるところにより、学長、校長、園長、教員、事務職員、技術職員その他の所要の職員を置く。

２　前条に規定する学校以外の教育機関に、法律又は条例で定めるところにより、事務職員、技術職員その他の所要の職員を置く。

３　前二項に規定する職員の定数は、この法律に特別の定がある場合を除き、当該地方公共団体の条例で定めなければならない。ただし、臨時又は非常勤の職員については、この限りでない。

**（教育機関の所管）**

**第三十二条**　学校その他の教育機関のうち、大学及び幼保連携型認定こども園は地方公共団体の長が、その他のものは教育委員会が所管する。ただし、第23条第1項の条例の定めるところにより地方公共団体の長が管理し、及び執行することとされた事務のみに係る教育機関は、地方公共団体の長が所管する。

**（学校等の管理）**

**第三十三条**　教育委員会は、法令又は条例に違反しない限度において、その所管に属する学校その他の教

167

育機関の施設、設備、組織編制、教育課程、教材の取扱その他学校その他の教育機関の管理運営の基本的事項について、必要な教育委員会規則を定めるものとする。この場合において、当該教育委員会規則で定めようとする事項のうち、その実施のためには新たに予算を伴うこととなるものについては、教育委員会は、あらかじめ当該地方公共団体の長に協議しなければならない。

2　前項の場合において、教育委員会は、学校における教科書以外の教材の使用について、あらかじめ、教育委員会に届け出させ、又は教育委員会の承認を受けさせることとする定を設けるものとする。

**（教育機関の職員の任命）**

**第三十四条**　教育委員会の所管に属する学校その他の教育機関の校長、園長、教員、事務職員、技術職員その他の職員は、この法律に特別の定めがある場合を除き、教育委員会が任命する。

**（職員の身分取扱い）**

**第三十五条**　第三十一条第一項又は第二項に規定する職員の任免、人事評価、給与、懲戒、服務、退職管理その他の身分取扱いに関する事項は、この法律及び他の法律に特別の定めがある場合を除き、地方公務員法の定めるところによる。

**（所属職員の進退に関する意見の申出）**

**第三十六条**　学校その他の教育機関の長は、この法律及び教育公務員特例法に特別の定がある場合を除き、その所属の職員の任免その他の進退に関する意見を任命権者に対して申し出ることができる。この場合において、大学附属の学校の校長にあつては、学長を経由するものとする。

**第二節　市町村立学校の教職員**

**（任命権者）**

**第三十七条**　市町村立学校職員給与負担法（昭和二十三年法律第百三十五号）第一条及び第二条に規定する職員（以下「県費負担教職員」という。）の任命権は、都道府県委員会に属する。

2　前項の都道府県委員会の権限に属する事務に係る第二十五条第二項の規定の適用については、同項第四号中「職員」とあるのは、「職員並びに第37条第1項に規定する県費負担教職員」とする。

**（市町村委員会の内申）**

**第三十八条**　都道府県委員会は、市町村委員会の内申をまつて、県費負担教職員の任免その他の進退を行うものとする。

2～3　略

**（校長の所属教職員の進退に関する意見の申出）**

**第三十九条**　市町村立学校職員給与負担法第一条及び第二条に規定する学校の校長は、所属の県費負担教職員の任免その他の進退に関する意見を市町村委員会に申し出ることができる。

**（県費負担教職員の任用等）**

**第四十条**　略

**（県費負担教職員の定数）**

**第四十一条**　略

**（県費負担教職員の給与、勤務時間その他の勤務条件）**

**第四十二条**　県費負担教職員の給与、勤務時間その他の勤務条件については、地方公務員法第二十四条第五項の規定により条例で定めるものとされている事項は、都道府県の条例で定める。

**（服務の監督）**

**第四十三条**　市町村委員会は、県費負担教職員の服務を監督する。

2　県費負担教職員は、その職務を遂行するに当つて、法令、当該市町村の条例及び規則並びに当該市町村委員会の定める教育委員会規則及び規程（前条又は次項の規定によつて都道府県が制定する条例を含む。）に従い、かつ、市町村委員会その他職務上の上司の職務上の命令に忠実に従わなければならない。

3　県費負担教職員の任免、分限又は懲戒に関して、地方公務員法の規定により条例で定めるものとされている事項は、都道府県の条例で定める。

4　都道府県委員会は、県費負担教職員の任免その他の進退を適切に行うため、市町村委員会の行う県費負担教職員の服務の監督又は前条、前項若しくは第四十七条の三第一項の規定により都道府県が制定する条例若しくは同条第二項の都道府県の定めの実施について、技術的な基準を設けることができる。

**（人事評価）**

**第四十四条** 県費負担教職員の人事評価は、地方公務員法第二十三条の二第一項の規定にかかわらず、都道府県委員会の計画の下に、市町村委員会が行うものとする。

**（研修）**

**第四十五条** 県費負担教職員の研修は、地方公務員法第三十九条第二項の規定にかかわらず、市町村委員会も行うことができる。

2 市町村委員会は、都道府県委員会が行う県費負担教職員の研修に協力しなければならない。

**第四十六条** 削除

**（県費負担教職員の免職及び都道府県の職への採用）**

**第四十七条の二** 都道府県委員会は、地方公務員法第二十七条第二項及び第二十八条第一項の規定にかかわらず、その任命に係る市町村の県費負担教職員（教諭、養護教諭、栄養教諭、助教諭及び養護助教諭（同法第二十八条の四第一項又は第二十八条の五第一項の規定により採用された者（以下この項において「再任用職員」という。）を除く。）並びに講師（再任用職員及び非常勤の講師を除く。）に限る。）で次の各号のいずれにも該当するもの（同法第二十八条第一項各号又は第二項各号のいずれかに該当する者を除く。）を免職し、引き続いて当該都道府県の常時勤務を要する職（指導主事並びに校長、園長及び教員の職を除く。）に採用することができる。

一 児童又は生徒に対する指導が不適切であること。

二 研修等必要な措置が講じられたとしてもなお児童又は生徒に対する指導を適切に行うことができないと認められること。

2 事実の確認の方法その他前項の県費負担教職員が同項各号に該当するかどうかを判断するための手続に関し必要な事項は、都道府県の教育委員会規則で定めるものとする。

3 都道府県委員会は、第一項の規定による採用に当たつては、公務の能率的な運営を確保する見地から、同項の県費負担教職員の適性、知識等について十分に考慮するものとする。

4 第四十条後段の規定は、第一項の場合について準用する。この場合において、同条後段中「当該他の市町村」とあるのは、「当該都道府県」と読み替えるものとする。

**（初任者研修に係る非常勤講師の派遣）**

**第四十七条の四** 市（地方自治法第二百五十二条の十九第一項の指定都市（以下「指定都市」という。）を除く。以下この条において同じ。）町村の教育委員会は、都道府県委員会が教育公務員特例法第二十三条第一項の初任者研修を実施する場合において、市町村の設置する小学校、中学校、義務教育学校、高等学校、中等教育学校（後期課程に定時制の課程（学校教育法第四条第一項に規定する定時制の課程をいう。以下同じ。）のみを置くものに限る。）又は特別支援学校に非常勤の講師（高等学校にあつては、定時制の課程の授業を担任する非常勤の講師に限る。）を勤務させる必要があると認めるときは、都道府県委員会に対し、当該都道府県委員会の事務局の非常勤の職員の派遣を求めることができる。

2～4 略

**第三節 共同学校事務室**

**第四十七条の五** 教育委員会は、教育委員会規則で定めるところにより、その所管に属する学校のうちその指定する二以上の学校に係る事務（学校教育法第三十七条第十四項（同法第二十八条、第四十九条、第四十九条の八、第六十二条、第七十条第一項及び第八十二条において準用する場合を含む。）の規定により事務職員がつかさどる事務その他の事務であつて共同処理することが当該事務の効果的な処理に資するものとして政令で定めるものに限る。）を当該学校の事務職員が共同処理するための組織として、当該指定する二以上の学校のうちいずれか一の学校に、共同学校事務室を置くことができる。

2 共同学校事務室に、室長及び所要の職員を置く。

3 室長は、共同学校事務室の室務をつかさどる。

4 共同学校事務室の室長及び職員は、第一項の規定による指定を受けた学校であつて、当該共同学校事務室がその事務を共同処理する学校の事務職員をもつて充てる。ただし、当該事務職員をもつて室長に充てることが困難であるときその他特別の事情があるときは、当該事務職員以外の者をもつて室長に充てることができる。

5 前三項に定めるもののほか、共同学校事務室の室長及び職員に関し必要な事項は、政令で定める。

**第四節 学校運営協議会**

**第四十七条の六** 　教育委員会は、教育委員会規則で定めるところにより、その所管に属する学校ごとに、当該学校の運営及び当該運営への必要な支援に関して協議する機関として、学校運営協議会を置くように努めなければならない。ただし、二以上の学校の運営に関し相互に密接な連携を図る必要がある場合として文部科学省令で定める場合には、二以上の学校について一の学校運営協議会を置くことができる。

２ 　学校運営協議会の委員は、次に掲げる者について、教育委員会が任命する。

一 　対象学校（当該学校運営協議会が、その運営及び当該運営への必要な支援に関して協議する学校をいう。以下この条において同じ。）の所在する地域の住民

二 　対象学校に在籍する生徒、児童又は幼児の保護者

三 　社会教育法（昭和二十四年法律第二百七号）第九条の七第一項に規定する地域学校協働活動推進員その他の対象学校の運営に資する活動を行う者

四 　その他当該教育委員会が必要と認める者

３ 　対象学校の校長は、前項の委員の任命に関する意見を教育委員会に申し出ることができる。

４ 　対象学校の校長は、当該対象学校の運営に関して、教育課程の編成その他教育委員会規則で定める事項について基本的な方針を作成し、当該対象学校の学校運営協議会の承認を得なければならない。

５ 　学校運営協議会は、前項に規定する基本的な方針に基づく対象学校の運営及び当該運営への必要な支援に関し、対象学校の所在する地域の住民、対象学校に在籍する生徒、児童又は幼児の保護者その他の関係者の理解を深めるとともに、対象学校とこれらの者との連携及び協力の推進に資するため、対象学校の運営及び当該運営への必要な支援に関する協議の結果に関する情報を積極的に提供するよう努めるものとする。

６ 　学校運営協議会は、対象学校の運営に関する事項（次項に規定する事項を除く。）について、教育委員会又は校長に対して、意見を述べることができる。

７ 　学校運営協議会は、対象学校の職員の採用その他の任用に関して教育委員会規則で定める事項について、当該職員の任命権者に対して意見を述べることができる。この場合において、当該職員が県費負担教職員（第五十五条第一項又は第六十一条第一項の規定により市町村委員会がその任用に関する事務を行う職員を除く。）であるときは、市町村委員会を経由するものとする。

８ 　対象学校の職員の任命権者は、当該職員の任用に当たつては、前項の規定により述べられた意見を尊重するものとする。

９ 　教育委員会は、学校運営協議会の運営が適正を欠くことにより、対象学校の運営に現に支障が生じ、又は生ずるおそれがあると認められる場合においては、当該学校運営協議会の適正な運営を確保するために必要な措置を講じなければならない。

10 　学校運営協議会の委員の任免の手続及び任期、学校運営協議会の議事の手続その他学校運営協議会の運営に関し必要な事項については、教育委員会規則で定める。

**第五章　文部科学大臣及び教育委員会相互間の関係等**
**（文部科学大臣又は都道府県委員会の指導、助言及び援助）**

**第四十八条** 　地方自治法第二百四十五条の四第一項の規定によるほか、文部科学大臣は都道府県又は市町村に対し、都道府県委員会は市町村に対し、都道府県又は市町村の教育に関する事務の適正な処理を図るため、必要な指導、助言又は援助を行うことができる。

２ 　前項の指導、助言又は援助を例示すると、おおむね次のとおりである。

一 　学校その他の教育機関の設置及び管理並びに整備に関し、指導及び助言を与えること。

二 　学校の組織編制、教育課程、学習指導、生徒指導、職業指導、教科書その他の教材の取扱いその他学校運営に関し、指導及び助言を与えること。

三 　学校における保健及び安全並びに学校給食に関し、指導及び助言を与えること。

四 　教育委員会の委員及び校長、教員その他の教育関係職員の研究集会、講習会その他研修に関し、指導及び助言を与え、又はこれらを主催すること。

五 　生徒及び児童の就学に関する事務に関し、指導及び助言を与えること。

六 　青少年教育、女性教育及び公民館の事業その他社会教育の振興並びに芸術の普及及び向上に関し、指導及び助言を与えること。

七 　スポーツの振興に関し、指導及び助言を与えること。

八 　指導主事、社会教育主事その他の職員を派遣すること。

九 教育及び教育行政に関する資料、手引書等を作成し、利用に供すること。

十 教育に係る調査及び統計並びに広報及び教育行政に関する相談に関し、指導及び助言を与えること。

十一 教育委員会の組織及び運営に関し、指導及び助言を与えること。

3 文部科学大臣は、都道府県委員会に対し、第一項の規定による市町村に対する指導、助言又は援助に関し、必要な指示をすることができる。

4 地方自治法第二百四十五条の四第三項の規定によるほか、都道府県知事又は都道府県委員会は文部科学大臣に対し、市町村長又は市町村委員会は文部科学大臣又は都道府県委員会に対し、教育に関する事務の処理について必要な指導、助言又は援助を求めることができる。

（是正の要求の方式）

第四十九条 文部科学大臣は、都道府県委員会又は市町村委員会の教育に関する事務の管理及び執行が法令の規定に違反するものがある場合又は当該事務の管理及び執行を怠るものがある場合において、児童、生徒等の教育を受ける機会が妨げられていることその他の教育を受ける権利が侵害されていることが明らかであるとして地方自治法第二百四十五条の五第一項若しくは第四項の規定による求め又は同条第二項の指示を行うときは、当該教育委員会が講ずべき措置の内容を示して行うものとする。

（文部科学大臣の指示）

第五十条 略

（文部科学大臣の通知）

第五十条の二 略

（文部科学大臣及び教育委員会相互間の関係）

第五十一条 文部科学大臣は都道府県委員会又は市町村委員会相互の間の、都道府県委員会は市町村委員会相互の間の連絡調整を図り、並びに教育委員会は、相互の間の連絡を密にし、及び文部科学大臣又は他の教育委員会と協力し、教職員の適正な配置と円滑な交流及び教職員の勤務能率の増進を図り、もつてそれぞれその所掌する教育に関する事務の適正な執行と管理に努めなければならない。

（調査）

第五十三条 文部科学大臣又は都道府県委員会は、第四十八条第一項及び第五十一条の規定による権限を行うため必要があるときは、地方公共団体の長又は教育委員会が管理し、及び執行する教育に関する事務について、必要な調査を行うことができる。

2 文部科学大臣は、前項の調査に関し、都道府県委員会に対し、市町村長又は市町村委員会が管理し、及び執行する教育に関する事務について、その特に指定する事項の調査を行うよう指示をすることができる。

（資料及び報告）

第五十四条 教育行政機関は、的確な調査、統計その他の資料に基いて、その所掌する事務の適切かつ合理的な処理に努めなければならない。

2 文部科学大臣は地方公共団体の長又は教育委員会に対し、都道府県委員会は市町村長又は市町村委員会に対し、それぞれ都道府県又は市町村の区域内の教育に関する事務に関し、必要な調査、統計その他の資料又は報告の提出を求めることができる。

（幼保連携型認定こども園に係る事務の処理に関する指導、助言及び援助等）

第五十四条の二 地方公共団体の長が管理し、及び執行する当該地方公共団体が設置する幼保連携型認定こども園に関する事務に係る第四十八条から第五十条の二まで、第五十三条及び前条第二項の規定の適用については、これらの規定（第四十八条第四項を除く。）中「都道府県委員会」とあるのは「都道府県知事」と、第四十八条第四項中「都道府県委員会に」とあるのは「都道府県知事に」と、第四十九条及び第五十条中「市町村委員会」とあるのは「市町村長」と、「当該教育委員会」とあるのは「当該地方公共団体の長」と、第五十条の二中「長及び議会」とあるのは「議会」と、第五十三条第一項中「第四十八条第一項及び第五十一条」とあるのは「第四十八条第一項」と、「地方公共団体の長又は教育委員会」とあるのは「地方公共団体の長」と、同条第二項中「市町村長又は市町村委員会」とあるのは「市町村長」と、前条第二項中「地方公共団体の長又は教育委員会」とあるのは「地方公共団体の長」と、「市町村長又は市町村委員会」とあるのは「市町村長」とする。

（条例による事務処理の特例）

第五十五条 略

（市町村の教育行政の体制の整備及び充実）

**第五十五条の二**　市町村は、近隣の市町村と協力して地域における教育の振興を図るため、地方自治法第二百五十二条の七第一項の規定による教育委員会の共同設置その他の連携を進め、地域における教育行政の体制の整備及び充実に努めるものとする。

2　文部科学大臣及び都道府県委員会は、市町村の教育行政の体制の整備及び充実に資するため、必要な助言、情報の提供その他の援助を行うよう努めなければならない。

## 第六章　雑則

（保健所との関係）

**第五十七条**　教育委員会は、健康診断その他学校における保健に関し、政令で定めるところにより、保健所を設置する地方公共団体の長に対し、保健所の協力を求めるものとする。

2　保健所は、学校の環境衛生の維持、保健衛生に関する資料の提供その他学校における保健に関し、政令で定めるところにより、教育委員会に助言と援助を与えるものとする。

（中核市に関する特例）

**第五十九条**　地方自治法第二百五十二条の二十二第一項の中核市（以下「中核市」という。）の県費負担教職員の研修は、第四十五条並びに教育公務員特例法第二十一条第二項、第二十二条の四、第二十三条第一項、第二十四条第一項及び第二十五条の規定にかかわらず、当該中核市の教育委員会が行う。

（組合に関する特例）

**第六十条**　略

（中等教育学校を設置する市町村に関する特例）

**第六十一条**　略

（政令への委任）

**第六十二条**　略

（事務の区分）

**第六十三条**　略


---

### 学校教育法（抄録）

（昭和二十二年三月三十一日法律第二十六号）

最終改正：平成二六年法律第八八号

## 第一章　総則

**第一条**　この法律で、学校とは、幼稚園、小学校、中学校、義務教育学校、高等学校、中等教育学校、特別支援学校、大学及び高等専門学校とする。

**第二条**　学校は、国（国立大学法人法（平成十五年法律第百十二号）第二条第一項に規定する国立大学法人及び独立行政法人国立高等専門学校機構を含む。以下同じ。）、地方公共団体（地方独立行政法人法（平成十五年法律第百十八号）第六十八条第一項に規定する公立大学法人（以下「公立大学法人」という。）を含む。次項及び第百二十七条において同じ。）及び私立学校法（昭和二十四年法律第二百七十号）第三条に規定する学校法人（以下「学校法人」という。）のみが、これを設置することができる。

2　この法律で、国立学校とは、国の設置する学校を、公立学校とは、地方公共団体の設置する学校を、私立学校とは、学校法人の設置する学校をいう。

**第三条**　学校を設置しようとする者は、学校の種類に応じ、文部科学大臣の定める設備、編制その他に関する設置基準に従い、これを設置しなければならない。

**第四条**　次の各号に掲げる学校の設置廃止、設置者の変更その他政令で定める事項（次条において「設置廃止等」という。）は、それぞれ当該各号に定める者の認可を受けなければならない。これらの学校のうち、高等学校（中等教育学校の後期課程を含む。）の通常の課程（以下「全日制の課程」という。）、夜間その他特別の時間又は時期において授業を行う課程（以下「定時制の課程」という。）及び通信による教育を行う課程（以下「通信制の課程」という。）、大学の学部、大学院及び大学院の研究科並びに第百八条第二項の大学の学科についても、同様とする。

一　公立又は私立の大学及び高等専門学校　文部科学大臣

二　市町村（市町村が単独で又は他の市町村と共同して設立する公立大学法人を含む。次条、第十三条第二項、第十四条、第百三十条第一項及び第百三十一条において同じ。）の設置する高等学校、中等教育学校及び特別支援学校　都道府県の教育委員会

三　私立の幼稚園、小学校、中学校、義務教育学校、高等学校、中等教育学校及び特別支援学校　都道府県知事

2〜5　略

**第四条の二**　市町村は、その設置する幼稚園の設置廃止等を行おうとするときは、あらかじめ、都道府県の教育委員会に届け出なければならない。

**第五条**　学校の設置者は、その設置する学校を管理し、法令に特別の定のある場合を除いては、その学校の経費を負担する。

**第六条**　学校においては、授業料を徴収することができる。ただし、国立又は公立の小学校及び中学校、義務教育学校、中等教育学校の前期課程又は特別支援学校の小学部及び中学部における義務教育については、これを徴収することができない。

**第七条**　学校には、校長及び相当数の教員を置かなければならない。

**第八条**　校長及び教員（教育職員免許法（昭和二十四年法律第百四十七号）の適用を受ける者を除く。）の資格に関する事項は、別に法律で定めるもののほか、文部科学大臣がこれを定める。

**第九条**　次の各号のいずれかに該当する者は、校長又は教員となることができない。

一　成年被後見人又は被保佐人

二　禁錮以上の刑に処せられた者

三　教育職員免許法第十条第一項第二号又は第三号に該当することにより免許状がその効力を失い、当該失効の日から三年を経過しない者

四　教育職員免許法第十一条第一項から第三項までの規定により免許状取上げの処分を受け、三年を経過しない者

五　日本国憲法施行の日以後において、日本国憲法又はその下に成立した政府を暴力で破壊することを主張する政党その他の団体を結成し、又はこれに加入した者

**第十条**　私立学校は、校長を定め、大学及び高等専門学校にあつては文部科学大臣に、大学及び高等専門学校以外の学校にあつては都道府県知事に届け出なければならない。

**第十一条**　校長及び教員は、教育上必要があると認めるときは、文部科学大臣の定めるところにより、児童、生徒及び学生に懲戒を加えることができる。ただし、体罰を加えることはできない。

**第十二条**　学校においては、別に法律で定めるところにより、幼児、児童、生徒及び学生並びに職員の健康の保持増進を図るため、健康診断を行い、その他その保健に必要な措置を講じなければならない。

**第十三条**　第四条第一項各号に掲げる学校が次の各号のいずれかに該当する場合においては、それぞれ同項各号に定める者は、当該学校の閉鎖を命ずることができる。

一　法令の規定に故意に違反したとき

二　法令の規定によりその者がした命令に違反したとき

三　六箇月以上授業を行わなかつたとき

2　前項の規定は、市町村の設置する幼稚園に準用する。この場合において、同項中「それぞれ同項各号に定める者」とあり、及び同項第二号中「その者」とあるのは、「都道府県の教育委員会」と読み替えるものとする。

**第十四条**　大学及び高等専門学校以外の市町村の設置する学校については都道府県の教育委員会、大学及び高等専門学校以外の私立学校については都道府県知事は、当該学校が、設備、授業その他の事項について、法令の規定又は都道府県の教育委員会若しくは都道府県知事の定める規程に違反したときは、その変更を命ずることができる。

**第十五条**　文部科学大臣は、公立又は私立の大学及び高等専門学校が、設備、授業その他の事項について、法令の規定に違反していると認めるときは、当該学校に対し、必要な措置をとるべきことを勧告することができる。

2〜4　略

**第二章　義務教育**

**第十六条** 保護者（子に対して親権を行う者（親権を行う者のないときは、未成年後見人）をいう。以下同じ。）は、次条に定めるところにより、子に九年の普通教育を受けさせる義務を負う。

**第十七条** 保護者は、子の満六歳に達した日の翌日以後における最初の学年の初めから、満十二歳に達した日の属する学年の終わりまで、これを小学校、義務教育学校の前期課程又は特別支援学校の小学部に就学させる義務を負う。ただし、子が、満十二歳に達した日の属する学年の終わりまでに小学校の課程、義務教育学校の前期課程又は特別支援学校の小学部の課程を修了しないときは、満十五歳に達した日の属する学年の終わり（それまでの間においてこれらの課程を修了したときは、その修了した日の属する学年の終わり）までとする。

2　保護者は、子が小学校の課程、義務教育学校の前期課程又は特別支援学校の小学部の課程を修了した日の翌日以後における最初の学年の初めから、満十五歳に達した日の属する学年の終わりまで、これを中学校、義務教育学校の後期課程、中等教育学校の前期課程又は特別支援学校の中学部に就学させる義務を負う。

3　前二項の義務の履行の督促その他これらの義務の履行に関し必要な事項は、政令で定める。

**第十八条** 前条第一項又は第二項の規定によつて、保護者が就学させなければならない子（以下それぞれ「学齢児童」又は「学齢生徒」という。）で、病弱、発育不完全その他やむを得ない事由のため、就学困難と認められる者の保護者に対しては、市町村の教育委員会は、文部科学大臣の定めるところにより、同条第一項又は第二項の義務を猶予又は免除することができる。

**第十九条** 経済的理由によつて、就学困難と認められる学齢児童又は学齢生徒の保護者に対しては、市町村は、必要な援助を与えなければならない。

**第二十条** 学齢児童又は学齢生徒を使用する者は、その使用によつて、当該学齢児童又は学齢生徒が、義務教育を受けることを妨げてはならない。

**第二十一条** 義務教育として行われる普通教育は、教育基本法（平成十八年法律第百二十号）第五条第二項に規定する目的を実現するため、次に掲げる目標を達成するよう行われるものとする。

一　学校内外における社会的活動を促進し、自主、自律及び協同の精神、規範意識、公正な判断力並びに公共の精神に基づき主体的に社会の形成に参画し、その発展に寄与する態度を養うこと。

二　学校内外における自然体験活動を促進し、生命及び自然を尊重する精神並びに環境の保全に寄与する態度を養うこと。

三　我が国と郷土の現状と歴史について、正しい理解に導き、伝統と文化を尊重し、それらをはぐくんできた我が国と郷土を愛する態度を養うとともに、進んで外国の文化の理解を通じて、他国を尊重し、国際社会の平和と発展に寄与する態度を養うこと。

四　家族と家庭の役割、生活に必要な衣、食、住、情報、産業その他の事項について基礎的な理解と技能を養うこと。

五　読書に親しませ、生活に必要な国語を正しく理解し、使用する基礎的な能力を養うこと。

六　生活に必要な数量的な関係を正しく理解し、処理する基礎的な能力を養うこと。

七　生活にかかわる自然現象について、観察及び実験を通じて、科学的に理解し、処理する基礎的な能力を養うこと。

八　健康、安全で幸福な生活のために必要な習慣を養うとともに、運動を通じて体力を養い、心身の調和的発達を図ること。

九　生活を明るく豊かにする音楽、美術、文芸その他の芸術について基礎的な理解と技能を養うこと。

十　職業についての基礎的な知識と技能、勤労を重んずる態度及び個性に応じて将来の進路を選択する能力を養うこと。

## 第三章　幼稚園

**第二十二条** 幼稚園は、義務教育及びその後の教育の基礎を培うものとして、幼児を保育し、幼児の健やかな成長のために適当な環境を与えて、その心身の発達を助長することを目的とする。

**第二十三条** 幼稚園における教育は、前条に規定する目的を実現するため、次に掲げる目標を達成するよう行われるものとする。

一　健康、安全で幸福な生活のために必要な基本的な習慣を養い、身体諸機能の調和的発達を図ること。

二　集団生活を通じて、喜んでこれに参加する態度を養うとともに家族や身近な人への信頼感を深め、自主、自律及び協同の精神並びに規範意識の芽生えを養うこと。

参考資料

三　身近な社会生活、生命及び自然に対する興味を養い、それらに対する正しい理解と態度及び思考力の芽生えを養うこと。

四　日常の会話や、絵本、童話等に親しむことを通じて、言葉の使い方を正しく導くとともに、相手の話を理解しようとする態度を養うこと。

五　音楽、身体による表現、造形等に親しむことを通じて、豊かな感性と表現力の芽生えを養うこと。

**第二十四条**　幼稚園においては、第二十二条に規定する目的を実現するための教育を行うほか、幼児期の教育に関する各般の問題につき、保護者及び地域住民その他の関係者からの相談に応じ、必要な情報の提供及び助言を行うなど、家庭及び地域における幼児期の教育の支援に努めるものとする。

**第二十五条**　幼稚園の教育課程その他の保育内容に関する事項は、第二十二条及び第二十三条の規定に従い、文部科学大臣が定める。

**第二十六条**　幼稚園に入園することのできる者は、満三歳から、小学校就学の始期に達するまでの幼児とする。

**第二十七条**　幼稚園には、園長、教頭及び教諭を置かなければならない。

２　幼稚園には、前項に規定するもののほか、副園長、主幹教諭、指導教諭、養護教諭、栄養教諭、事務職員、養護助教諭その他必要な職員を置くことができる。

３　第一項の規定にかかわらず、副園長を置くときその他特別の事情のあるときは、教頭を置かないことができる。

４　園長は、園務をつかさどり、所属職員を監督する。

５　副園長は、園長を助け、命を受けて園務をつかさどる。

６　教頭は、園長（副園長を置く幼稚園にあつては、園長及び副園長）を助け、園務を整理し、及び必要に応じ幼児の保育をつかさどる。

７　主幹教諭は、園長（副園長を置く幼稚園にあつては、園長及び副園長）及び教頭を助け、命を受けて園務の一部を整理し、並びに幼児の保育をつかさどる。

８　指導教諭は、幼児の保育をつかさどり、並びに教諭その他の職員に対して、保育の改善及び充実のために必要な指導及び助言を行う。

９　教諭は、幼児の保育をつかさどる。

１０　特別の事情のあるときは、第一項の規定にかかわらず、教諭に代えて助教諭又は講師を置くことができる。

１１　学校の実情に照らし必要があると認めるときは、第七項の規定にかかわらず、園長（副園長を置く幼稚園にあつては、園長及び副園長）及び教頭を助け、命を受けて園務の一部を整理し、並びに幼児の養護又は栄養の指導及び管理をつかさどる主幹教諭を置くことができる。

**第二十八条**　第三十七条第六項、第八項及び第十二項から第十七項まで並びに第四十二条から第四十四条までの規定は、幼稚園に準用する。

**第四章　小学校**

**第二十九条**　小学校は、心身の発達に応じて、義務教育として行われる普通教育のうち基礎的なものを施すことを目的とする。

**第三十条**　小学校における教育は、前条に規定する目的を実現するために必要な程度において第二十一条各号に掲げる目標を達成するよう行われるものとする。

２　前項の場合においては、生涯にわたり学習する基盤が培われるよう、基礎的な知識及び技能を習得させるとともに、これらを活用して課題を解決するために必要な思考力、判断力、表現力その他の能力をはぐくみ、主体的に学習に取り組む態度を養うことに、特に意を用いなければならない。

**第三十一条**　小学校においては、前条第一項の規定による目標の達成に資するよう、教育指導を行うに当たり、児童の体験的な学習活動、特にボランティア活動など社会奉仕体験活動、自然体験活動その他の体験活動の充実に努めるものとする。この場合において、社会教育関係団体その他の関係団体及び関係機関との連携に十分配慮しなければならない。

**第三十二条**　小学校の修業年限は、六年とする。

**第三十三条**　小学校の教育課程に関する事項は、第二十九条及び第三十条の規定に従い、文部科学大臣が定める。

175

**第三十四条** 小学校においては、文部科学大臣の検定を経た教科用図書又は文部科学省が著作の名義を有する教科用図書を使用しなければならない。

2 前項に規定する教科用図書（以下この条において「教科用図書」という。）の内容を文部科学大臣の定めるところにより記録した電磁的記録（電子的方式、磁気的方式その他人の知覚によつては認識することができない方式で作られる記録であつて、電子計算機による情報処理の用に供されるものをいう。）である教材がある場合には、同項の規定にかかわらず、文部科学大臣の定めるところにより、児童の教育の充実を図るため必要があると認められる教育課程の一部において、教科用図書に代えて当該教材を使用することができる。

3 前項に規定する場合において、視覚障害、発達障害その他の文部科学大臣の定める事由により教科用図書を使用して学習することが困難な児童に対し、教科用図書に用いられた文字、図形等の拡大又は音声への変換その他の同項に規定する教材を電子計算機において用いることにより可能となる方法で指導することにより当該児童の学習上の困難の程度を低減させる必要があると認められるときは、文部科学大臣の定めるところにより、教育課程の全部又は一部において、教科用図書に代えて当該教材を使用することができる。

4 教科用図書及び第二項に規定する教材以外の教材で、有益適切なものは、これを使用することができる。

5 第一項の検定の申請に係る教科用図書に関し調査審議させるための審議会等（国家行政組織法（昭和二十三年法律第百二十号）第八条に規定する機関をいう。以下同じ。）については、政令で定める。

**第三十五条** 市町村の教育委員会は、次に掲げる行為の一又は二以上を繰り返し行う等性行不良であつて他の児童の教育に妨げがあると認める児童があるときは、その保護者に対して、児童の出席停止を命ずることができる。

一 他の児童に傷害、心身の苦痛又は財産上の損失を与える行為

二 職員に傷害又は心身の苦痛を与える行為

三 施設又は設備を損壊する行為

四 授業その他の教育活動の実施を妨げる行為

2 市町村の教育委員会は、前項の規定により出席停止を命ずる場合には、あらかじめ保護者の意見を聴取するとともに、理由及び期間を記載した文書を交付しなければならない。

3 前項に規定するもののほか、出席停止の命令の手続に関し必要な事項は、教育委員会規則で定めるものとする。

4 市町村の教育委員会は、出席停止の命令に係る児童の出席停止の期間における学習に対する支援その他の教育上必要な措置を講ずるものとする。

**第三十六条** 学齢に達しない子は、小学校に入学させることができない。

**第三十七条** 小学校には、校長、教頭、教諭、養護教諭及び事務職員を置かなければならない。

2 小学校には、前項に規定するもののほか、副校長、主幹教諭、指導教諭、栄養教諭その他必要な職員を置くことができる。

3 第一項の規定にかかわらず、副校長を置くときその他特別の事情のあるときは教頭を、養護をつかさどる主幹教諭を置くときは養護教諭を、特別の事情のあるときは事務職員を、それぞれ置かないことができる。

4 校長は、校務をつかさどり、所属職員を監督する。

5 副校長は、校長を助け、命を受けて校務をつかさどる。

6 副校長は、校長に事故があるときはその職務を代理し、校長が欠けたときはその職務を行う。この場合において、副校長が二人以上あるときは、あらかじめ校長が定めた順序で、その職務を代理し、又は行う。

7 教頭は、校長（副校長を置く小学校にあつては、校長及び副校長）を助け、校務を整理し、及び必要に応じ児童の教育をつかさどる。

8 教頭は、校長（副校長を置く小学校にあつては、校長及び副校長）に事故があるときは校長の職務を代理し、校長（副校長を置く小学校にあつては、校長及び副校長）が欠けたときは校長の職務を行う。この場合において、教頭が二人以上あるときは、あらかじめ校長が定めた順序で、校長の職務を代理し、又は行う。

9 主幹教諭は、校長（副校長を置く小学校にあつては、校長及び副校長）及び教頭を助け、命を受けて校務の一部を整理し、並びに児童の教育をつかさどる。

１０ 指導教諭は、児童の教育をつかさどり、並びに教諭その他の職員に対して、教育指導の改善及び充実のために必要な指導及び助言を行う。

176

１１　教諭は、児童の教育をつかさどる。

１２　養護教諭は、児童の養護をつかさどる。

１３　栄養教諭は、児童の栄養の指導及び管理をつかさどる。

１４　事務職員は、事務をつかさどる。

１５　助教諭は、教諭の職務を助ける。

１６　講師は、教諭又は助教諭に準ずる職務に従事する。

１７　養護助教諭は、養護教諭の職務を助ける。

１８　特別の事情のあるときは、第一項の規定にかかわらず、教諭に代えて助教諭又は講師を、養護教諭に代えて養護助教諭を置くことができる。

１９　学校の実情に照らし必要があると認めるときは、第九項の規定にかかわらず、校長（副校長を置く小学校にあつては、校長及び副校長）及び教頭を助け、命を受けて校務の一部を整理し、並びに児童の養護又は栄養の指導及び管理をつかさどる主幹教諭を置くことができる。

**第三十八条**　市町村は、その区域内にある学齢児童を就学させるに必要な小学校を設置しなければならない。ただし、教育上有益かつ適切であると認めるときは、義務教育学校の設置をもつてこれに代えることができる。

**第三十九条**　市町村は、適当と認めるときは、前条の規定による事務の全部又は一部を処理するため、市町村の組合を設けることができる。

**第四十条**　市町村は、前二条の規定によることを不可能又は不適当と認めるときは、小学校又は義務教育学校の設置に代え、学齢児童の全部又は一部の教育事務を、他の市町村又は前条の市町村の組合に委託することができる。

２　前項の場合においては、地方自治法第二百五十二条の十四第三項において準用する同法第二百五十二条の二の二第二項中「都道府県知事」とあるのは、「都道府県知事及び都道府県の教育委員会」と読み替えるものとする。

**第四十一条**　町村が、前二条の規定による負担に堪えないと都道府県の教育委員会が認めるときは、都道府県は、その町村に対して、必要な補助を与えなければならない。

**第四十二条**　小学校は、文部科学大臣の定めるところにより当該小学校の教育活動その他の学校運営の状況について評価を行い、その結果に基づき学校運営の改善を図るため必要な措置を講ずることにより、その教育水準の向上に努めなければならない。

**第四十三条**　小学校は、当該小学校に関する保護者及び地域住民その他の関係者の理解を深めるとともに、これらの者との連携及び協力の推進に資するため、当該小学校の教育活動その他の学校運営の状況に関する情報を積極的に提供するものとする。

**第四十四条**　私立の小学校は、都道府県知事の所管に属する。

## 第五章　中学校

**第四十五条**　中学校は、小学校における教育の基礎の上に、心身の発達に応じて、義務教育として行われる普通教育を施すことを目的とする。

**第四十六条**　中学校における教育は、前条に規定する目的を実現するため、第二十一条各号に掲げる目標を達成するよう行われるものとする。

**第四十七条**　中学校の修業年限は、三年とする。

**第四十八条**　中学校の教育課程に関する事項は、第四十五条及び第四十六条の規定並びに次条において読み替えて準用する第三十条第二項の規定に従い、文部科学大臣が定める。

**第四十九条**　第三十条第二項、第三十一条、第三十四条、第三十五条及び第三十七条から第四十四条までの規定は、中学校に準用する。この場合において、第三十条第二項中「前項」とあるのは「第四十六条」と、第三十一条中「前条第一項」とあるのは「第四十六条」と読み替えるものとする。

## 第五章の二　義務教育学校

**第四十九条の二**　義務教育学校は、心身の発達に応じて、義務教育として行われる普通教育を基礎的なものから一貫して施すことを目的とする。

**第四十九条の三**　義務教育学校における教育は、前条に規定する目的を実現するため、第二十一条各号に掲げる目標を達成するよう行われるものとする。

**第四十九条の四**　義務教育学校の修業年限は、九年とする。

**第四十九条の五**　義務教育学校の課程は、これを前期六年の前期課程及び後期三年の後期課程に区分する。

**第四十九条の六**　義務教育学校の前期課程における教育は、第四十九条の二に規定する目的のうち、心身の発達に応じて、義務教育として行われる普通教育のうち基礎的なものを施すことを実現するために必要な程度において第二十一条各号に掲げる目標を達成するよう行われるものとする。

2　義務教育学校の後期課程における教育は、第四十九条の二に規定する目的のうち、前期課程における教育の基礎の上に、心身の発達に応じて、義務教育として行われる普通教育を施すことを実現するため、第二十一条各号に掲げる目標を達成するよう行われるものとする。

**第四十九条の七**　義務教育学校の前期課程及び後期課程の教育課程に関する事項は、第四十九条の二、第四十九条の三及び前条の規定並びに次条において読み替えて準用する第三十条第二項の規定に従い、文部科学大臣が定める。

**第四十九条の八**　第三十条第二項、第三十一条、第三十四条から第三十七条まで及び第四十二条から第四十四条までの規定は、義務教育学校に準用する。この場合において、第三十条第二項中「前項」とあるのは「第四十九条の三」と、第三十一条中「前条第一項」とあるのは「第四十九条の三」と読み替えるものとする。

## 第六章　高等学校

**第五十条**　高等学校は、中学校における教育の基礎の上に、心身の発達及び進路に応じて、高度な普通教育及び専門教育を施すことを目的とする。

**第五十一条**　高等学校における教育は、前条に規定する目的を実現するため、次に掲げる目標を達成するよう行われるものとする。

一　義務教育として行われる普通教育の成果を更に発展拡充させて、豊かな人間性、創造性及び健やかな身体を養い、国家及び社会の形成者として必要な資質を養うこと。

二　社会において果たさなければならない使命の自覚に基づき、個性に応じて将来の進路を決定させ、一般的な教養を高め、専門的な知識、技術及び技能を習得させること。

三　個性の確立に努めるとともに、社会について、広く深い理解と健全な批判力を養い、社会の発展に寄与する態度を養うこと。

**第五十二条**　高等学校の学科及び教育課程に関する事項は、前二条の規定及び第六十二条において読み替えて準用する第三十条第二項の規定に従い、文部科学大臣が定める。

**第五十三条**　高等学校には、全日制の課程のほか、定時制の課程を置くことができる。

2　高等学校には、定時制の課程のみを置くことができる。

**第五十四条**　高等学校には、全日制の課程又は定時制の課程のほか、通信制の課程を置くことができる。

2　高等学校には、通信制の課程のみを置くことができる。

3〜4　略

**第五十五条**　高等学校の定時制の課程又は通信制の課程に在学する生徒が、技能教育のための施設で当該施設の所在地の都道府県の教育委員会の指定するものにおいて教育を受けているときは、校長は、文部科学大臣の定めるところにより、当該施設における学習を当該高等学校における教科の一部の履修とみなすことができる。

2　前項の施設の指定に関し必要な事項は、政令で、これを定める。

**第五十六条**　高等学校の修業年限は、全日制の課程については、三年とし、定時制の課程及び通信制の課程については、三年以上とする。

**第五十七条**　高等学校に入学することのできる者は、中学校若しくはこれに準ずる学校若しくは義務教育学校を卒業した者若しくは中等教育学校の前期課程を修了した者又は文部科学大臣の定めるところにより、これと同等以上の学力があると認められた者とする。

**第五十八条**　高等学校には、専攻科及び別科を置くことができる。

2　高等学校の専攻科は、高等学校若しくはこれに準ずる学校若しくは中等教育学校を卒業した者又は文部科学大臣の定めるところにより、これと同等以上の学力があると認められた者に対して、精深な程度において、特別の事項を教授し、その研究を指導することを目的とし、その修業年限は、一年以上とする。

3　高等学校の別科は、前条に規定する入学資格を有する者に対して、簡易な程度において、特別の技能教

育を施すことを目的とし、その修業年限は、一年以上とする。

**第五十八条の二** 高等学校の専攻科の課程（修業年限が二年以上であることその他の文部科学大臣の定める基準を満たすものに限る。）を修了した者（第九十条第一項に規定する者に限る。）は、文部科学大臣の定めるところにより、大学に編入学することができる。

**第五十九条** 高等学校に関する入学、退学、転学その他必要な事項は、文部科学大臣が、これを定める。

**第六十条** 高等学校には、校長、教頭、教諭及び事務職員を置かなければならない。

2 高等学校には、前項に規定するもののほか、副校長、主幹教諭、指導教諭、養護教諭、栄養教諭、養護助教諭、実習助手、技術職員その他必要な職員を置くことができる。

3 第一項の規定にかかわらず、副校長を置くときは、教頭を置かないことができる。

4 実習助手は、実験又は実習について、教諭の職務を助ける。

5 特別の事情のあるときは、第一項の規定にかかわらず、教諭に代えて助教諭又は講師を置くことができる。

6 技術職員は、技術に従事する。

**第六十一条** 高等学校に、全日制の課程、定時制の課程又は通信制の課程のうち二以上の課程を置くときは、それぞれの課程に関する校務を分担して整理する教頭を置かなければならない。ただし、命を受けて当該課程に関する校務をつかさどる副校長が置かれる一の課程については、この限りでない。

**第六十二条** 第三十条第二項、第三十一条、第三十四条、第三十七条第四項から第十七項まで及び第十九項並びに第四十二条から第四十四条までの規定は、高等学校に準用する。この場合において、第三十条第二項中「前項」とあるのは「第五十一条」と、第三十一条中「前条第一項」とあるのは「第五十一条」と読み替えるものとする。

## 第七章　中等教育学校

**第六十三条** 中等教育学校は、小学校における教育の基礎の上に、心身の発達及び進路に応じて、義務教育として行われる普通教育並びに高度な普通教育及び専門教育を一貫して施すことを目的とする。

**第六十四条** 中等教育学校における教育は、前条に規定する目的を実現するため、次に掲げる目標を達成するよう行われるものとする。

一　豊かな人間性、創造性及び健やかな身体を養い、国家及び社会の形成者として必要な資質を養うこと。

二　社会において果たさなければならない使命の自覚に基づき、個性に応じて将来の進路を決定させ、一般的な教養を高め、専門的な知識、技術及び技能を習得させること。

三　個性の確立に努めるとともに、社会について、広く深い理解と健全な批判力を養い、社会の発展に寄与する態度を養うこと。

**第六十五条** 中等教育学校の修業年限は、六年とする。

**第六十六条** 中等教育学校の課程は、これを前期三年の前期課程及び後期三年の後期課程に区分する。

**第六十七条** 中等教育学校の前期課程における教育は、第六十三条に規定する目的のうち、小学校における教育の基礎の上に、心身の発達に応じて、義務教育として行われる普通教育を施すことを実現するため、第二十一条各号に掲げる目標を達成するよう行われるものとする。

2 中等教育学校の後期課程における教育は、第六十三条に規定する目的のうち、心身の発達及び進路に応じて、高度な普通教育及び専門教育を施すことを実現するため、第六十四条各号に掲げる目標を達成するよう行われるものとする。

**第六十八条** 中等教育学校の前期課程の教育課程に関する事項並びに後期課程の学科及び教育課程に関する事項は、第六十三条、第六十四条及び前条の規定並びに第七十条第一項において読み替えて準用する第三十条第二項の規定に従い、文部科学大臣が定める。

**第六十九条** 中等教育学校には、校長、教頭、教諭、養護教諭及び事務職員を置かなければならない。

2 中等教育学校には、前項に規定するもののほか、副校長、主幹教諭、指導教諭、栄養教諭、実習助手、技術職員その他必要な職員を置くことができる。

3 第一項の規定にかかわらず、副校長を置くときは教頭を、養護をつかさどる主幹教諭を置くときは養護教諭を、それぞれ置かないことができる。

4 特別の事情のあるときは、第一項の規定にかかわらず、教諭に代えて助教諭又は講師を、養護教諭に代えて養護助教諭を置くことができる。

**第七十一条** 同一の設置者が設置する中学校及び高等学校においては、文部科学大臣の定めるところにより、中等教育学校に準じて、中学校における教育と高等学校における教育を一貫して施すことができる。

## 第八章　特別支援教育

**第七十二条** 特別支援学校は、視覚障害者、聴覚障害者、知的障害者、肢体不自由者又は病弱者（身体虚弱者を含む。以下同じ。）に対して、幼稚園、小学校、中学校又は高等学校に準ずる教育を施すとともに、障害による学習上又は生活上の困難を克服し自立を図るために必要な知識技能を授けることを目的とする。

**第七十三条** 特別支援学校においては、文部科学大臣の定めるところにより、前条に規定する者に対する教育のうち当該学校が行うものを明らかにするものとする。

**第七十四条** 特別支援学校においては、第七十二条に規定する目的を実現するための教育を行うほか、幼稚園、小学校、中学校、義務教育学校、高等学校又は中等教育学校の要請に応じて、第八十一条第一項に規定する幼児、児童又は生徒の教育に関し必要な助言又は援助を行うよう努めるものとする。

**第七十五条** 第七十二条に規定する視覚障害者、聴覚障害者、知的障害者、肢体不自由者又は病弱者の障害の程度は、政令で定める。

**第七十六条** 特別支援学校には、小学部及び中学部を置かなければならない。ただし、特別の必要のある場合においては、そのいずれかのみを置くことができる。

２　特別支援学校には、小学部及び中学部のほか、幼稚部又は高等部を置くことができ、また、特別の必要のある場合においては、前項の規定にかかわらず、小学部及び中学部を置かないで幼稚部又は高等部のみを置くことができる。

**第七十七条** 特別支援学校の幼稚部の教育課程その他の保育内容、小学部及び中学部の教育課程又は高等部の学科及び教育課程に関する事項は、幼稚園、小学校、中学校又は高等学校に準じて、文部科学大臣が定める。

**第七十八条** 特別支援学校には、寄宿舎を設けなければならない。ただし、特別の事情のあるときは、これを設けないことができる。

**第七十九条** 寄宿舎を設ける特別支援学校には、寄宿舎指導員を置かなければならない。

２　寄宿舎指導員は、寄宿舎における幼児、児童又は生徒の日常生活上の世話及び生活指導に従事する。

**第八十条** 都道府県は、その区域内にある学齢児童及び学齢生徒のうち、視覚障害者、聴覚障害者、知的障害者、肢体不自由者又は病弱者で、その障害が第七十五条の政令で定める程度のものを就学させるに必要な特別支援学校を設置しなければならない。

**第八十一条** 幼稚園、小学校、中学校、義務教育学校、高等学校及び中等教育学校においては、次項各号のいずれかに該当する幼児、児童及び生徒その他教育上特別の支援を必要とする幼児、児童及び生徒に対し、文部科学大臣の定めるところにより、障害による学習上又は生活上の困難を克服するための教育を行うものとする。

２　小学校、中学校、義務教育学校、高等学校及び中等教育学校には、次の各号のいずれかに該当する児童及び生徒のために、特別支援学級を置くことができる。

一　知的障害者

二　肢体不自由者

三　身体虚弱者

四　弱視者

五　難聴者

六　その他障害のある者で、特別支援学級において教育を行うことが適当なもの

３　前項に規定する学校においては、疾病により療養中の児童及び生徒に対して、特別支援学級を設け、又は教員を派遣して、教育を行うことができる。

## 第九章　大学

**第八十三条** 大学は、学術の中心として、広く知識を授けるとともに、深く専門の学芸を教授研究し、知的、道徳的及び応用的能力を展開させることを目的とする。

２　大学は、その目的を実現するための教育研究を行い、その成果を広く社会に提供することにより、社会の発展に寄与するものとする。

**第八十三条の二** 前条の大学のうち、深く専門の学芸を教授研究し、専門性が求められる職業を担うため

の実践的かつ応用的な能力を展開させることを目的とするものは、専門職大学とする。

2　専門職大学は、文部科学大臣の定めるところにより、その専門性が求められる職業に就いている者、当該職業に関連する事業を行う者その他の関係者の協力を得て、教育課程を編成し、及び実施し、並びに教員の資質の向上を図るものとする。

3　専門職大学には、第八十七条第二項に規定する課程を置くことができない。

**第八十四条**　大学は、通信による教育を行うことができる。

**第八十五条**　大学には、学部を置くことを常例とする。ただし、当該大学の教育研究上の目的を達成するため有益かつ適切である場合においては、学部以外の教育研究上の基本となる組織を置くことができる。

**第八十六条**　大学には、夜間において授業を行う学部又は通信による教育を行う学部を置くことができる。

**第八十七条**　大学の修業年限は、四年とする。ただし、特別の専門事項を教授研究する学部及び前条の夜間において授業を行う学部については、その修業年限は、四年を超えるものとすることができる。

2　医学を履修する課程、歯学を履修する課程、薬学を履修する課程のうち臨床に係る実践的な能力を培うことを主たる目的とするもの又は獣医学を履修する課程については、前項本文の規定にかかわらず、その修業年限は、六年とする。

**第八十七条の二**　専門職大学の課程は、これを前期二年の前期課程及び後期二年の後期課程又は前期三年の前期課程及び後期一年の後期課程（前条第一項ただし書の規定により修業年限を四年を超えるものとする学部にあつては、前期二年の前期課程及び後期二年以上の後期課程又は前期三年の前期課程及び後期一年以上の後期課程）に区分することができる。

2～4　略

**第八十八条**　大学の学生以外の者として一の大学において一定の単位を修得した者が当該大学に入学する場合において、当該単位の修得により当該大学の教育課程の一部を履修したと認められるときは、文部科学大臣の定めるところにより、修得した単位数その他の事項を勘案して大学が定める期間を修業年限に通算することができる。ただし、その期間は、当該大学の修業年限の二分の一を超えてはならない。

**第八十九条**　大学は、文部科学大臣の定めるところにより、当該大学の学生（第八十七条第二項に規定する課程に在学するものを除く。）で当該大学に三年（同条第一項ただし書の規定により修業年限を四年を超えるものとする学部の学生にあつては、三年以上で文部科学大臣の定める期間）以上在学したもの（これに準ずるものとして文部科学大臣の定める者を含む。）が、卒業の要件として当該大学の定める単位を優秀な成績で修得したと認める場合には、同項の規定にかかわらず、その卒業を認めることができる。

**第九十条**　大学に入学することのできる者は、高等学校若しくは中等教育学校を卒業した者若しくは通常の課程による十二年の学校教育を修了した者（通常の課程以外の課程によりこれに相当する学校教育を修了した者を含む。）又は文部科学大臣の定めるところにより、これと同等以上の学力があると認められた者とする。

2　前項の規定にかかわらず、次の各号に該当する大学は、文部科学大臣の定めるところにより、高等学校に文部科学大臣の定める年数以上在学した者（これに準ずる者として文部科学大臣が定める者を含む。）であつて、当該大学の定める分野において特に優れた資質を有すると認めるものを、当該大学に入学させることができる。

一　当該分野に関する教育研究が行われている大学院が置かれていること。

二　当該分野における特に優れた資質を有する者の育成を図るのにふさわしい教育研究上の実績及び指導体制を有すること。

**第九十一条**　大学には、専攻科及び別科を置くことができる。

2　大学の専攻科は、大学を卒業した者又は文部科学大臣の定めるところにより、これと同等以上の学力があると認められた者に対して、精深な程度において、特別の事項を教授し、その研究を指導することを目的とし、その修業年限は、一年以上とする。

3　大学の別科は、前条第一項に規定する入学資格を有する者に対して、簡易な程度において、特別の技能教育を施すことを目的とし、その修業年限は、一年以上とする。

**第九十二条**　大学には学長、教授、准教授、助教、助手及び事務職員を置かなければならない。ただし、教育研究上の組織編制として適切と認められる場合には、准教授、助教又は助手を置かないことができる。

2　大学には、前項のほか、副学長、学部長、講師、技術職員その他必要な職員を置くことができる。

３　学長は、校務をつかさどり、所属職員を統督する。

４　副学長は、学長を助け、命を受けて校務をつかさどる。

５　学部長は、学部に関する校務をつかさどる。

６　教授は、専攻分野について、教育上、研究上又は実務上の特に優れた知識、能力及び実績を有する者であつて、学生を教授し、その研究を指導し、又は研究に従事する。

７　准教授は、専攻分野について、教育上、研究上又は実務上の優れた知識、能力及び実績を有する者であつて、学生を教授し、その研究を指導し、又は研究に従事する。

８　助教は、専攻分野について、教育上、研究上又は実務上の知識及び能力を有する者であつて、学生を教授し、その研究を指導し、又は研究に従事する。

９　助手は、その所属する組織における教育研究の円滑な実施に必要な業務に従事する。

１０　講師は、教授又は准教授に準ずる職務に従事する。

**第九十三条**　大学に、教授会を置く。

２　教授会は、学長が次に掲げる事項について決定を行うに当たり意見を述べるものとする。

一　学生の入学、卒業及び課程の修了

二　学位の授与

三　前二号に掲げるもののほか、教育研究に関する重要な事項で、教授会の意見を聴くことが必要なものとして学長が定めるもの

３　教授会は、前項に規定するもののほか、学長及び学部長その他の教授会が置かれる組織の長（以下この項において「学長等」という。）がつかさどる教育研究に関する事項について審議し、及び学長等の求めに応じ、意見を述べることができる。

４　教授会の組織には、准教授その他の職員を加えることができる。

**第九十四条**　大学について第三条に規定する設置基準を定める場合及び第四条第五項に規定する基準を定める場合には、文部科学大臣は、審議会等で政令で定めるものに諮問しなければならない。

**第九十五条**　大学の設置の認可を行う場合及び大学に対し第四条第三項若しくは第十五条第二項若しくは第三項の規定による命令又は同条第一項の規定による勧告を行う場合には、文部科学大臣は、審議会等で政令で定めるものに諮問しなければならない。

**第九十六条**　大学には、研究所その他の研究施設を附置することができる。

**第九十七条**　大学には、大学院を置くことができる。

**第九十八条**　公立又は私立の大学は、文部科学大臣の所轄とする。

**第九十九条**　大学院は、学術の理論及び応用を教授研究し、その深奥をきわめ、又は高度の専門性が求められる職業を担うための深い学識及び卓越した能力を培い、文化の進展に寄与することを目的とする。

２　大学院のうち、学術の理論及び応用を教授研究し、高度の専門性が求められる職業を担うための深い学識及び卓越した能力を培うことを目的とするものは、専門職大学院とする。

３　専門職大学院は、文部科学大臣の定めるところにより、その高度の専門性が求められる職業に就いている者、当該職業に関連する事業を行う者その他の関係者の協力を得て、教育課程を編成し、及び実施し、並びに教員の資質の向上を図るものとする。

**第百条**　大学院を置く大学には、研究科を置くことを常例とする。ただし、当該大学の教育研究上の目的を達成するため有益かつ適切である場合においては、文部科学大臣の定めるところにより、研究科以外の教育研究上の基本となる組織を置くことができる。

**第百一条**　大学院を置く大学には、夜間において授業を行う研究科又は通信による教育を行う研究科を置くことができる。

**第百四条**　大学（専門職大学及び第百八条第二項の大学（以下この条において「短期大学」という。）を除く。以下この項及び第七項において同じ。）は、文部科学大臣の定めるところにより、大学を卒業した者に対し、学士の学位を授与するものとする。

２〜８　略

**第百七条**　大学においては、公開講座の施設を設けることができる。

２　公開講座に関し必要な事項は、文部科学大臣が、これを定める。

**第百八条**　大学は、第八十三条第一項に規定する目的に代えて、深く専門の学芸を教授研究し、職業又は

実際生活に必要な能力を育成することを主な目的とすることができる。

2　前項に規定する目的をその目的とする大学は、第八十七条第一項の規定にかかわらず、その修業年限を二年又は三年とする。

3　前項の大学は、短期大学と称する。

4　第二項の大学のうち、深く専門の学芸を教授研究し、専門性が求められる職業を担うための実践的かつ応用的な能力を育成することを目的とするものは、専門職短期大学とする。

5～10　略

第百九条　大学は、その教育研究水準の向上に資するため、文部科学大臣の定めるところにより、当該大学の教育及び研究、組織及び運営並びに施設及び設備（次項において「教育研究等」という。）の状況について自ら点検及び評価を行い、その結果を公表するものとする。

2　大学は、前項の措置に加え、当該大学の教育研究等の総合的な状況について、政令で定める期間ごとに、文部科学大臣の認証を受けた者（以下「認証評価機関」という。）による評価（以下「認証評価」という。）を受けるものとする。ただし、認証評価機関が存在しない場合その他特別の事由がある場合であつて、文部科学大臣の定める措置を講じているときは、この限りでない。

3　専門職大学等又は専門職大学院を置く大学にあつては、前項に規定するもののほか、当該専門職大学等又は専門職大学院の設置の目的に照らし、当該専門職大学等又は専門職大学院の教育課程、教員組織その他教育研究活動の状況について、政令で定める期間ごとに、認証評価を受けるものとする。ただし、当該専門職大学等又は専門職大学院の課程に係る分野について認証評価を行う認証評価機関が存在しない場合その他特別の事由がある場合であつて、文部科学大臣の定める措置を講じているときは、この限りでない。

4　前二項の認証評価は、大学からの求めにより、大学評価基準（前二項の認証評価を行うために認証評価機関が定める基準をいう。次条において同じ。）に従つて行うものとする。

第百十条　認証評価機関になろうとする者は、文部科学大臣の定めるところにより、申請により、文部科学大臣の認証を受けることができる。

2　文部科学大臣は、前項の規定による認証の申請が次の各号のいずれにも適合すると認めるときは、その認証をするものとする。

一　大学評価基準及び評価方法が認証評価を適確に行うに足りるものであること。

二　認証評価の公正かつ適確な実施を確保するために必要な体制が整備されていること。

三　第四項に規定する措置（同項に規定する通知を除く。）の前に認証評価の結果に係る大学からの意見の申立ての機会を付与していること。

四　認証評価を適確かつ円滑に行うに必要な経理的基礎を有する法人（人格のない社団又は財団で代表者又は管理人の定めのあるものを含む。次号において同じ。）であること。

五～六　略

第百十一条　文部科学大臣は、認証評価の公正かつ適確な実施が確保されないおそれがあると認めるときは、認証評価機関に対し、必要な報告又は資料の提出を求めることができる。

2　文部科学大臣は、認証評価機関が前項の求めに応じず、若しくは虚偽の報告若しくは資料の提出をしたとき、又は前条第二項及び第三項の規定に適合しなくなつたと認めるときその他認証評価の公正かつ適確な実施に著しく支障を及ぼす事由があると認めるときは、当該認証評価機関に対してこれを改善すべきことを求め、及びその求めによつてもなお改善されないときは、その認証を取り消すことができる。

3　文部科学大臣は、前項の規定により認証評価機関の認証を取り消したときは、その旨を官報で公示しなければならない。

第百十二条　文部科学大臣は、次に掲げる場合には、第九十四条の政令で定める審議会等に諮問しなければならない。

一　認証評価機関の認証をするとき。

二　第百十条第三項の細目を定めるとき。

三　認証評価機関の認証を取り消すとき。

第百十三条　大学は、教育研究の成果の普及及び活用の促進に資するため、その教育研究活動の状況を公表するものとする。

第十章　高等専門学校

**第百十五条** 高等専門学校は、深く専門の学芸を教授し、職業に必要な能力を育成することを目的とする。

2 高等専門学校は、その目的を実現するための教育を行い、その成果を広く社会に提供することにより、社会の発展に寄与するものとする。

**第百十六条** 高等専門学校には、学科を置く。

2 前項の学科に関し必要な事項は、文部科学大臣が、これを定める。

**第百十七条** 高等専門学校の修業年限は、五年とする。ただし、商船に関する学科については、五年六月とする。

**第百十八条** 高等専門学校に入学することのできる者は、第五十七条に規定する者とする。

**第百十九条** 高等専門学校には、専攻科を置くことができる。

2 高等専門学校の専攻科は、高等専門学校を卒業した者又は文部科学大臣の定めるところにより、これと同等以上の学力があると認められた者に対して、精深な程度において、特別の事項を教授し、その研究を指導することを目的とし、その修業年限は、一年以上とする。

**第百二十条** 高等専門学校には、校長、教授、准教授、助教、助手及び事務職員を置かなければならない。ただし、教育上の組織編制として適切と認められる場合には、准教授、助教又は助手を置かないことができる。

2 高等専門学校には、前項のほか、講師、技術職員その他必要な職員を置くことができる。

3 校長は、校務を掌り、所属職員を監督する。

4 教授は、専攻分野について、教育上又は実務上の特に優れた知識、能力及び実績を有する者であつて、学生を教授する。

5 准教授は、専攻分野について、教育上又は実務上の優れた知識、能力及び実績を有する者であつて、学生を教授する。

6 助教は、専攻分野について、教育上又は実務上の知識及び能力を有する者であつて、学生を教授する。

7 助手は、その所属する組織における教育の円滑な実施に必要な業務に従事する。

8 講師は、教授又は准教授に準ずる職務に従事する。

**第百二十一条** 高等専門学校を卒業した者は、準学士と称することができる。

**第百二十二条** 高等専門学校を卒業した者は、文部科学大臣の定めるところにより、大学に編入学することができる。

**第百二十三条** 第三十七条第十四項、第五十九条、第六十条第六項、第九十四条（設置基準に係る部分に限る。）、第九十五条、第九十八条、第百五条から第百七条まで、第百九条（第三項を除く。）及び第百十条から第百十三条までの規定は、高等専門学校に準用する。

## 第十一章　専修学校

**第百二十四条** 第一条に掲げるもの以外の教育施設で、職業若しくは実際生活に必要な能力を育成し、又は教養の向上を図ることを目的として次の各号に該当する組織的な教育を行うもの（当該教育を行うにつき他の法律に特別の規定があるもの及び我が国に居住する外国人を専ら対象とするものを除く。）は、専修学校とする。

一　修業年限が一年以上であること。

二　授業時数が文部科学大臣の定める授業時数以上であること。

三　教育を受ける者が常時四十人以上であること。

**第百二十五条** 専修学校には、高等課程、専門課程又は一般課程を置く。

2 専修学校の高等課程においては、中学校若しくはこれに準ずる学校若しくは義務教育学校を卒業した者若しくは中等教育学校の前期課程を修了した者又は文部科学大臣の定めるところによりこれと同等以上の学力があると認められた者に対して、中学校における教育の基礎の上に、心身の発達に応じて前条の教育を行うものとする。

3 専修学校の専門課程においては、高等学校若しくはこれに準ずる学校若しくは中等教育学校を卒業した者又は文部科学大臣の定めるところによりこれに準ずる学力があると認められた者に対して、高等学校における教育の基礎の上に、前条の教育を行うものとする。

4 専修学校の一般課程においては、高等課程又は専門課程の教育以外の前条の教育を行うものとする。

**第百二十六条** 高等課程を置く専修学校は、高等専修学校と称することができる。

2 専門課程を置く専修学校は、専門学校と称することができる。

**第百二十七条** 専修学校は、国及び地方公共団体のほか、次に該当する者でなければ、設置することができない。

一 専修学校を経営するために必要な経済的基礎を有すること。

二 設置者（設置者が法人である場合にあつては、その経営を担当する当該法人の役員とする。次号において同じ。）が専修学校を経営するために必要な知識又は経験を有すること。

三 設置者が社会的信望を有すること。

**第百二十八条** 専修学校は、次に掲げる事項について文部科学大臣の定める基準に適合していなければならない。

一 目的、生徒の数又は課程の種類に応じて置かなければならない教員の数

二 目的、生徒の数又は課程の種類に応じて有しなければならない校地及び校舎の面積並びにその位置及び環境

三 目的、生徒の数又は課程の種類に応じて有しなければならない設備

四 目的又は課程の種類に応じた教育課程及び編制の大綱

**第百二十九条** 専修学校には、校長及び相当数の教員を置かなければならない。

2 専修学校の校長は、教育に関する識見を有し、かつ、教育、学術又は文化に関する業務に従事した者でなければならない。

3 専修学校の教員は、その担当する教育に関する専門的な知識又は技能に関し、文部科学大臣の定める資格を有する者でなければならない。

**第百三十条** 国又は都道府県（都道府県が単独で又は他の地方公共団体と共同して設立する公立大学法人を含む。）が設置する専修学校を除くほか、専修学校の設置廃止（高等課程、専門課程又は一般課程の設置廃止を含む。）、設置者の変更及び目的の変更は、市町村の設置する専修学校にあつては都道府県の教育委員会、私立の専修学校にあつては都道府県知事の認可を受けなければならない。

2～4 略

**第百三十一条** 国又は都道府県（都道府県が単独で又は他の地方公共団体と共同して設立する公立大学法人を含む。）が設置する専修学校を除くほか、専修学校の設置者は、その設置する専修学校の名称、位置又は学則を変更しようとするときその他政令で定める場合に該当するときは、市町村の設置する専修学校にあつては都道府県の教育委員会に、私立の専修学校にあつては都道府県知事に届け出なければならない。

**第百三十二条** 専修学校の専門課程（修業年限が二年以上であることその他の文部科学大臣の定める基準を満たすものに限る。）を修了した者（第九十条第一項に規定する者に限る。）は、文部科学大臣の定めるところにより、大学に編入学することができる。

## 第十二章　雑則

**第百三十五条** 専修学校、各種学校その他第一条に掲げるもの以外の教育施設は、同条に掲げる学校の名称又は大学院の名称を用いてはならない。

2 高等課程を置く専修学校以外の教育施設は高等専修学校の名称を、専門課程を置く専修学校以外の教育施設は専門学校の名称を、専修学校以外の教育施設は専修学校の名称を用いてはならない。

**第百三十七条** 学校教育上支障のない限り、学校には、社会教育に関する施設を附置し、又は学校の施設を社会教育その他公共のために、利用させることができる。

**第百三十八条** 第十七条第三項の政令で定める事項のうち同条第一項又は第二項の義務の履行に関する処分に該当するもので政令で定めるものについては、行政手続法（平成五年法律第八十八号）第三章の規定は、適用しない。

**第百三十九条** 文部科学大臣がする大学又は高等専門学校の設置の認可に関する処分又はその不作為については、審査請求をすることができない。

**第百四十条** この法律における市には、東京都の区を含むものとする。

**第百四十二条** この法律に規定するもののほか、この法律施行のため必要な事項で、地方公共団体の機関が処理しなければならないものについては政令で、その他のものについては文部科学大臣が、これを定める。

## 第十三章　罰則

**第百四十三条** 第十三条第一項（同条第二項、第百三十三条第一項及び第百三十四条第二項において準用

する場合を含む。）の規定による閉鎖命令又は第百三十六条第二項の規定による命令に違反した者は、六月以下の懲役若しくは禁錮又は二十万円以下の罰金に処する。

**第百四十四条**　第十七条第一項又は第二項の義務の履行の督促を受け、なお履行しない者は、十万円以下の罰金に処する。

2　法人の代表者、代理人、使用人その他の従業者が、その法人の業務に関し、前項の違反行為をしたときは、行為者を罰するほか、その法人に対しても、同項の刑を科する。

**第百四十五条**　第二十条の規定に違反した者は、十万円以下の罰金に処する。

**第百四十六条**　第百三十五条の規定に違反した者は、十万円以下の罰金に処する。

---

### いじめ防止対策推進法

（平成二十五年六月二十八日法律第七十一号）

**第一章　総則**

**（目的）**

**第一条**　この法律は、いじめが、いじめを受けた児童等の教育を受ける権利を著しく侵害し、その心身の健全な成長及び人格の形成に重大な影響を与えるのみならず、その生命又は身体に重大な危険を生じさせるおそれがあるものであることに鑑み、児童等の尊厳を保持するため、いじめの防止等（いじめの防止、いじめの早期発見及びいじめへの対処をいう。以下同じ。）のための対策に関し、基本理念を定め、国及び地方公共団体等の責務を明らかにし、並びにいじめの防止等のための対策に関する基本的な方針の策定について定めるとともに、いじめの防止等のための対策の基本となる事項を定めることにより、いじめの防止等のための対策を総合的かつ効果的に推進することを目的とする。

**（定義）**

**第二条**　この法律において「いじめ」とは、児童等に対して、当該児童等が在籍する学校に在籍している等当該児童等と一定の人的関係にある他の児童等が行う心理的又は物理的な影響を与える行為（インターネットを通じて行われるものを含む。）であって、当該行為の対象となった児童等が心身の苦痛を感じているものをいう。

2　この法律において「学校」とは、学校教育法（昭和二十二年法律第二十六号）第一条に規定する小学校、中学校、義務教育学校、高等学校、中等教育学校及び特別支援学校（幼稚部を除く。）をいう。

3　この法律において「児童等」とは、学校に在籍する児童又は生徒をいう。

4　この法律において「保護者」とは、親権を行う者（親権を行う者のないときは、未成年後見人）をいう。

**（基本理念）**

**第三条**　いじめの防止等のための対策は、いじめが全ての児童等に関係する問題であることに鑑み、児童等が安心して学習その他の活動に取り組むことができるよう、学校の内外を問わずいじめが行われなくなるようにすることを旨として行われなければならない。

2　いじめの防止等のための対策は、全ての児童等がいじめを行わず、及び他の児童等に対して行われるいじめを認識しながらこれを放置することがないようにするため、いじめが児童等の心身に及ぼす影響その他のいじめの問題に関する児童等の理解を深めることを旨として行われなければならない。

3　いじめの防止等のための対策は、いじめを受けた児童等の生命及び心身を保護することが特に重要であることを認識しつつ、国、地方公共団体、学校、地域住民、家庭その他の関係者の連携の下、いじめの問題を克服することを目指して行われなければならない。

**（いじめの禁止）**

**第四条**　児童等は、いじめを行ってはならない。

**（国の責務）**

**第五条**　国は、第三条の基本理念（以下「基本理念」という。）にのっとり、いじめの防止等のための対策を総合的に策定し、及び実施する責務を有する。

**（地方公共団体の責務）**

**第六条**　地方公共団体は、基本理念にのっとり、いじめの防止等のための対策について、国と協力しつつ、当該地域の状況に応じた施策を策定し、及び実施する責務を有する。

参考資料

**（学校の設置者の責務）**
**第七条**　学校の設置者は、基本理念にのっとり、その設置する学校におけるいじめの防止等のために必要な措置を講ずる責務を有する。

**（学校及び学校の教職員の責務）**
**第八条**　学校及び学校の教職員は、基本理念にのっとり、当該学校に在籍する児童等の保護者、地域住民、児童相談所その他の関係者との連携を図りつつ、学校全体でいじめの防止及び早期発見に取り組むとともに、当該学校に在籍する児童等がいじめを受けていると思われるときは、適切かつ迅速にこれに対処する責務を有する。

**（保護者の責務等）**
**第九条**　保護者は、子の教育について第一義的責任を有するものであって、その保護する児童等がいじめを行うことのないよう、当該児童等に対し、規範意識を養うための指導その他の必要な指導を行うよう努めるものとする。

2　保護者は、その保護する児童等がいじめを受けた場合には、適切に当該児童等をいじめから保護するものとする。

3　保護者は、国、地方公共団体、学校の設置者及びその設置する学校が講ずるいじめの防止等のための措置に協力するよう努めるものとする。

4　第一項の規定は、家庭教育の自主性が尊重されるべきことに変更を加えるものと解してはならず、また、前三項の規定は、いじめの防止等に関する学校の設置者及びその設置する学校の責任を軽減するものと解してはならない。

**（財政上の措置等）**
**第十条**　国及び地方公共団体は、いじめの防止等のための対策を推進するために必要な財政上の措置その他の必要な措置を講ずるよう努めるものとする。

**第二章　いじめ防止基本方針等**

**（いじめ防止基本方針）**
**第十一条**　文部科学大臣は、関係行政機関の長と連携協力して、いじめの防止等のための対策を総合的かつ効果的に推進するための基本的な方針（以下「いじめ防止基本方針」という。）を定めるものとする。

2　いじめ防止基本方針においては、次に掲げる事項を定めるものとする。

一　いじめの防止等のための対策の基本的な方向に関する事項

二　いじめの防止等のための対策の内容に関する事項

三　その他いじめの防止等のための対策に関する重要事項

**（地方いじめ防止基本方針）**
**第十二条**　地方公共団体は、いじめ防止基本方針を参酌し、その地域の実情に応じ、当該地方公共団体におけるいじめの防止等のための対策を総合的かつ効果的に推進するための基本的な方針（以下「地方いじめ防止基本方針」という。）を定めるよう努めるものとする。

**（学校いじめ防止基本方針）**
**第十三条**　学校は、いじめ防止基本方針又は地方いじめ防止基本方針を参酌し、その学校の実情に応じ、当該学校におけるいじめの防止等のための対策に関する基本的な方針を定めるものとする。

**（いじめ問題対策連絡協議会）**
**第十四条**　地方公共団体は、いじめの防止等に関係する機関及び団体の連携を図るため、条例の定めるところにより、学校、教育委員会、児童相談所、法務局又は地方法務局、都道府県警察その他の関係者により構成されるいじめ問題対策連絡協議会を置くことができる。

2　都道府県は、前項のいじめ問題対策連絡協議会を置いた場合には、当該いじめ問題対策連絡協議会におけるいじめの防止等に関係する機関及び団体の連携が当該都道府県の区域内の市町村が設置する学校におけるいじめの防止等に活用されるよう、当該いじめ問題対策連絡協議会と当該市町村の教育委員会との連携を図るために必要な措置を講ずるものとする。

3　前二項の規定を踏まえ、教育委員会といじめ問題対策連絡協議会との円滑な連携の下に、地方いじめ防止基本方針に基づく地域におけるいじめの防止等のための対策を実効的に行うようにするため必要があるときは、教育委員会に附属機関として必要な組織を置くことができるものとする。

187

## 第三章　基本的施策
### （学校におけるいじめの防止）
**第十五条**　学校の設置者及びその設置する学校は、児童等の豊かな情操と道徳心を培い、心の通う対人交流の能力の素地を養うことがいじめの防止に資することを踏まえ、全ての教育活動を通じた道徳教育及び体験活動等の充実を図らなければならない。

2　学校の設置者及びその設置する学校は、当該学校におけるいじめを防止するため、当該学校に在籍する児童等の保護者、地域住民その他の関係者との連携を図りつつ、いじめの防止に資する活動であって当該学校に在籍する児童等が自主的に行うものに対する支援、当該学校に在籍する児童等及びその保護者並びに当該学校の教職員に対するいじめを防止することの重要性に関する理解を深めるための啓発その他必要な措置を講ずるものとする。

### （いじめの早期発見のための措置）
**第十六条**　学校の設置者及びその設置する学校は、当該学校におけるいじめを早期に発見するため、当該学校に在籍する児童等に対する定期的な調査その他の必要な措置を講ずるものとする。

2　国及び地方公共団体は、いじめに関する通報及び相談を受け付けるための体制の整備に必要な施策を講ずるものとする。

3　学校の設置者及びその設置する学校は、当該学校に在籍する児童等及びその保護者並びに当該学校の教職員がいじめに係る相談を行うことができる体制（次項において「相談体制」という。）を整備するものとする。

4　学校の設置者及びその設置する学校は、相談体制を整備するに当たっては、家庭、地域社会等との連携の下、いじめを受けた児童等の教育を受ける権利その他の権利利益が擁護されるよう配慮するものとする。

### （関係機関等との連携等）
**第十七条**　国及び地方公共団体は、いじめを受けた児童等又はその保護者に対する支援、いじめを行った児童等に対する指導又はその保護者に対する助言その他のいじめの防止等のための対策が関係者の連携の下に適切に行われるよう、関係省庁相互間その他関係機関、学校、家庭、地域社会及び民間団体の間の連携の強化、民間団体の支援その他必要な体制の整備に努めるものとする。

### （いじめの防止等のための対策に従事する人材の確保及び資質の向上）
**第十八条**　国及び地方公共団体は、いじめを受けた児童等又はその保護者に対する支援、いじめを行った児童等に対する指導又はその保護者に対する助言その他のいじめの防止等のための対策が専門的知識に基づき適切に行われるよう、教員の養成及び研修の充実を通じた教員の資質の向上、生徒指導に係る体制等の充実のための教諭、養護教諭その他の教員の配置、心理、福祉等に関する専門的知識を有する者であっていじめの防止を含む教育相談に応じるものの確保、いじめへの対処に関し助言を行うために学校の求めに応じて派遣される者の確保等必要な措置を講ずるものとする。

2　学校の設置者及びその設置する学校は、当該学校の教職員に対し、いじめの防止等のための対策に関する研修の実施その他のいじめの防止等のための対策に関する資質の向上に必要な措置を計画的に行わなければならない。

### （インターネットを通じて行われるいじめに対する対策の推進）
**第十九条**　学校の設置者及びその設置する学校は、当該学校に在籍する児童等及びその保護者が、発信された情報の高度の流通性、発信者の匿名性その他のインターネットを通じて送信される情報の特性を踏まえて、インターネットを通じて行われるいじめを防止し、及び効果的に対処することができるよう、これらの者に対し、必要な啓発活動を行うものとする。

2　国及び地方公共団体は、児童等がインターネットを通じて行われるいじめに巻き込まれていないかどうかを監視する関係機関又は関係団体の取組を支援するとともに、インターネットを通じて行われるいじめに関する事案に対処する体制の整備に努めるものとする。

3　インターネットを通じていじめが行われた場合において、当該いじめを受けた児童等又はその保護者は、当該いじめに係る情報の削除を求め、又は発信者情報（特定電気通信役務提供者の損害賠償責任の制限及び発信者情報の開示に関する法律（平成十三年法律第百三十七号）第四条第一項 に規定する発信者情報をいう。）の開示を請求しようとするときは、必要に応じ、法務局又は地方法務局の協力を求めることができる。

参考資料

（いじめの防止等のための対策の調査研究の推進等）

**第二十条**　国及び地方公共団体は、いじめの防止及び早期発見のための方策等、いじめを受けた児童等又はその保護者に対する支援及びいじめを行った児童等に対する指導又はその保護者に対する助言の在り方、インターネットを通じて行われるいじめへの対応の在り方その他のいじめの防止等のために必要な事項やいじめの防止等のための対策の実施の状況についての調査研究及び検証を行うとともに、その成果を普及するものとする。

（啓発活動）

**第二十一条**　国及び地方公共団体は、いじめが児童等の心身に及ぼす影響、いじめを防止することの重要性、いじめに係る相談制度又は救済制度等について必要な広報その他の啓発活動を行うものとする。

**第四章　いじめの防止等に関する措置**

（学校におけるいじめの防止等の対策のための組織）

**第二十二条**　学校は、当該学校におけるいじめの防止等に関する措置を実効的に行うため、当該学校の複数の教職員、心理、福祉等に関する専門的な知識を有する者その他の関係者により構成されるいじめの防止等の対策のための組織を置くものとする。

（いじめに対する措置）

**第二十三条**　学校の教職員、地方公共団体の職員その他の児童等からの相談に応じる者及び児童等の保護者は、児童等からいじめに係る相談を受けた場合において、いじめの事実があると思われるときは、いじめを受けたと思われる児童等が在籍する学校への通報その他の適切な措置をとるものとする。

2　学校は、前項の規定による通報を受けたときその他当該学校に在籍する児童等がいじめを受けていると思われるときは、速やかに、当該児童等に係るいじめの事実の有無の確認を行うための措置を講ずるとともに、その結果を当該学校の設置者に報告するものとする。

3　学校は、前項の規定による事実の確認によりいじめがあったことが確認された場合には、いじめをやめさせ、及びその再発を防止するため、当該学校の複数の教職員によって、心理、福祉等に関する専門的な知識を有する者の協力を得つつ、いじめを受けた児童等又はその保護者に対する支援及びいじめを行った児童等に対する指導又はその保護者に対する助言を継続的に行うものとする。

4　学校は、前項の場合において必要があると認めるときは、いじめを行った児童等についていじめを受けた児童等が使用する教室以外の場所において学習を行わせる等いじめを受けた児童等その他の児童等が安心して教育を受けられるようにするために必要な措置を講ずるものとする。

5　学校は、当該学校の教職員が第三項の規定による支援又は指導若しくは助言を行うに当たっては、いじめを受けた児童等の保護者といじめを行った児童等の保護者との間で争いが起きることのないよう、いじめの事案に係る情報をこれらの保護者と共有するための措置その他の必要な措置を講ずるものとする。

6　学校は、いじめが犯罪行為として取り扱われるべきものであると認めるときは所轄警察署と連携してこれに対処するものとし、当該学校に在籍する児童等の生命、身体又は財産に重大な被害が生じるおそれがあるときは直ちに所轄警察署に通報し、適切に、援助を求めなければならない。

（学校の設置者による措置）

**第二十四条**　学校の設置者は、前条第二項の規定による報告を受けたときは、必要に応じ、その設置する学校に対し必要な支援を行い、若しくは必要な措置を講ずることを指示し、又は当該報告に係る事案について自ら必要な調査を行うものとする。

（校長及び教員による懲戒）

**第二十五条**　校長及び教員は、当該学校に在籍する児童等がいじめを行っている場合であって教育上必要があると認めるときは、学校教育法第十一条の規定に基づき、適切に、当該児童等に対して懲戒を加えるものとする。

（出席停止制度の適切な運用等）

**第二十六条**　市町村の教育委員会は、いじめを行った児童等の保護者に対して学校教育法第三十五条第一項（同法第四十九条において準用する場合を含む。）の規定に基づき当該児童等の出席停止を命ずる等、いじめを受けた児童等その他の児童等が安心して教育を受けられるようにするために必要な措置を速やかに講ずるものとする。

（学校相互間の連携協力体制の整備）

189

第二十七条　地方公共団体は、いじめを受けた児童等といじめを行った児童等が同じ学校に在籍していない場合であっても、学校がいじめを受けた児童等又はその保護者に対する支援及びいじめを行った児童等に対する指導又はその保護者に対する助言を適切に行うことができるようにするため、学校相互間の連携協力体制を整備するものとする。

## 第五章　重大事態への対処

### （学校の設置者又はその設置する学校による対処）

第二十八条　学校の設置者又はその設置する学校は、次に掲げる場合には、その事態（以下「重大事態」という。）に対処し、及び当該重大事態と同種の事態の発生の防止に資するため、速やかに、当該学校の設置者又はその設置する学校の下に組織を設け、質問票の使用その他の適切な方法により当該重大事態に係る事実関係を明確にするための調査を行うものとする。

一　いじめにより当該学校に在籍する児童等の生命、心身又は財産に重大な被害が生じた疑いがあると認めるとき。

二　いじめにより当該学校に在籍する児童等が相当の期間学校を欠席することを余儀なくされている疑いがあると認めるとき。

２　学校の設置者又はその設置する学校は、前項の規定による調査を行ったときは、当該調査に係るいじめを受けた児童等及びその保護者に対し、当該調査に係る重大事態の事実関係等その他の必要な情報を適切に提供するものとする。

３　第一項の規定により学校が調査を行う場合においては、当該学校の設置者は、同項の規定による調査及び前項の規定による情報の提供について必要な指導及び支援を行うものとする。

### （国立大学に附属して設置される学校に係る対処）

第二十九条　国立大学法人（国立大学法人法（平成十五年法律第百十二号）第二条第一項に規定する国立大学法人をいう。以下この条において同じ。）が設置する国立大学に附属して設置される学校は、前条第一項各号に掲げる場合には、当該国立大学法人の学長を通じて、重大事態が発生した旨を、文部科学大臣に報告しなければならない。

２　前項の規定による報告を受けた文部科学大臣は、当該報告に係る重大事態への対処又は当該重大事態と同種の事態の発生の防止のため必要があると認めるときは、前条第一項の規定による調査の結果について調査を行うことができる。

３　文部科学大臣は、前項の規定による調査の結果を踏まえ、当該調査に係る国立大学法人又はその設置する国立大学に附属して設置される学校が当該調査に係る重大事態への対処又は当該重大事態と同種の事態の発生の防止のために必要な措置を講ずることができるよう、国立大学法人法第三十五条において準用する独立行政法人通則法（平成十一年法律第百三号）第六十四条第一項に規定する権限の適切な行使その他の必要な措置を講ずるものとする。

### （公立の学校に係る対処）

第三十条　地方公共団体が設置する学校は、第二十八条第一項各号に掲げる場合には、当該地方公共団体の教育委員会を通じて、重大事態が発生した旨を、当該地方公共団体の長に報告しなければならない。

２　前項の規定による報告を受けた地方公共団体の長は、当該報告に係る重大事態への対処又は当該重大事態と同種の事態の発生の防止のため必要があると認めるときは、附属機関を設けて調査を行う等の方法により、第二十八条第一項の規定による調査の結果について調査を行うことができる。

３　地方公共団体の長は、前項の規定による調査を行ったときは、その結果を議会に報告しなければならない。

４　第二項の規定は、地方公共団体の長に対し、地方教育行政の組織及び運営に関する法律（昭和三十一年法律第百六十二号）第二十一条に規定する事務を管理し、又は執行する権限を与えるものと解釈してはならない。

５　地方公共団体の長及び教育委員会は、第二項の規定による調査の結果を踏まえ、自らの権限及び責任において、当該調査に係る重大事態への対処又は当該重大事態と同種の事態の発生の防止のために必要な措置を講ずるものとする。

### （私立の学校に係る対処）

第三十一条　学校法人（私立学校法（昭和二十四年法律第二百七十号）第三条に規定する学校法人をいう。

以下この条において同じ。）が設置する学校は、第二十八条第一項各号に掲げる場合には、重大事態が発生した旨を、当該学校を所轄する都道府県知事（以下この条において単に「都道府県知事」という。）に報告しなければならない。

2　前項の規定による報告を受けた都道府県知事は、当該報告に係る重大事態への対処又は当該重大事態と同種の事態の発生の防止のため必要があると認めるときは、附属機関を設けて調査を行う等の方法により、第二十八条第一項の規定による調査の結果について調査を行うことができる。

3　都道府県知事は、前項の規定による調査の結果を踏まえ、当該調査に係る学校法人又はその設置する学校が当該調査に係る重大事態への対処又は当該重大事態と同種の事態の発生の防止のために必要な措置を講ずることができるよう、私立学校法第六条　に規定する権限の適切な行使その他の必要な措置を講ずるものとする。

4　前二項の規定は、都道府県知事に対し、学校法人が設置する学校に対して行使することができる権限を新たに与えるものと解釈してはならない。

**第三十二条**　学校設置会社（構造改革特別区域法（平成十四年法律第百八十九号）第十二条第二項に規定する学校設置会社をいう。以下この条において同じ。）が設置する学校は、第二十八条第一項各号に掲げる場合には、当該学校設置会社の代表取締役又は代表執行役を通じて、重大事態が発生した旨を、同法第十二条第一項の規定による認定を受けた地方公共団体の長（以下「認定地方公共団体の長」という。）に報告しなければならない。

2　前項の規定による報告を受けた認定地方公共団体の長は、当該報告に係る重大事態への対処又は当該重大事態と同種の事態の発生の防止のため必要があると認めるときは、附属機関を設けて調査を行う等の方法により、第二十八条第一項の規定による調査の結果について調査を行うことができる。

3　認定地方公共団体の長は、前項の規定による調査の結果を踏まえ、当該調査に係る学校設置会社又はその設置する学校が当該調査に係る重大事態への対処又は当該重大事態と同種の事態の発生の防止のために必要な措置を講ずることができるよう、構造改革特別区域法第十二条第十項　に規定する権限の適切な行使その他の必要な措置を講ずるものとする。

4　前二項の規定は、認定地方公共団体の長に対し、学校設置会社が設置する学校に対して行使することができる権限を新たに与えるものと解釈してはならない。

5　第一項から前項までの規定は、学校設置非営利法人（構造改革特別区域法第十三条第二項　に規定する学校設置非営利法人をいう。）が設置する学校について準用する。この場合において、第一項中「学校設置会社の代表取締役又は代表執行役」とあるのは「学校設置非営利法人の代表権を有する理事」と、「第十二条第一項」とあるのは「第十三条第一項」と、第二項中「前項」とあるのは「第五項において準用する前項」と、第三項中「前項」とあるのは「第五項において準用する前項」と、「学校設置会社」とあるのは「学校設置非営利法人」と、「第十二条第十項」とあるのは「第十三条第三項において準用する同法第十二条第十項」と、前項中「前二項」とあるのは「次項において準用する前二項」と読み替えるものとする。

**（文部科学大臣又は都道府県の教育委員会の指導、助言及び援助）**

**第三十三条**　地方自治法（昭和二十二年法律第六十七号）第二百四十五条の四第一項の規定によるほか、文部科学大臣は都道府県又は市町村に対し、都道府県の教育委員会は市町村に対し、重大事態への対処に関する都道府県又は市町村の事務の適正な処理を図るため、必要な指導、助言又は援助を行うことができる。

## 第六章　雑則

**（学校評価における留意事項）**

**第三十四条**　学校の評価を行う場合においていじめの防止等のための対策を取り扱うに当たっては、いじめの事実が隠蔽されず、並びにいじめの実態の把握及びいじめに対する措置が適切に行われるよう、いじめの早期発見、いじめの再発を防止するための取組等について適正に評価が行われるようにしなければならない。

**（高等専門学校における措置）**

**第三十五条**　高等専門学校（学校教育法第一条に規定する高等専門学校をいう。以下この条において同じ。）の設置者及びその設置する高等専門学校は、当該高等専門学校の実情に応じ、当該高等専門学校に在籍する学生に係るいじめに相当する行為の防止、当該行為の早期発見及び当該行為への対処のための対策に関し必要な措置を講ずるよう努めるものとする。

## 執筆者一覧

- ●阿内　春生（あうち　はるお）福島大学准教授　第4章
  「市町村教育政策形成における議会の影響力―茨城県旧総和町を事例として―」『日本教育行政学会年報』第40号（単著）、2014年
- ●尾﨑　公子（おざき　きみこ）兵庫県立大学教授　第5章
  『公教育制度における教員管理規範の創出』（単著）、学術出版会、2007年
- ●小早川　倫美（こばやかわ　ともみ）島根大学専任講師　第7章
  「第14章　教育財政の現状と課題」古賀一博編著『改訂版　教師教育講座第5巻　教育行財政・学校経営』協同出版、2018年
- ●齋藤　亘弘（さいとう　のぶひろ）仙台市立郡山中学校校長　第10章
  「教職大学院における学級・学校経営領域の教育方法」『宮城教育大学紀要』第49巻（共編著）、2015年
- ●末冨　芳（すえとみ　かおり）日本大学文理学部准教授　第3章・第8章
  『教育費の政治経済学』（単著）、勁草書房、2010年
- ●本図　愛実（ほんず　まなみ）宮城教育大学教職大学院教授　本書で学ぶみなさんへ・第1章・第9章
  「授業改善を導くミドルリーダーの育成～『総合的な学習の時間』を手がかりとして」『宮城教育大学紀要』54号、2020年（佐藤恭子との共著）
- ●本田　伊克（ほんだ　よしかつ）宮城教育大学教授　第11章
  『学力と学校を問い直す』（共編著）、かもがわ出版、2014年
- ●湯田　拓史（ゆだ　ひろふみ）宮崎大学准教授　第6章
  『都市の学校設置過程の研究』（単著）、同時代社、2010年
- ●米岡　裕美（よねおか　ゆみ）埼玉医科大学講師　第2章
  『保健・医療・福祉のための専門職連携教育プログラム』（共編著）、ミネルヴァ書房、2019年

新・教育の制度と経営［三訂版］

2020年4月30日　第1版第1刷発行

編　著　者　本図　愛実・末冨　芳
発　行　者　安部　英行
発　行　所　学事出版株式会社
　　　　　　〒101-0021　東京都千代田区外神田2-2-3
　　　　　　電話　03-3255-5471　http://www.gakuji.co.jp
編集担当　木村　拓

©HONZU Manami, SUETOMI Kaori, 2020
表紙デザイン　岡崎　健二
組　　　版　研友社印刷株式会社
制作協力　古川　顕一
印刷・製本　研友社印刷株式会社

ISBN978-4-7619-2631-1　C3037　printed in Japan